Finding CHURCH

by Wayne Jacobsen

Finding Church
by Wayne Jacobsen www.findingchurch.com
Copyright ⓒ 2014 by Wayne Jacobsen
All Rights Reserved.
International Standard Book Number
978-0-9839491-5-2
ISBN: 9780983949169

Korean, Korea Edition Copyright
ⓒ 2021 by Word of Faith Co.
All Rights Reserved.

신약교회를 찾아서

발행일 2021. 10. 27 1판 1쇄 인쇄
        2021. 10. 30 1판 1쇄 발행

지은이 웨인 제이콥슨
옮긴이 김자연
발행인 최순애
발행처 믿음의말씀사
2000. 8. 14 등록 제 68호
(우) 16934 경기도 용인시 기흥구 신정로 301번길 59
Tel. 031) 8005-5483 Fax. 031) 8005-5485
http://faithbook.kr

ISBN 89-94901-96-5 03230
값 16,000원

* 본 저작물의 저작권은 '믿음의말씀사'가 소유합니다.
  저작권법에 의해 보호를 받는 저작물이므로 무단 전재와 복제를 금합니다.

신약교회를 찾아서
정말 무언가 더 있다면?

웨인 제이콥슨 지음 | 김자연 옮김

믿음의말씀사

| 목차 |

추천사 _ 7

서문 _ 19

01 교회는 건재합니다 _ 27

02 새로운 피조물의 공동체 _ 44

03 깨어남 _ 57

04 예수님께서 우리에게 가르치신 일 _ 69

05 우리 역사가 증명한 것 _ 81

06 부인할 수 없는 갈망 _ 97

07 새로운 종류의 사람 _ 109

08 사랑으로 이끄심 _ 123

09 사랑받아 생명으로 _ 139

10 가족의 길 _ 154

11 으뜸 자리에 _ 169

12 손으로 짓지 않은 _ 182

13 의무 아닌 헌신입니다 _ 198

14 집회가 아닌 모임입니다 _ 213

15 위계가 아닌 권위입니다 _ 227

16 통제가 아닌 질서입니다 _ 243

17 복종이 아닌 연합입니다 _ 257

18 길들이기가 아닌 갖춰주기입니다 _ 272

19 새로운 피조물과 전통적인 회중 _ 286

20 회중을 넘어서 _ 301

21 어려운 질문들 _ 319

22 이어서 계속됩니다 _ 334

감사의 말 _ 348

둘은 출생을 통해, 하나는 혼인을 통하여

나의 세 자녀가 되어

매일 내 삶에 크나큰 기쁨을 주는

줄리, 앤드류 그리고 타일러에게

| 추천사 |

「신약교회를 찾아서」에 관한 이야기

서서히 일어나는 출혈이란 없습니다. 지역 교회로부터 빠져나오는 거대한 탈출 행렬은 거스르기 힘든 실제입니다. 그렇다면 웨인 제이콥슨은 어째서 그렇게나 희망적일까요? 왜냐하면 흩어져 홀로 떨어진다 해서 그것이 마지막 단계는 아니기 때문입니다. 제이콥슨은 교회, 곧 기관을 초월하여 어디든지 이어주며 완전하게 기능하는 그리스도의 가족을 찾고 있습니다. 나는 특히 과거에 교회를 다녔던 예수님을 사랑하는 사람들을 향하여 그의 눈을 빌려 함께 소망을 나누길 청하고 싶습니다.

애버츠퍼드에서 '내 말이 들리니?'의 저자 브래드 제르삭 박사
BRAD JERSAK, Ph. D., author of Can You Hear Me? Abbotsford, BC

「신약교회를 찾아서」는 독자가 교회의 정의를 진지하게 다시 생각해보도록 촉구하는 책으로 도전적이고 눈을 뗄 수 없습니다. 제이콥슨은 용기와 긍휼을 품고, 수백만의 그리스도인들이 직감적으로 알긴 하지만 인정할 수 없던 바를 명확하게 이야기하면서

모든 신자가 열망하는 교회를 향한 그의 열정을 나눕니다.

앤더슨빌의 생명 변혁 그룹에서 '자유'의 저자 데릭 와일더
DEREK WILDER, author of Freedom Life Transforming Group, Andersonville, IN

내가 끊임없이 접하는 사람들, 곧 하나님을 사랑하지만 차마 다시는 제도권 교회 세계에 발 들이지 못하거나, 우리가 교회라고 부르는 존재를 휘두르는 지도자의 손에 이해 못 할 괴로움을 당하며 큰 고통을 느끼는 사람에게 웨인 제이콥슨의 책은 크나큰 용기를 줍니다. 어떤 새로운 체계를 더하지 않고도 그는 하나님을 위하여 그분과 함께 사는 삶이 생각보다 훨씬 더 단순하며 여전히 우리 처지를 아시는 하나님을 되새기게끔 해줍니다. 하나님의 사랑 가운데 안식하며 다른 이를 사랑하라는 초청은 진귀하고 그 자체만으로도 충분합니다.

카시드럴시티에서 '예수님 스타일'의 저자 게일 어윈
GAYLE ERWIN, author of The Jesus Style Cathedral City, CA

「신약교회를 찾아서」는 돌 던지는 사람이 쓴 책이 아닙니다. 그 반대이지요. 매 페이지마다 교회를 향한 그의 사랑을 볼 수 있습니다. 저 너머의 무언가 곧 새로운 창조를 향하여 우리에게 손짓할 때조차 말입니다.

베이커즈필드에서 전직 목사로서 기업가인 밥 프라터
BOB PRATER, former pastor, entrepreneur Bakersfield, CA

만일 당신이 모든 기독교 컨퍼런스를 다녀보고 온갖 종류의 교회에 출석했으며 더 깊은 영성을 위해 다수의 프로그램을 수료했는데도 "이게 다인가?"라는 느낌을 떨칠 수가 없다면 스스로를 위해 「신약교회를 찾아서」를 읽어보세요. 우리가 교회라고 부르는 대상에 관해 무언가 더 있음을 알고 찾아봤지만 결국 체념한 모든 이들에게, 웨인 제이콥슨은 은혜롭고 사랑스레 격려와 소망 그리고 방향을 제시합니다. 이 글을 읽으면서 당신이 열망해 온 교회가 바로 당신 곁에 있음을 발견할 겁니다.

포틀랜드에서 '교회 예배에 섬김 회복하기'의 저자 제레미 마이어스
JEREMY MYERS, author of Put Service Back into the Church Service, Portland, OR

웨인 제이콥슨의 모든 책이 그렇듯 「신약교회를 찾아서」도 관심을 끄는 은혜로운 작품으로 통찰력이 풍부합니다. 그는 신자들에게 하나됨의 의미가 무엇인지 또한 어떻게 교제가 기관의 배후조종 없이도 이뤄질 수 있는지에 관하여 단순하고도 아름다우며 믿기 힘들 정도로 자유케 해주는 그림을 선사합니다.

호주 시드니에서 '복음에 관한 아웃사이더의 안내서'의 저자 믹 무니
MICK MOONEY, author of An Outsider's Guide to the Gospel Sydney, Australia

웨인 제이콥슨은 그의 신간 「신약교회를 찾아서」에서, 저자로서 기대할 수 있는 진실성과 객관성과 함께 수십 년 동안의 경험과 연구로부터 오늘날 점점 더 커져가는 질문 곧 '교회는

우리가 가는 곳인가, 아니면 우리가 교회인가'에 관해 터놓고 이야기합니다. 제이콥슨은 교회론 곧 우리가 보통 아는 '교회'의 본질에 관해 조망하며 통찰을 제시합니다. 만약 교회에 관해 기꺼이 육하원칙의 질문을 던질 수만 있다면 당신은 교회를 찾을 준비가 되어 있습니다.

패서디나에서 '단순한 진리의 사역'에 '은혜의 맛'의 저자 그렉 알브렉트
GREG ALBRECHT, author of A Taste of Grace Plain Truth Ministries, Pasadena, CA

웨인은 언제나 우리 모두가 느끼는 바를 형용할 수 있게끔 표현해내며 축복이 되었습니다. 오랜 세월 동안 바로 당신 앞에 숨어 있던 교회를 보여줄 새로운 안경을 쓸 준비를 하십시오. 인간적 노력으로부터 자유하고 성령 안에 살아 있으며 예수님 자신이 지으시는 교회 말입니다. 교제의 초점을 바꿈으로써 웨인은 우리가 예수님께서 지으시는 교회를 바라보며 훨씬 더 열매 맺는 대화를 갖게끔 길을 터줍니다.

오션사이드에서 우상파괴자, 피스메이커, 작가이자 동료 순례자인 배리 스타인먼
BARRY STEINMAN, iconoclast, peacemaker, writer, and fellow pilgrim Oceanside, CA

전통적인 교회의 이미지를 고수하는 사람들에게 이 책은 도전으로 다가오겠지만 겁먹지는 마십시오. 우리 또한 장의자에 앉아서 원래 그분의 교회는 어땠는지 다시 생각해보며 느꼈던 바입니다. 웨인은 우리가 안다고 생각했지만 다시금 깨달아야 하는 내용을 상기하게 해줍니다. 교회란 건물을 이루는 벽돌과 판벽이 아니라, 예수님을 머리로 두고 서로 관계 가운데 자라나는 사람들로 이뤄진 피와 뼈입니다.

킹스버그에서 데오빌로 그룹의 기고자 닉 셈부라노
NICK SEMBRANO, contributor to the Theophilus Group Kingsburg, CA

「신약교회를 찾아서」는 인간 중심의 체제에서 좌절이나 상처를 경험한 이에게 지혜와 소망 그리고 하나님을 향한 실질적인 방향을 제시해줍니다. 그뿐 아니라 웨인은 예수님께서 그분의 교회를 자신의 방식으로 세우고 계신다는 비전과 확신을 나눕니다. 이 책을 쓰기까지 웨인은 독특하게도 수년간 다양한 기독교 한경을 경험하였고 또한 그 너머에서 수년 동안 자유로이 그분과 사랑의 관계를 키우며 지낸 바 있습니다. 그중에는 세계를 다니며 하나의 리더나 모임 또는 조직을 향한 충성심을 초월한 결합을 통하여 함께 하는 많은 이들을 잇는 활동도 포함됩니다. 우리에게 길이 되시는 그분을 가리키며, 그는 그분의 백성 가운데 그분이 머리가 되실 수 있게끔 영광스런 가능성을 열어주었습니다. 나는 이 책을 매우 추천합니다.

아일랜드 위클로우 카운티에서 은퇴한 과학 교사이자 여정에서의 형제인 데이비드 라이스
DAVID RICE, retired science teacher and brother on the journey Co Wicklow, Ireland

나는 이 책을 사랑합니다! 읽는 순간부터 이 세대에 신약성경의 '교회 생활'이 진정으로 나타나 보고 경험할 수 있다는 새로운 소망이 내 심령에 살아나는 것을 보았습니다. 종교 기관에서 마주친 교회 이상의 교회가 있어야만 한다는 의식에 수년 동안 시달리며 분투해 왔지만, 정말이지 어디다 도움을 청해야 할지 몰랐습니다. 「신약교회를 찾아서」를 읽고 나서 나는 내가 맺는 관계와 대화 가운데 왕국의 삶을 경험할 수많은 가능성이 있음을 발견하게 됐습니다. 나는 웨인의 책을 강력 추천합니다.

크롬웰에서 성경 교사이자 '하나님 누리기'와 '시대를 관통하는 사랑'의 저자 S. J. 힐
S. J. HILL, Bible teacher and author of Enjoying God and A Love for the Ages Cromwell, IN

드디어 누군가 「신약교회를 찾아서」와 같은 책을 쓸 때가 되었군요! 웨인은 다르게 보는 이들을 나무라지 않고 왜 사람들이 우리 종교 체제에 환멸을 느끼며 그 너머에서 누릴 수 있는 교회를 어떻게 찾는지 설명하는 법을 찾았습니다. 그는 나를 대변해 주기도 합니다!

스위스 발로흐브에서 IT 전문가 실비오 비오티
SILVIO VIOTTI, IT specialist Vallorbe, Switzerland

「신약교회를 찾아서」는 웨인 제이콥스가 여러 해 동안 제도권에 제한받지 않고, 아버지와 그분의 아들 그리고 다른 이들과의

실질적 교제를 탐색하는 사람 및 모임과 나눈 독특하고도 광범위한 경험을 성숙하게 비춥니다. 시기적절한 이 메시지는 다른 이들도 자기 스스로 교회를 계속해서 찾아나갈 수 있도록 강력한 격려가 되어줍니다. 아버지께서 바라시는 대로 말입니다.

뉴질랜드 오클랜드에서 은퇴한 외과의사 잭 그레이
JACK GRAY, retired surgeon Auckland, New Zealand

만일 종교적 복종에 기반을 둔 모임에 참여하면서 자신에게 솔직하기 어려움을 느낀다면 「신약교회를 찾아서」를 읽어보세요. 당신은 고유한 자신이 되면서도 동시에 예수님께서 지어가시는 아름다운 가족의 일원이 되는 일이 가능함을 발견하게 됩니다. 그 가족은 하나님의 사랑 안에서 사는 법을 배워나가면서 격려하고 지지하며 보살펴 줍니다. 교회는 살아 있고 강건합니다. 우리에게는 단지 있는 그대로의 교회를 볼 수 있는 눈이 필요할 뿐입니다.

헤이마켓에서 크리스천 심플리시티, Inc.의 창립자 케빈 터퍼
KEVIN TUPPER, founder of Christian Simplicity, Inc. Haymarket, VA

「신약교회를 찾아서」는 매 페이지마다 인간이 만든 조직 너머로 한 교회를 발견하고, 또한 자유와 사랑 안에서 번성하며 외부의 강요에 의한 복종보다 내부로부터 변화에 따르는 새로운 피조물의 열매로서 교회를 바라보도록 거부할 수 없는 여정을

향해 당신을 이끌 것입니다. 삶에서 나타난 경험을 통하여 웨인은 상호 존중, 사랑 그리고 배려의 문화가 어떻게 세상을 바꿀 수 있는 마음과 목적의 하나 됨을 향해서 문을 여는지 보여줍니다. 영감과 도전을 주는 이 책은 오늘날 우리가 교회라고 부르는 것 이상의 무언가를 더 갈망하는 모든 이들이 읽어야 합니다.

시트러스 하이츠에서 '건물을 벗어난 교회'의 저자인 패밀리 룸 미디어의 데이비드 프레드릭슨
DAVID FREDRICKSON, author of The Church Has Left the Building Family Room Media, Citrus Heights, CA

이 책은 주님의 교회의 본질을 발견하고자 웨인 제이콥슨이 평생토록 탐색한 여정을 담은 역작입니다. 주님의 사랑 가운데 사는 삶 밖에는 어떠한 견해나 의제도 제시하지 않습니다. 웨인의 모든 책은 마치 박사논문 같이 모두의 주목을 끌 정도로 깊은 통찰과 이해를 제시하는 최선의 작품이라고 할 수 있습니다. 이 책은 그냥 홈런이 아닙니다. 이번에 그는 장외 홈런을 쳤습니다.

베드퍼드에서 인도 추수 사역의 선교사 밥 래닝
BOB LANNING, missionary in India Ripe Harvest Ministries, Bedford, TX

다시 한 번 웨인 제이콥슨이 예수님을 따르는 그의 흥미진진한 여정으로부터 끄집어낸 도전적인 책 「신약교회를 찾아서」를 써 냈습니다. 그리고 그가 교회를 발견하는 지점에서 당신은 놀라겠지요! 왜냐하면 교회는 말 그대로 예수님께서 그분을 따르는

사람들과 함께 하시는 그 어디에나 있으니까요. 리더십에 대한 이해를 돕는 것에서부터 모든 이의 기여가 중요하게 되려면 어떻게 해야 할지 고심하는데 이르기까지, 「신약교회를 찾아서」는 우리의 모든 삶 가운데 그분의 백성과 함께 예수님을 찾는 여정을 실질적으로 묘사했습니다.

오스틴 세데라 헬스와 하우스투 하우스의 창업자 토니 데일
TONY DALE, founder of Sedera Health and House2 House Austin, TX

무언가 행하지 않으면 안 되게끔 끊임없이 압박하는 종교성으로 인해 겉치레와 복종의 시대에 살고 있는 가운데, 웨인의 통찰은 교회 공동체 안에서 예수님께서 주시는 사랑 가운데 자유로이 변화하도록 맞이해 줍니다. 그의 책은 우리가 먼저 그분의 인정을 받을 필요가 없으며 아버지께서는 그저 그분을 신뢰하는 자를 찾고 계심을 이해하고 받아들이도록 우리를 북돋아 줍니다. 궁극적으로 이 책은 대담하게 기독교에 흐르던 자기 우선주의에 정면으로 도전했습니다.

비살리아에서 은퇴한 호스피스 원목 데이브 콜맨
DAVE COLEMAN, retired hospice chaplain Visalia, CA

웨인은 제도권 교회 속에서 지도자로서 살았을 뿐 아니라 그 벽 너머에서도 여러 해를 보냈습니다. 그리고 보물과 같은 약속을

찾기 위하여 순례의 여정에 오른 동료 나그네 사이에서 나누는 듯한 대화와도 같은 책을 지었습니다. 그는 교회에 관하여 깊은 애정과 확신을 갖고 글을 쓰며 살아서 우리 주위에 온통 자라나고 있는 교회를 보여 줍니다. 우리 문화와 공동체 그리고 우리 자신의 영혼 안에서도 말입니다. 책 전반에 걸쳐서 아버지의 심장박동과 가늠할 수 없으며 끈질긴 그분의 사랑이 흐릅니다. 웨인은 누군가 종교로부터 벗어날 때 불가피하게 떠오르는 어렵고 혼란스러운 질문을 다정하고 지혜롭게 해소해 줍니다. 이는 제도권 교회에서 갈망과 경험의 격차로 인해 좌절을 겪은 누구에게나 귀중한 책이며, 이미 교회 벽 바깥 미지의 세계로 여정에 오른 사람에게는 크나큰 격려가 됩니다.

온타리오 에이잭스에서 '은혜라는 이름의 소녀'의 저자 자나 라프랜스
JANNA LAFRANCE, author of A Girl Named Grace Ajax, Ontario

웨인 제이콥슨은 이 책을 집어 들 대부분의 사람들과 마찬가지입니다. 즉 진정 그리스도인의 삶을 최대로 살아가길 원하는 신실한 신자이면서 동시에 자기 스스로와 기독교 교회의 약점도 매우 잘 인식하고 있습니다. 그렇지만 개인적인 여정을 이야기하면서 그는 그리스도인의 삶과 기독교 교회를 향한 관점이 다방면에서 어떻게 조금씩 긍정적으로 변했는지 보여줍니다. 나 자신도 모든 장마다 나온 매우 유익한 통찰을 발견하고는

형광펜을 손에서 뗄 수가 없었습니다. 열심 있는 그리스도인은 누구든지 이 책을 완독하고 나서 예수님과 그분의 백성을 따르는데 새로운 열정을 발견하게 되리라고 나는 확신합니다.

잉글랜드 서리에서 '보충군의 활약'의 저자 스탄 퍼스
STAN FIRTH, author of The Remarkable Replacement Army Surrey, England

「신약교회를 찾아서」는 예수님과 그분의 백성과의 친밀한 관계를 갈망함으로 인해 지치고 불안한 그리고 절실한 신도를 위한 책입니다. 이 책은 우리가 기관에 출석하는데 그토록 많은 시간과 에너지를 쏟지 않고서, 대신에 예수님처럼 아버지의 눈으로 주변 사람들에게 긍휼을 품고 동일한 현실 가운데 산다면 교회가 어떠할지에 관한 비전입니다. 웨인의 도움을 받아 예수님께서 지으시는 교회를 발견해 보세요. 정말로 무언가 더 있답니다.

포틀랜드에서 '나비와 바위'의 저자 댄 메이휴
DAN MAYHEW, author of The Butterfly and the Stone Portland, OR

내가 조직적 종교로부터 회복하는 과정에 들어갈 때 '그래서 더는 교회에 나가고 싶지 않다고요 So You Don't Want to Go to Church Anymore'를 읽었습니다. 그 책은 내가 수년 동안 느낀 바가 반역이 아니라 생기 없는 종교생활로부터 나를 끌어내려는 영의 촉구임을 확인해 주었습니다. 이제 「신약교회를 찾아서」는 예수님께서 지난 5년 동안 내게 보여주신 바와 같이 그분이 교회의 건축자시며 우리가 그분을 도와드리려는 노력을 멈추는 편이 합당하다는 점을 다시금 확인해 주었습니다. 단지 모임을 위해서가 아니라 유기적으로 또 관계적으로 우리를 모으시고 맞춰 주시는 예수님을 신뢰할 때 세상과 우리는 그 교회의 실재를 경험하게 됩니다.

샬럿에서 라디오 토크쇼 진행자 빈스 코클리
VINCE COAKLEY, radio talk show host Charlotte, NC

「신약교회를 찾아서」에서 내 친구 웨인 제이콥슨은 평생토록 이 교회에서 저 교회를 전전하며 그리스도의 가족을 찾아 헤맨 이들에게 집으로 가는 길을 제시해 줍니다. 그가 오래도록 그대로 살아보고 난 뒤에 나온 그 답은 복음 그 자체만큼이나 자유로우며 자유케 해줍니다.

스코츠데일 '보의 카페'와 '치유'의 공동 저자 존 린치
JOHN LYNCH, co-author of Bo's Cafe and The Cure Scottsdale, AZ

| 서문 |

이번 신간 제목을 통하여 웨인 제이콥슨은 지나칠 수 없는 질문을 던졌습니다. 그리고 계속해서 너무나도 많은 그리스도를 따르는 자들이 고심하며 제기한 혹은 단지 두려워서 묻지 못한 그 질문에 관해 숙고해보기를 독자들에게 청합니다. 그 질문에서 발견하는 울림과 안도가 만약 이 책을 읽는 유일한 이유라면 만족하게 될 것입니다. 웨인의 여정에 합류함으로써 얻는 깊은 동질감은 심령을 치유하는 연고가 되어주며, 모퉁이에 첨탑 달린 건물 이상의 교회를 찾고자 하는 오랜 꿈을 격려해 줍니다.

실은 이 책을 사랑하는 데는 이유가 더 있습니다. 종교에 무관심한 사람들이 점점 더 기성 교회를 떠나가는 현상이 알려진 가운데 웨인은 그 흐름을 명확하게 규명해내면서 나를 사로잡았습니다. 하지만 떠나는 이들을 질책하거나 이러한 대탈출 현상을 해결하지 못하는 리더십을 비판하는 대신에, 그는 긍휼함을 품고 인간 심령의 연약함보다도 교회의 구조적 생태를 더욱 지적하면서 현대식 기독교의 많은 함정과 덫을 이해하도록 도와줍니다.

먼저 웨인은 '무언가 더' 있는 줄로 알았으나 공허에 빠져버린 경험이 있는 모든 신자가 가슴 깊은 곳으로부터 부르짖는 고통의 중심부를 가리킵니다. 그러나 그는 그 아픔을 분노로 다루지 않습니다. 심령 깊은 곳에 난 상처의 치유를 돕기 위해 그가 쓰는 하나님의 사랑이라는 연고야말로 너무나도 필요한 약입니다. 그리하여 이 책은 전체의 핵심 곧 예수님을 따르는 사람은 완전히 새로운 피조물로 들어갈 기회를 소유했다는 지식으로 독자를 인도합니다. 안타깝게도 삶을 변화시키는 이 진리를 종종 많은 이들은 아주 오랫동안 간과했으며 일부 사람들은 완전히 잃어버렸습니다. 대신 우리는 위계, 은사 그리고 주님의 산에 자신의 작은 모래성을 쌓는 등 다른 문제에 목을 맵니다. 이런 일이 일어나면 교회는 자신의 기량을 입증하는 개인의 시험장이 되어버립니다. 그런 비열한 공간에서는 너무나도 익숙한 인간적 분투, 야망 그리고 조직적 전략의 시나리오가 생명의 단순함을 전부 대체하는 모습을 보게 됩니다. 그 지점에서 그리스도의 몸은 개인적 성취, 인정, 자아실현의 장이 되어 너무나도 많은 사람들이 낙심하고 맙니다. 좋은 소식이 있는데, 결국 하나님의 가족 가운데 우리의 위치는 다만 그리스도 안에 있음을 알게 되면 새로운 여정에 오르게 된다는 사실입니다. 그 길에서 우리는 예수님의 주되심, 인도, 안위, 사랑을 구하기 위하여 주님을 중심에 모셔 들입니다.

이런 생각들을 특유의 방식으로 풀어놓으면서 웨인은 질문합니다. 만약 교회가 예수님과 동일한 실재 가운데 사는 법을 배우는 사람들로 이뤄졌다면 어떠할까? 이보다도 더 중요한 질문이 있을는지 나는 모르겠습니다. 그리스도인이 되는 데 있어 부활하신 구원자의 실재 가운데 사는 법을 배우는 것은 "내가 어느 교회에 출석해야 되는가?"라는 물음과는 매우 다른 반응을 불러일으킵니다. 그 뜻이 무엇인지 그리고 어떻게 우리가 함께 할지에 관해서는 도움과 격려를 주는 이 책의 나머지 장을 통해 길을 탐색해 나갈 것입니다.

사실 그리 많이 찾지 않는 길이긴 하지만 나 자신은 오래 걸어왔습니다. 때론 고독하고 또 어떤 때는 동료 나그네의 무리 가운데서 걷기도 합니다. 글을 읽는 내내 나는 끄덕이고, 미소 짓고, 아멘 하며 가끔은 엄밀한 현실에 움찔하기도 합니다. 너무나도 많은 이들이 교회 안에서 계속 경험하는 고통과 실망은 나를 붙들고 결코 놓아주지 않으며 내 심령을 쥐어짭니다. 그리스도 안에서 나 자신의 여정 역시 웨인과 꽤 비슷합니다. 대학 졸업 직후부터 나도 교회 리더십의 권모술수와 진흙탕 싸움을 관망한 적이 있었습니다. 거의 이십 년 가까이 나는 남편과 함께 다양한 기성 교회에서 리더십 역할을 담당했으며 정말로 멋진 사람들과도 일부 관계를 맺기도 했지만, 비전에 바탕을 두고 리더십이 주도하는 교회 생활은 견딜 수가 없었습니다.

물론 우리는 스스로를 '섬기는 리더십'으로 여겼으며 그렇게 살기 위하여 정결과 은혜 가운데 애썼습니다. 그러나 앞서 많은 이들이 발견했듯, 섬김의 리더십은 누군가가 어린 양과 동행하면서 바랄 수 있는 기쁨과 평안으로 우리를 이끌어주지는 못했습니다. 지위를 좇는 질주, 경쟁의 영에 관한 슬픔과 교인의 무려 80%가 기능하지 못한다는 데서 느끼는 지속적인 좌절감은 우리를 인적 드문 또 다른 길로 이끌었습니다. 때때로 우리의 여정 가운데 그 시기를 황야의 나날이라고 부릅니다. 그곳은 마른 뼈와 환멸로 가득했지만 오래지 않아 사막 가운데서 깊은 생수의 샘이 솟아났습니다. 그리고 바로 그 외로운 시절의 한가운데서 우리는 교제와 공급을 위하여 주님께 날마다 의지하며 사는 법을 배웠습니다. 그 삶은 소그룹을 결집하고 움직이려 애쓰며 불만족 가운데 살던 때보다도 하나님께 더욱 많은 기회를 열어드릴 수가 있었습니다. 다른 이들과 더 가까이 걸으며 진심으로 사랑할 수 있는 순간 말입니다.

무엇보다 이 책의 장점은 마음을 진솔하게 풀어낼 수 있는 웨인의 표현력입니다. 그는 분명 프로그램에 얽매이지 않고 이 땅 위에서 일상적으로 기능하는 교회가 바람직하다고 보지만, 어느 지점에서도 획일적으로 매도하지는 않습니다. 그와 같이 신념을 가지면서도 기성 교회를 향한 존중을 겸비한 경우는 보기 드뭅니다. 그는 두려움 없이 자신의 연약함을 드러내며 다른 사람과 대화를 통해 새롭게 배운 많은 이야기를 해줍니다. 이는 책의 또 다른 강점인 스토리의 다양성을 제시합니다. 우리는 모두 자신만의 여정에 관한 이야기가 있습니다. 우리의 삶을 말해주는 이야기 말입니다. 그 이야기를 나누는 매개의 주인은 예수님이시며, 이로부터 대대로 우리의 영혼을 자라게 하는 양식을 모으십니다. 이 책을 통하여 웨인은 자신을 포함해 세계 곳곳에서 나온 이야기를 나눕니다. 나 역시도 내 이야기 조각을 전할 수 있어서 기쁩니다.

나는 십대 때 후기 예수 운동Jesus Movement에 합류했으며 곧바로 마음이 같은 사람들과 나누는 교제가 얼마나 새 힘을 주는지 알게 됐습니다. 모여서 노래하며 나누고 동역하면서 우리는 허물없는 교제를 통해 지식과 은혜 가운데 자라났습니다. 누구도 우리를 감독하지 않았습니다. 우리는 예수님을 사랑했으며 우리를 이끌어주시길 바랐고 그분께서는 그렇게 역사하셨습니다. 이를 통해 곧바로 나는 교회란 조직이 아니라, 그보다는 하나님의 아들의 생명으로 박동하며 살아 숨 쉬는 생명체임을 깨달았습니다. 이 진리를 추상적인 관념으로 대하는 대신에 살아낼 현실로서 공공연히 나누어야 마땅하다고 나는 생각했습니다. 그러나 그리스도의 양떼를 '이끄는' 다른 많은 사람들이 이를 진정으로 믿지 않는다는 현실을 깨닫고 나는 단념에 이르게 됐습니다. 적응하고, 복종하고, 사람을 기쁘게 하며, 맹목적인 제자가 되려고 노력함으로써 외려 위협적이 되며 왕국의 진리를 가리우기 십상이라니 정말로 이상하지요. 쓴웃음 나는 슬픈 현실입니다. 그럼에도 불구하고 나 자신에게 '교회 찾기'는 교회 지도자가 되기 전에 경험한 단순함과 순수함을 회복하는 여정이 되었습니다. 그런 만큼 같은 길 위에 있는 수많은 사람의 이야기를 읽는 일은 특별히 즐겁습니다.

책을 읽어나가면서 당신도 각별히 자신만의 기쁨, 성장, 공감대를 찾겠지만 내가 보기엔 이 책은 양대 강점이 있습니다. 아마도 가장 중요한 점으로서 첫째, 웨인은 독자들이 하나님과 같은 방식으로 교회를 보도록 돕는 일을 감당했습니다. 하나님께서 보시는 대로 보기 위하여 우리는 새로운 눈 즉, 성령께서 새롭게 하셔서 살아난 눈이 필요합니다. 그런 방향에 있어서 앞으로 이어지는 장은 큰 도움이 됩니다. 두 번째로 이 책은 소망으로 가득 차 있습니다. 교회의 약속과 가능성이 미처 이뤄지지 못한 가운데 이 세대의 지친 신자를 북돋우기 위해서는 단지 거룩한 불이 필요할 따름인지도 모릅니다. 21세기에 하나님의 가족이 필요로 하는 불쏘시개 말입니다.

그러므로 친애하는 독자들이여, 나는 여러분에게 기도문 하나를 남깁니다. 이는 여러 해 동안 믿음, 의심, 갈급함을 통과하여 다시금 하나님의 백성을 향한 그분의 약속은 진실하며 실제임을 믿도록 나를 인도했습니다. 바울과 함께 나는 이렇게 기도합니다. "우리 주 예수 그리스도의 하나님, 영광의 아버지께서 자기를 아는 지식 안에서 지혜와 계시의 영을 너희에게 주시어 너희의 지성의 눈을 밝히셔서 너희로 하여금 그의 부르심의 소망이 무엇이며 성도들 안에 있는 그의 유업의 영광의 풍성함이 무엇인지 또 그의 강력한 능력의 역사하심을 따라 믿는 우리에게 향하신 그의 능력의 지극히 위대하심이 어떤 것인가를 너희로 알게 하시기를 원하노라."(엡 1:17-19 KJV)

나는 전능하신 아버지 하나님과 그분의 아들을 믿습니다. 예수님은 육신을 입고 오셔서 우리 대신에 고난을 받으셨습니다.

니는 예수님의 몸 곧 가족이 인간의 고통에 대한 하나님의 응답임을 믿습니다. 이야말로 인류의 번성을 위한 그분의 계획임을 나는 믿습니다.

그러니 우리가 천국에 갈 때까지 기다리지 말아요!

플로리다 웨스트 팜 비치에서 스테파니 베넷
'벽 속에서' 3부작, '커뮤니케이팅 러브: 24시 미디어 포화 사회 속에서 친밀함 유지하기'의 저자
STEPHANIE BENNETT, author of the Within the Walls trilogy and Communicating Love: Staying Close in a 24/7 Media-Saturated Society West Palm Beach, Florida

01

교회는 건재합니다

또 사람들에게는 영원을 사모하는 마음을 주셨느니라
그러나 하나님이 하시는 일의 시종을
사람으로 측량할 수 없게 하셨도다 _ 전 3:11

이스라엘을 처음 여행했을 때, 내가 동행한 작은 투어는 겟세마네 농산에서도 예약을 통해서만 방문할 수 있는 비공개 장소에 한 시간쯤 머문 적이 있었습니다. 일단 벽의 안쪽으로 들어서 군중으로부터 멀어지면 우리는 다른 시간으로 이동하게 됩니다. 이천 년도 더 된 올리브 나무 사이를 거닐면서 나는 이스라엘에서 몇 안 되는 그리스도의 시대와도 꼭 같은 장소 속에 있는 듯 느꼈습니다. 그리고서 우리는 뒤쪽의 거대한 바위 위에 모여 성전 산을 바라보며 예수님께서 십자가 위에서 이루신 일을 묵상했습니다.

그리고 17년 뒤에 나의 아내를 다시 그곳으로 데려갔을 때 나의 즐거움을 한번 상상해 보십시오! 첫 여행 때 함께하지 못한 그녀와 그 동산의 고대적 풍치를 나누고 싶어서 나는 견딜 수 없었습니다. 마지막 날 우리가 그곳에 도착했을 때 나는 기대감으로 거의 터질 듯했습니다. 그런데 문을 들어서자마자 뭔가 심각하게 잘못됐음을 깨달았습니다. 돌들이 늘어선 길이 동산을 가로지르고 있었고 쌓아놓은 야외 의자들이 바닥에 여기저기 흐트러져 있었습니다. 다급히 동산 뒤쪽으로 가서 내가 본 그 커다란 바위를 찾아봤지만 발견할 수 없었습니다. 대신 그 자리엔 중앙 금속 단상 위에 거대한 강대상을 고정하고 모두가 마주보도록 100명 정도의 원형 계단식 관람석을 갖춘 널찍한 석조 테라스만이 우뚝 솟아있었습니다. 혼란이 찾아오면서 내 마음은 주저앉았습니다. 이게 같은 동산일 수는 없었습니다.

나는 여행사 직원을 찾아 내가 지난번 봤던 그 동산에 관해 물었습니다. 그는 의아하게 나를 쳐다봤습니다. 뒤에 거대한 바위는 어떻게 된 겁니까? 그는 몇 년 전부터 이 여행 업체에서 일해 왔지만 그런 바위는 절대 본 적도 없다고 했습니다. 그는 내가 17년 전에 본 그 동산이 여기와 동일한 곳이라고 장담했습니다. (그 바위인지는 모르겠지만) 바위는 테라스 아래 매장됐다며 말입니다. 그 고대의 정원을 강당으로 바꿔버려서 여행

객에겐 더욱 유용하게 됐겠지만 원래 의도한 목적은 훼손하고 말았습니다.

원래는 이보다 훨씬 더 나았어야 하는데 말입니다.

나는 어렸을 적부터 기독교에 관해서도 이와 같이 느껴왔습니다. 먼저는 예수님을 따르는 이로서, 그리고 직업적 목회자로서 말입니다. 오해하지는 마십시오. 그러니까 마흔까지 관여한 교회 가운데서도 일부 놀라운 시기는 있었습니다. 하지만 결국 그런 순간도 기대보다 잠시일 뿐이었고, 그 열매 또한 한철에 그쳤습니다.

과연 이게 전부인가?

이런 생각은 무슨 갈등이나 프로그램의 결함에 관해 좌절을 느낄 때마다 떠올랐습니다. 하지만 그때뿐만이 아니었습니다. 심지어 어떤 외적인 조치에 따라 일이 잘 돌아갈 때조차, 분주한 걸음에서 떠나 잠잠한 장소에서도 그런 생각은 계속해서 떠올랐습니다. 분명 무언가 더 있다고.

당신도 비슷한 생각을 해본 적이 있습니까? 해보지 않은 사람은 거의 없는 줄로 압니다. 외견상 성공적인 교회의 목사님일지라도 말입니다. 우리는 하나님과의 생생한 관계와 그분의 백성과의 교제와 하나됨을 나누는 기쁨을 약속받았지만, 그 대신 일련의 훈련, 매주 참석하는 예배, 따라야 할 몇몇 규칙으로 마치고 말았습니다. 이것들도 얼마간은 도움이 될 수 있겠지만, 어디에 선가 당신은 단지 무언가 잃어버린 듯이 느낍니다. 예수님께서 우리 속 깊은 곳으로부터 흘러나오는 생수에 관해 말씀하셨을 때나 바울이 교회를 가리켜 흠도 점도 없는 신부라고 했을 때, 그런 말은 왠지 내가 무언가 놓치지 않았는지 의아하게 만들었습니다.

누군가가 그 실재를 대중의 구미에 더욱 잘 맞추기 위해 감춰버렸나요? 가장 어려운 때라도 견뎌내기 족할 만큼 풍성한 그분의 생명을 구하기 위해 나는 온갖 곳을 찾아 새로운 아이디어를 많이 시도해 보았습니다만 항상 이르지 못했습니다. 종종 나는 그런 굶주림으로부터 헤어 나오라고 나 자신에게 되뇌기도 했습니다. 예수님과 바울은 영적 실체에 관하여 말했을 뿐 실재는 아니라며 스스로 타협하려고 했습니다. 그러나 이내 그 느낌은 되돌아오곤 했습니다. 분명 무언가 더 있다는.

그런 생각으로 인하여 나는 성인기 이십 년 동안 무언가 더 찾아내기 위해 열심히 일하는 시기와 새로운 기대가 또다시 어긋남을 목격하면서 좌절하는 시기 사이를 번갈아 오가곤 했습니다. 목회자 세미나에서 나는 간단한 퀴즈로 허심탄회하게 터놓곤 했습니다. "예수님께서는 그분의 교회를 지으시겠고 지옥문이 이기지 못하리라고 말씀하셨습니다. 이제 그분께서 임하신 지도 이천 년이 됐는데 그분의 역사에 관해 어떻게 생각하십니까?" 단지 이 질문을 사람들이 어떻게 다루는지 지켜보는 일만으로도 재미있습니다.

어떤 이는 감히 예수님의 일을 판단해보라고 제안하다니 주제넘는다고 생각한 나머지 묵묵부답이었습니다. 다른 사람들은 그들 교회의 놀라운 점을 지목하면서 그래서 예수님께서 잘 해내고 계신다고 믿게 됐다고도 했습니다. 또 다른 이들은 어지럽게 조각난 21세기 교회의 모습을 보면서도 차마 그 탓을 예수님께로 돌리지는 못했습니다. 그들이 아무리 어떤 특정한 교회나 교파를 좋아한다고 해도 다른 대부분의 교회에 관해선 우려했습니다. 또한 교회의 리더가 너무 거칠거나 사치스러워 예수의 본질에 먹칠할 뿐만 아니라 복음에 훼방이 되는 경우에 관해서도 모두가 알고 있었습니다. 일부는 구속받은 자들이 상처 입은 자를 회복하게 하고, 약한 자를 격려하며, 타락한 세상 가운데 그분의 영광이 나타나도록 그분과 서로서로를 사랑하는 진정한 공동체의 이상을 이루지 못했다며 부득불 인정하기도 합니다.

어떤 이는 우리 문화에서 주일 아침이 일주일 가운데 가장 분리되는 시간이라고도 지적했습니다. 우리의 교회들이 인종적, 경제적, 사회적으로 우리를 나누고 있다는 뜻입니다. 우리는 같은 방식으로 세상을 보며 동일한 가르침과 음악 스타일을 선호하는 사람끼리 모입니다. 교회마다 저마다의 리더십이 있고 똑같은 하나님께 충성한다고 주장하지만 그들 사이에 실질적인 협력은 거의 없습니다. 실은 집단 사이에는 서로 판단이 난무합니다. 일부는 너무 자유롭다고, 다른 쪽은 너무 율법적이라고 여겨집니다. 그들은 주요 교리를 두고 동의하지 않으며 상대방의 리더십을 도외시합니다. 어떤 이들은 권위적이고 억압적인 반면, 다른 이들은 더욱 부드러운 메시지를 선호하면서 성경의 가르침을 거부하는 듯 보입니다. 어떤 이가 고수하는 의식과 절차를 다른 이는 따분해하는 한편 일각에선 흡사 쇼핑몰과 같은 시설을 짓는데 터무니없이 큰돈을 지출하기도 합니다.

더 이상 사람들이 함께 할 수 없을 때 '교회 분열'은 흔히 볼 수 있습니다. 대부분의 사람이 그런 분열을 견뎌 왔지만 몇 가지 일들은 더 고통스럽습니다. 어떠한 문제에 관해서라도 하나님이 자기들 편이라고 생각하는 사람은 다른 이들을 향해서도 거기에 동의하도록 만들거나 아니면 아예 배척해버리려는 시도로 공격적이 되는 수가 있습니다. 이렇게 많은 무리가 건축 프로젝트, 새로운 목사 임명 또는 음악이 얼마나 현대적이어야 할지 등에 관해 다투며 마키아벨리의 저서에 필적할만한 정치적 전투를 벌입니다.

사람들은 종종 가족이나 회사에서보다 동료 그리스도인으로부터 더 많이 독설을 들었다고 내게 말했습니다. 친교보다는 험담이 더 흔하고 봉사와 헌금을 더 하라는 끊임없는 요구는 사람들의 죄책감을 조장합니다. 그들의 가장 빈번한 교제는 주일 날 의무감으로 갖는 고작 한 시간 남짓의 시간일 뿐이고 나머지 요일은 모른 체하는 일도 놀랍지 않습니다.

자, 그러면 이천 년이 지났는데 예수님은 얼마나 잘 해내고 계신가요?

일단 당신도 이 책을 집어 들었으니 아마 오늘날 우리가 아는 교회에 관해 걱정하거나 혹은 그러한 누군가를 마음에 두고 깊이 신경 쓰고 있으리라 추측이 갑니다. 어쩌면 당신은 혹시라도 예수님의 왕국을 더욱 잘 반영할 수 있는 어떤 일을 할 수 있지 않을까 희망하며 교회 활동을 하고 있는지도 모릅니다. 혹시 당신은 이미 교회를 떠나 무언가가 그분의 교회를 향한 당신의 갈망을 이뤄줄 수 있을 거란 희망을 포기해버렸을 수도 있습니다. 아니면 당신의 부모님이 당신을 양육한 공동체에서 발을 빼버리시는 바람에 정신이 좀 어떻게 되지 않으셨는지 의아해할 수도 있겠습니다.

사람들이 떼를 지어 교회를 떠나는 사실은 더 이상 비밀이 아니며 지난 25년이 넘도록 이어져 왔습니다. 혹자는 매일 3500명이나 되는 사람들이 교회를 떠난다고 추산하며 그에 따라

많은 교회들이 문을 닫거나 살아남기 위해 다른 교회와 합칩니다. 우리는 지난 수 세기 동안 유럽에서 일어난 현상과 같은 기독교의 파멸을 이제 미국에서도 목격하고 있는지도 모릅니다.

문화적 교류에 있어서도 우리 종교 기관은 점점 더 배제되고 있으며 사회적 조직에서도 필요성이 떨어지고 있습니다. 이에 대해 종교 지도자들은 개개인의 방종과 자기애가 심해지고 과학이 영적 토대를 허물면서 초래한 문화의 세속화 때문이라며 탓합니다. 그렇지만 떠난 이의 이야기는 다릅니다. 그들은 종교 기관이 너무나도 돈과 권력에 집중하며, 다른 사람을 향해 지나치게 판단하고, 너무 위선적이었다고 말합니다. 잘못된 리더십에 실망하고, 지치도록 의무에 의무를 거듭해도 여전히 영적으로 공허하며, 피상적 관계에 갇히거나, 응답받지 못한 기도에 환멸을 느끼며 많은 이들은 결국 하나님의 성품 혹은 그분의 존재 자체에 의문을 품게 되고 맙니다.

이와 같은 대탈출로 인해 교회에서 활동적으로 참여하는 사람들이 줄어드는 통계 수치를 지켜보면서 종교 지도자들 사이에서 지대한 우려가 생겨났습니다. 사람들을 향해서 헌신이 부족하다거나 그들을 유혹하는 외부의 영향력을 탓하기 쉬운 만큼, 소수의 목사만이 지역교회가 그 문제에 얼마나 영향을 끼치는지를 정직하게 바라봅니다. 하나님과 뗄 수 없는 관계로 사람들을 초청하는 대신에, 그들은 출석이 의무이며 그러지 않으면 죄에 빠져 거짓 교리의 유혹을 받거나 영적으로 말라죽게 된다고 주장하면서 압박이나 조종에 기대왔습니다. 한 유명 목사님은 심지어 어떤 지역 신문에 교회가 죽어가고 있다고 생각하는 사람들은 교회에 남은 사람들에게 돌아와서 함께 죽어야 할 책임이 있다고 썼습니다.

그래도 계속해서 사람들은 떠납니다. 어떤 이들은 다녔던 기관의 실패를 뛰어넘을 정도로 실질적인 하나님을 만난 적이 없기 때문에 하나님과 교회를 모두 부인합니다. 그들은 교회의 실패가 곧 하나님이 환상일 뿐임을 입증하는 증거라고 결론지으며 잃어버린 세상 속으로 무모하게 곤두박질칩니다. 이 말이 무섭게 들릴 수도 있겠지만, 결국에 그들 중 많은 이들이 세상의 긴 역시도 공허함을 발견하고는 예수님이 말씀하신 탕자처럼 그들에게 손짓하시는 하나님께로 다시 돌아오는 모습을 나는 보아 왔습니다.

어떤 이는 더 나은 교회를 찾아서 떠나기도 합니다. 지난 40여 년 동안 월마트가 동네 구멍가게를 삼켜왔듯, 같은 기간 많은 사람이 작은 교회 대신에 교외의 대형 교회로 옮겼습니다. 이같이 개인적인 관계가 결여된 기관은 교회 생활의 본질을 근본적으로 바꾸었습니다. 더 이상 사람들은 친구와 함께 예배드리지 않고 낯선 이들로 가득 찬 객석에 앉아 강단의 엔터테인먼트적인 가치나 거대 단체가 줄 수 있는 혜택에 집중합니다. 심지어 그런 교회는 사람들이 쇼에 지루해지고 줄기찬 헌금 요구에 지치면 빠져나갈 수 있게끔 뒷문마저도 커다랗게 열어 두었습니다.

다른 이들은 보다 비격식적인 가정교회 모임으로 돌아오도록 신자들을 초청하면서 더욱 소규모로 대안을 모색합니다. 그들은 더 깊은 관계와 참여를 약속하지만 결국 언제나 그렇게 돌아가지는 못합니다. 더욱 소규모의 환경이라고 해도 교회 시스템과 다를 바 없는 경우가 잦기 때문입니다. 그런 모임은 시작하기는 쉬워도 사람들이 리더십에 의해 조종받는다고 느끼거나 지루해지면서 유지가 어렵습니다.

우리가 아는 '교회'는 죽어가는 듯이 보입니다. 이같은 현실이 예수님께서 그분의 교회를 지으시기 위해 하시는 일에 관하여 무엇을 말해주고 있습니까? 표현하기엔 조심스러웠지만 나는 그분께서 끔찍스러운 일을 행하시고 있다고 생각하곤 했습니다. 그런 생각 대부분은 내가 속한 교회에서 일어난 복잡한 문제에 관해 좌절당한 기도에서 나왔습니다. 부족한 인간의 문제를 탓하긴 쉽겠지만, 예수님께서는 어둠의 권세가 교회를 이길 수 없다고 말씀하셨는데 인간의 연약함이 교회를 이기겠습니까? 심지어 초대교회의 사도 바울은 예수님께서 "자기 앞에 영광스러운 교회로 나타내서 점이나 주름진 것이나 또는 그러한 것들이 없이 거룩하고 흠 없게 하려 하심이니라."(엡 5:27)고 말하면서 그 약속의 영역을 확장하기까지 했습니다. 그런 말씀은 마치 무슨 한 폭의 아름다운 그림과도 같으나 오늘날의 교회가 바울 시대의 교회보다도 그러한 실재에 조금이라도 더 가깝다고 보기는 어렵습니다.

만일 당신도 나와 같이 성경이 말하는 교회와 우리 종교 기관을 통해 보는 교회의 모습 사이에 간극으로 인해 좌절을 느낀다면, 그건 당신만의 이야기가 아닙니다. 당신은 또한 요한 웨슬리, 마틴 루터, 존 위클리프, 아시시의 성 프란체스코와 같이 감히 어려운 질문을 던지고 불편한 답과 씨름한 수많은 사람들과 함께 서 있습니다.

단지 여러분의 낙심이 커진다고 해서 그분께서 실패한 증거는 아니며, 오히려 일하고 계신다는 반증입니다.

만일 제도적인 기독교로부터 이러한 움직임의 배후에 실제로 그분께서 계신다면? 만약에 그분께서 더욱 단순하고 효과적인 방식으로 그분 가족의 실재를 표출하도록 사람들을 초청하고 계신다면? 실은 오순절 날 이후부터 줄곧 교회는 자라나고 있었는데 우리가 간과해버렸다면? 즉 그런 실재가 없었기 때문이 아니라, 우리 스스로가 교회를 만들려는 인간적 시도에 너무나도 빠진 나머지 예수님께서 지으시는 더욱 영광스러운 교회를 놓쳐 버렸다면? 이러한 질문은 당신이 간판을 내건 공인 기관으로서의 교회만을 알고 있다면 고려하기 어렵겠지만, 만약 더 이상 지역 교회에서 편안함을 느끼지 못한다면 분명 물어볼 만한 가치가 있겠지요.

우리가 예수님께서 그분의 교회를 세우는 일에 서투셨다고 선뜻 말할 수 없다면, 그 질문은 우리로 하여금 그분의 교회는 인간의 시도로 일관적으로 나타낼 수 있는 것과는 뭔가 다르다고 여길 수밖에 없게 만듭니다. 만일 예수님의 교회가 아버지의 눈과 주변 사람을 향한 긍휼로 예수님과 동일한 실재를 사는 법을 배우는 사람들로 이뤄졌다면 어떤 모습일까요? 우리가 교회 모임에 출석하는데 그 많은 시간과 에너지를 쓰지 않았더라면 서로를 얼마나 더 사랑하고 얼마나 그분의 영광을 표출해냈을까요?

이상적인 꿈이 아닙니다. 그런 교회는 이미 전 세계에 걸쳐 모습을 갖추고 있습니다.

그러나 이러한 현실을 받아들이기 위하여 우리는 그동안 배워온 정의대로 교회를 보기보다 그분께서 보시는 대로 바라봐야 합니다. 성경의 약속을 성취하는 교회를 찾기 원하는 갈망은 미처 보지 못한 더 위대한 실재로 당신을 이끄는 하나님의 선물입니다. 당신의 교회에 관한 기호가 마치 머나먼 신기루와 같이 사그라지는 듯 보일 때 얼마나 속상한 느낌이 드는지 알긴 합니다만, 주님의 교회는 건재합니다. 교회는 결코 한쪽 구석에 건물이었던 적이 없습니다. 그곳에 교회의 흔적이 있을 수는 있겠지만 우리의 제도적 기관이나 교파가 담을 수 있는 정도보다도 교회는 훨씬 더 영광스럽습니다.

교회를 찾는 일은 내가 일평생 탐색해온 것입니다. 나는 사람들이 그분의 실제를 경험할 수 있는 교회 시스템을 찾기 바라며 이십여 년간 목회해 왔습니다. 그리고 교회로부터 밀려 나온 이후에야 나는 대부분의 인생에서 찾았던 그 실체를 어렴풋이 보게 되었습니다.

가장 기대하지 못한 곳에서 나는 바로 눈앞에 교회를 발견하게 됐습니다. 나는 온갖 엉뚱한 처소에서 교회를 찾아 헤맸는데 어쩌다 엎드러져 닿았던 그곳에서 교회와 마주칠 때까지도 실은 내가 대체 뭘 찾는지조차 몰랐습니다. 교회는 내가 생각했던 것보다 훨씬 더 단순했으며, 그 실재를 받아들였을 때 항상 존재하길 바랐던 가족과 함께 나의 집에 있는 듯했습니다. 예수님께서는 조용히 가족을 모으시며 그분의 교회를 짓고 계십니다. 너무나도 풍성하고 거대해서 그동안 우리가 교회를 붙들어놓기 위해 썼던 종교적 관례가 필요 없을 정도입니다.

이는 내가 지난 60년의 여정을 거쳐 도달한 결론입니다. 나

또한 오로지 멀리서 듣기만 하고 다른 많은 이들과 함께 교회의 풍성함과 아름다움을 직접 체험하지 못했다면 그들을 향해 회의적이었을지도 모릅니다. 이러한 간증은 나 혼자만의 소유가 아닙니다. 동일한 의문을 두고 씨름하며 마찬가지의 결론에 다다른 세계 여러 다른 사람들과 나눈 많은 대화의 열매입니다. 그들은 대부분 드러나지 않는 방식으로 예수님과 그분의 교회와 함께 깊은 교제를 품었습니다. 우리가 나눈 우정은 나의 여정을 빚는데 깊숙이 영향을 끼쳤으며 완전한 교회의 영광 가운데 예수님의 몸을 보고자 한 내 모든 열망을 이루어주었습니다.

우리 중 누구도 전부 다 터득한 전문가라고 주장하려 들지 않았으며, 다만 우리의 세상 가운데 주님께서 교회를 실제로 어떻게 빚어나가시는지 목격한 사람들일 뿐이었습니다. 그래서 이제 나는 다른 사람들 역시 교회를 발견할 수 있도록 돕는 임무를 맡으려 합니다. 설사 당신이 아직 무얼 찾는지 깨닫지 못했다 해도 말입니다. 십대 때 누군가 나에게 말해주었더라면 사십 년 동안의 좌절로부터 나를 구해줬을 텐데 하고 바라는 내용을 여러분은 이 책에서 찾을 수 있습니다. 그러나 솔직히 말하자면, 내가 그 당시에 들으려고 귀 기울였을지는 모르겠습니다. 세상에서 나의 족적을 남기며 스스로 성공을 이루고자 하는 길에 너무나도 끌려 사람들이 그리 찾지 않는 길은 내키지 않았으니까요. 어쩌면 그 길을 찾게 되는 유일한 통로는 오직 시도와 실패에서 오는 좌절인지도 모릅니다. 그분의 교회의 실재에 동참하기 위해서는 그러한 분투가 지식 그 자체만큼이나 중요한 듯합니다.

여러분 중 일부는 이미 교회의 훌륭함을 맛보았을지라도 사람들의 통념에 맞지 않는다는 이유로 그 사실을 깨닫지 못했을 수도 있습니다. 어쩌다가 당신은 예수님을 따르는 열정적인 친구 무리와 마주치고는 기쁨과 생명으로 가득한 대화 가운데 자신을 발견하게 됩니다. 친구는 당신의 여정을 응원해줄 뿐만 아니라 더욱 깊은 의문과 의심을 붙들고 싸울 수 있게끔 숨을 틔워 줍니다.

그런 경험을 여러분 중 일부는 아직 맛보지 못했어도 그동안 알아온 것 이상의 무언가를 고대하는 갈망을 부인할 수는 없습니다. 계속해서 당신은 기존 시스템과 맞춰보려고 노력을 하는데 저 너머에서 당신을 향해 손짓하는 그 무언가를 어떻게 설명해야 할지도 모릅니다. 친구나 가족은 당신을 이해하지 못할 수도 있고 분명 미쳤다며 의심까지 합니다. 당신은 미치지 않았습니다. 처음에는 기쁨보다 불만족을 더 가져다주는 무언가가 속에서 줄곧 당신을 깨우지만, 당신이 찾을 수 있는 최고에 안주하지 않고 포기하지 않는다면, 그 갈망이 안에서 일하면서 결국 당신 역시 교회를 발견하게 됩니다.

몇 년 전 나는 보스턴 인근 시내의 흑인 집회에 강연자로 초청받은 적이 있었습니다. 그날 저녁 모임에 참석했을 때 목사님이 교인들에게 바라는 만큼 성실하게 출석하지 않는다며 마구 꾸짖는데 사람들이 매우 수동적이라는 인상을 강하게 받았습니다. 모두가 건성건성으로 무미건조했습니다. 우리는 노래했습니다. 나는 설교하고 그들은 들었습니다. 그 시간이 가치 없지는 않았지만 교회 생활이라고 할 수도 없었습니다.

다음 날 아침 나는 그 교회의 두 청년의 요청으로 함께 식사하기 위해 만났습니다. 아침을 먹으면서 그들은 자신의 이야기와 함께 그곳에서 채우지 못하는 영적 갈급함에 관해 나누었습니다. 그들이 사는 공동체와 예수님의 생명이 나타나 볼 수 있길 바라는 갈망을 이야기했습니다. 우리는 웃고, 울고, 기도했습니다. 다른 이가 우리의 대화를 듣고 있는지도 모른 채 말입니다.

두어 시간의 대화 뒤 갑자기 칠십대 숙녀 두 분이 우리 테이블 끄트머리에 나타나 눈물을 글썽였습니다. "당신은 모르겠지요. 그렇게 갈급한 곳에서도 하나님의 생명을 나눌 열정을 지닌 이 공동체 안에 있는 청년을 일깨워주시도록 우리가 얼마나 오래 기도를 했는지 말이에요. 지난 두 시간 동안 세 분의 이야기를 기쁘게 듣고서 바로 우리 기도응답의 일부라고 깨닫게 됐답니다." 우리 모두는 바로 그때 초월적인 순간에 있음을 인식했습니다.

매사추세츠 록스베리의 한 식당에서 그렇게 한순간에 나타난 교회는 전날 밤 우리 모임보다도 영혼에 훨씬 더 큰 변화를 주었습니다.

당신이 그러한 순간을 경험한 적이 있다면, 다시는 어떠한 종교 활동도 만족스럽지 못하게 됩니다. 그렇기 때문에 많은 사람이 기성 교회로부터 떠나 하나님께서 지으시는 도성을 찾아 헤맵니다. 그들은 완벽한 사람들로 가득 찬 비현실적인 이상을 찾지는 않습니다. 그보다는 결함을 뛰어넘어 서로 사랑을 나눌 수 있고 하나님의 사랑으로 지어져 가는 그런 불완전한 사람들의 실질적인 공동체를 찾고 있습니다.

지난 이십 년간 나는 가정에서뿐만 아니라 세계에 걸쳐 다양한 모습으로 나타나는 교회와의 관계를 몸소 누려왔습니다. 교회는 사랑과 부드러움으로 가득하며, 고난과 마주할 때 회복력이 있고, 자기 이익보다 하나님의 왕국을, 복종보다 관계를, 계약보다 긍휼을, 책무보다 자유를 앞세웁니다. 교회는 인간 스스로 만들어낼 수 없을 정도의 깊은 교제와 기쁨 그리고 나눔을 표출합니다.

진실로 무엇인가 더 있습니다. 그리고 당신도 나의 경험과 마찬가지로 교회를 누릴 수 있었으면 좋겠습니다.

02

새로운 피조물의 공동체

내가 만물을 새롭게 만드노라! _ 계 21:5

"그들은 교회를 떠났어요." 혹은 "나는 십 년 전에 교회를 떠났어요." 나는 그들이 무슨 의미로 말하는지 압니다만 이 말은 여전히 나를 거슬리게 합니다. 그 후로도 그들은 계속해서 열정적으로 예수님을 따랐으므로 나는 그들을 교정해주고 싶습니다. 당신이 회중을 떠났을지언정, 어떻게 교회를 떠났다는 말입니까? 당신은 그분 가족의 일원이 아니면서도 그분께 속할 수 있다고 생각합니까? 이는 교회라는 말을 예수님께서 그분의 백성을 엮어서 짜내시는 아름다운 태피스트리 대신에, 흩어진 수많은 지역 종교 기관을 표현하는데 쓴 결과로 일어난 불행한 결과입니다.

성경은 교회에 관하여 인류 역사 가운데 하나님께서 일하신 최고의 영광으로서 깊은 경외감을 가지고 이야기합니다. 바울은 교회를 가리켜 흠 없고 세상 때가 타지 않은 신부가 될 뿐만 아니라 "그분의 몸이니, 곧 모든 것 안에서 모든 것을 충만하게 하시는 분의 충만이니라."고 말합니다(엡 1:23). 이 얼마나 믿기 힘들 정도의 장면입니까. 그분의 전부를 표출하는 가족이 이 세상 가운데 이뤄지고 있다니! 이는 우리 중 그 누구도 혼자서 이뤄낼 수 없습니다. 그보다는 우리의 관심과 협력이 합동하여 그분의 본성과 영광을 재현해낼 수 있습니다. 이는 태초부터 "모든 것을 머리 되신 예수님 아래로 모으려"(엡 1:10) 하시고자 하는 하나님의 열망이었습니다. 그 하나 된 목적과 심령은 "하늘의 처소들에 있는 정사들과 권능들에게 하나님의 지혜가"(엡 3:10) 더욱 드러나게 합니다.

우리가 그분과 더욱 하나가 될수록 각 사람은 그분의 영광을 조금씩 반영하게 됩니다. 그분께서 또한 빚어가시는 다른 사람과 이어질 때, 우리는 그들 안에 그분의 생명을 인식하면서 바로 애정과 일치를 발견합니다. 우리가 서로 사랑하고, 기도에 합심하며, 그분께서 맡기신 일을 행하기 위해 은사와 자원을 합하면 우리 주변에 그분의 성품을 드러낼 뿐만 아니라, 인간성을 파괴하려 드는 보이지 않는 영적 세력까지 실제로 허물게 됩니다.

누구라도 하나님의 심장으로 고동치는 사람은 그분의 가족과 관계 맺기를 사모합니다. 설사 그런 교회의 실재를 당신이 과서에 속한 모임에서 보지 못했다고 해서 존재하지 않는다는 뜻은 아닙니다. 이 공동체는 점점 더 그분과 그분의 역사를 신뢰하기까지 자라납니다. 그들은 아버지의 사랑 안에서 살아가는 단순한 기쁨을 배우고 다른 사람과 함께 나눕니다. 사람들이 서로를 위해 자기 삶을 내려놓는 곳, 자신이 더욱 영적이라고 여기거나 혹은 먼저 되기 위해 다투지 않는 곳, 자기 방식을 고수하느니 차라리 내어주는 편을 선택하는 곳에서 당신은 교회를 발견하게 됩니다. 이렇게 그분의 인도 아래 함께 관계를 맺어나가는 교회는 전에 없이 가장 흥미진진하게 기능하는 가족입니다!

거기로부터 시작하면 종교 기관이라는 교회의 기존 정의는 말이 되지 않습니다. 종교 기관이 어떻게 그런 가족 관계를 만들어낼 수 있겠습니까? 어떤 모임이 단지 스스로 교회라고 자칭한다고 해서 그 실재를 내포하지는 않습니다. 교회란 본래 아버지의 가족의 영광을 보여주기 위한 칭호인데, 우리는 그런 영광을 조금이라도 지속적으로 반영할 능력이 못 되는 기관에다가 그 호칭을 붙였습니다. 그런 만큼 스스로 그리스도인이라고 부르는 사람의 아무 모임에나 교회라는 말을 쓴다면 그 실재를 놓쳐버리고 맙니다. 그들 역시 복음을 가르치고, 교류를 격려하며, 잃어버린 자를 찾아 나서는 등 교회가 할 만한 많은 일을 수행할 수 있습니다. 그러나 그들은 모임의 구조, 의사 결정 과정, 사역을 강요함으로써 자기의 신념을 고수하는데서 출발합니다. 그들은 다양한 압박과 성과의 척도를 갖춰놓고 사람들이 그런 계획과 기대를 따르도록 함으로써 좋은 기독교인으로 만들려고 노력합니다. 교회라고 주장하는 무수한 모임이 있지만 정작 그 공통점은 적다는 사실은 교회의 의미를 무색하게 합니다.

예수님의 교회는 인간의 창조물이 아닙니다. 그보다 교회는 새로운 피조물 즉 그분을 머리로 둔 구속받은 인류의 일원이 맺는 관계의 열매입니다. 바울이 교회를 그리스도의 충만이라 말했을 때, 그는 그리스도인의 집합을 뛰어넘어 이 세상 가운데 그분을 도와 그분께서 기뻐하시는 대로 살아가며 생기 넘치는 공동체에 관해 이야기했습니다. 예수님께서 지으시는 교회는 오순절 날 그분께서 시작하신 이래 성장하고 있습니다. 그 교회는 모임이나 기관 자체가 아니라, 자라나는 가족입니다. 교회는 예수님과 관계 맺은 사람들이 서로 반응하면서 이뤄집니다. 교회를 어떤 참석할 모임으로 생각하기보다는, 그분께서 날마다 부여해 주시는 대화와 연계 그리고 협력 속에서 그 실체를 찾는 편이 더 나을지도 모릅니다. 당신도 보게 되겠지만, 교회는 언제 어디서라도 나타날 수 있습니다.

"예수님을 따르는 사람 두셋만 모여도 어디서든 교회로서 기능할 수 있습니다." 이 말을 처음 들었을 때 나는 교회 장의자에서 거의 떨어질 뻔했습니다. 그 말은 내가 처음으로 직위를 맡았던 교회의 원로 목사님께서 마태복음 18장을 가르치면서 하신 말씀이었습니다. 그 목사님께서 정말로 그렇게 믿으셨는지는 잘 모르겠습니다. 그분은 이끄시는 기관을 향한 헌신과 책임에 중점을 두셨고 나 역시 당시에는 그렇게 믿지 못했기 때문입니다. 그렇지만 예수님께서는 그리 믿으신다고 생각합니다. 당시에 이 24세의 부목사가 그 말을 들었을 때 가슴 벅찼으니 말입니다. 만일 이 말이 진실이라면, 그리고 교회에 관해서 기존에 우리 대부분이 주입받은 것보다도 더욱 뛰어난 이해를 제공해준다면 어떻겠습니까?

새로운 피조물의 교회란 잘 정비한 울타리 안에 가둔 정원이라기보다, 고산 초원에 걸쳐 흐드러진 들꽃과도 같습니다. 이렇게 교회에 관해 외견상 비조직적으로 보는 견해는 많은 사람을 신경 쓰이게 만들 법도 합니다. 특히 하나님께서 자신에게 그분을 대신하여 사람들의 모임을 관리할 의무를 부여하셨다고 생각하거나 그렇지 않으면 교회란 존재할 수 없다고 생각하는 이에게 말입니다. 그러나 그러지 않아도 교회는 존재할 수 있습니다. 아울러 누구나 각기 스스로가 교회라는 고립적인 사상도 나는 옹호하지 않습니다. 우리가 그분을 따르는 또 다른 사람과 서로 관계를 맺는 가운데 교회는 나타납니다. 같은 지역 내의 친교뿐만 아니라 그분께서 함께 엮어 주시는 국제적인 연계에서도 말입니다. 먼저 우리는 예수님께서 자신을 계시하시는 대화 속에 나타나는 교회를 보게 됩니다. 그중 어떤 대화는 더욱 지속적인 우정으로 발전해 섬기고 격려하며 함께 자라나면서 우리 삶의 일부가 됩니다. 이러한 우정이 우리를 다른 이에게로 이끌어줍니다. 그 친구와 친구의 친구라는 네트워크로부터 하나님께서는 우리 주위에 그분의 목적을 이루기 위하여 합심하여 기도하고 협업하도록 우리를 초청하는데 필요한 모든 자원을 갖추시게 됩니다.

정말로 그렇게나 단순할 수 있습니까? 이런 생각이 아마도 사람들이 있는 그대로 교회를 보는데 가장 큰 걸림돌인지도 모릅니다. 그들이 생각하기엔 너무나도 단순하거나 쉽기 때문입니다. 그래서 그들은 예수님의 역사 대신 화합하지도 못하는 수많은 기관을 신뢰합니다. 알게 되겠지만, 연계가 어려운 이유는 단지 우리가 믿으려고 엄두를 내는 편보다 훨씬 더 쉽기 때문입니다. 실은 당신 역시 이렇게 자라나는 관계를 이미 갖추고 있을 가능성이 높습니다. 출석하는 교회 내에서라도 말입니다. 즉 장의자에 앉아서 앞에 강단의 활동을 바라보느니, 그들과 함께 소통하는 편이 교회의 생명을 더욱 자유롭게 표출한다는 뜻입니다.

인정컨대 교회에 관하여 이러한 논의는 쉽지가 않습니다. 현실은 복잡 미묘한데 대부분의 사람은 단순하고 명확한 답을 원합니다. 모든 종교 기관은 다 나쁘고, 더 작은 비격식적인 모임이 좋다고 말하기는 쉽지만, 그것은 사실이 아닙니다. 만약에 적합한 사람이 이끌며 하나의 진정한 교회를 나타내는 기관이 있었더라면 누가 거기에 속했고 누가 아닌지 알 수 있었겠지만, 그런 시도를 감행한 모든 집단은 결국 순수성을 지키려는 바람에 오만과 횡포로 끝마치고 말았습니다.

그러므로 우리는 지난 이천 년 동안 인간이 지으려고 시도한 교회와 예수님께서 지으시고 계시는 새로운 피조물의 공동체를 염두에 두고 구분하려 합니다. 가끔씩 그 둘은 영광스럽게도 공통점이 있을 수 있지만 동일하지는 않습니다. 다만 복종에 근거한 우리 조직은 우리 가운데 교회가 이뤄지는데 필요한 내적인 변화를 일으키지 못할 따름입니다. 또한 우리 교회의 교리와 전통과 조직이 어떻게 우리를 실패하게 만들 수 있는지도 봐야 하는 만큼, 나는 그들이 악하다고 말하진 않습니다. 이는 좋거나 나쁘다는 문제가 아니라, 우리가 어떻게 이용하는지가 중요합니다. 만약 하나님과의 관계를 발전시키는 데 도움이 된다면 매우 좋습니다! 문제는 그 존재가 우리의 부족한 관계의 대체물로 전락할 경우입니다.

나는 역사적인 교리 신조에 동의하며 읽으면서 격려받기도 합니다. 중요한 문제는 지적 동의가 아닌, 그 신조의 진리 가운데 사는 삶입니다. 마찬가지로 의례는 우리 마음을 더욱 넓은 세계로 열어주고 그분을 묵상하도록 도울 수도 있고 아니면 살아계신 하나님과 더욱 동떨어지게 느끼도록 만드는 무의미한 반복이 될 수도 있습니다. 나는 조직을 반대하지 않습니다. 조직이 사람들의 모임 가운데 예수님께서 하시는 일을 구현해낼 때는 놀라운 가치가 있습니다. 내가 하는 모든 일도 조직이 있습니다. 책 발간에서부터 여정을 조율하거나 아프리카의 고아와 과부를 향한 사역에 이르기까지 말입니다. 조직은 사람들이 특정한 임무를 수행하기 위해 구성하고 협력하는데 필수적입니다. 그러나 그 어떤 조직적 모임이라도 예수님의 교회에 생명을 매우 오랫동안은 반영하지 못하는 현실을 역사는 보여줍니다. 간혹 그런 일이 일어난다 해도 시간이 지나면 사람들은 조직을 섬기는 것으로 끝이 납니다. 그들은 그분을 따르는 대신 조직에 의존해 버립니다.

결국에는 어떠한 교리나 의식, 조직일지라도 예수님께서 지으시는 교회를 다 담아낼 수는 없습니다. 하지만 아이러니하게도 그 조직 중 무엇도 교회를 이룰 가능성을 배제할 수는 없습니다. 왜냐하면 교회는 사람들이 새로운 창조 가운데 예수님과 함께 살아가기를 배우는 곳이라면 어디에라도 나타날 수 있기 때문입니다. 교회는 가족이며, 가족이란 서로 사랑하는 관계라는 본질로 정의할 수 있습니다.

몇 년 전에 한 친구가 나에게 이의를 제기했습니다. "왜 우리는 성경에서 바울이 교회에 관해 말한 대로 교회라는 용어를 쓰지 않습니까? 바울이 명명한 대로 교회를 부르고, 그 실재에 못 미치는 무언가에 그 말을 쓰는 기관에 의해 본질을 흐리지 맙시다." 그렇게 하기란 쉽지 않았습니다. 교회란 말의 통용 방식이 언제나 나를 실수하도록 만들었습니다. 그렇지만 나는 정말로 그 단어를 각별히 보존할 가치가 있다고 생각합니다. 그래서 우리가 성경을 읽을 때면 예수님께서 마음에 두신 교회가 떠오르게끔 말입니다. 이 책에서는 그렇게 해보려고 합니다. 그 말을 기존 시스템 안에서 만나는 그리스도인의 어떤 모임에 쓰기보다는, 예수님께서 나타내시는 하나님의 가족을 묘사하는데 쓰겠습니다. 기관에 관해 이야기할 때 나는 회중이나 모임이라는 말을 쓰겠습니다. 예를 들면 "교회 분열"과 같이 진정한 교회를 가리키지는 않지만 흔히 사용되는 용어이기 때문에 불가피하게 "교회"라고 쓸 수밖에 없다면 인용 부호로 표시하겠습니다.

지난 이십 년 동안 나는 기관이 예수 그리스도의 교회가 번성하는데 필요한 환경을 제공해줄 수 있다는데 신뢰를 잃어온 세계의 사람들과 더욱 많은 대화에 동참하는 영광을 누렸습니다. 우리 가운데 일부는 이미 제도적 기독교를 떠나왔습니다. 왜냐하면 불편한 질문을 던지는 바람에 밀려나 버렸거나, 심령 가운데 자라나는 열정에 반하는 기관의 요구를 따라 더 이상은 섬길 수가 없었기 때문입니다. 우리 중 누구도 쉽게 나온 이는 없습니다. 지역 회중을 수십 년간 섬기며 개혁을 위해 여러 노력을 해봤습니다. 결국 우리는 믿음을 포기하지 않기 위해 떠났습니다. 조직 체제가 허락하는바 이상의 생생한 여정 위에서 그 믿음을 탐색하기 위해 말입니다.

같은 우려를 공유하는 다른 많은 이들이 있습니다만, 단지 기관적 해법을 찾을 수 있다고 기대하거나 혹은 딱히 눈에 띄는 대안이 없기 때문에 제도 안에서 최선을 다할 따름입니다. 그런 사람들 중에는 목사나 장로도 많습니다. 그들은 다른 누구보다도 기관적 필요와 예수님의 왕국의 우선순위를 따라 사는 삶 사이의 끊임없는 분투에 관해 더욱 잘 압니다. 또 다른 사람들은 가족과 친구로부터 소외당할까봐 두려워서 기관에 머뭅니다.

확실히 해두건대 이 책은 21세기에 우리가 물려받은 기관 가운데서 안락함을 느끼는 이들을 위해 쓰지는 않았습니다. 그보다는 우리가 알아온 "교회" 이상의 분명히 무언가 더 있다는 느낌으로 시달리는 사람을 위하여 썼습니다. 내가 만일 지역 회중에 나가야만 되는 열 가지 이유를 제시하길 기대한다면 당신은 실망하겠지요. 만약 당신이 내게 우리 종교 기관을 제대로 작동하게 만들기 위하여 좋은 의도로 최선을 다하는 이들을 비난하길 바란다면 역시 그렇게 하지도 않겠습니다. 어떤 시스템도 사람들의 모임 가운데서 교회의 생명을 재현해낼 수는 없다고 확신하면서도, 나는 그곳의 관계 가운데서 그분의 교회의 실재가 드러나는 모습을 목격했습니다. 만약에 당신이 거하는 곳에서 좀 더 나은 교회의 모델을 구축할 수 있는 가이드를 찾는다면 이쯤에서 읽기를 멈추는 편이 낫겠습니다. 그런 일은 당신이 할 일이 아님을 곧 발견하게 될 겁니다. 또한 당신이 최선을 다해 노력한 대도 그런 결과를 낼 수는 없습니다. 결국, 당신이 교회에 공격을 퍼붓는 책을 기대했다면 여기서는 찾을 수 없습니다. 나는 예수님께서 지으시는 교회를 사랑합니다. 그분 안에서 사는 법을 배워나가는 사람들의 놀라운 네트워크 말입니다. 나는 거의 모든 곳에서 교회의 출현을 지켜봤습니다. 비행기에서 우연한 만남, 이웃과의 대화, 근처에 사는 친구 관계나 은혜롭고 관대한 사람들과 협력하는 프로젝트 등에서 말입니다.

한편에서는 지역 회중을 옹호하고 다른 한편은 비판하며 대립

하는 무리로 분열하면 우리에게 도움이 되지 않습니다. 이 가족은 진정으로 중요하지 않은 문제들을 두고 이미 분열할 대로 분열하지 않았습니까? 양쪽 모두가 교회를 향한 나의 소망에 포함됩니다. 왜냐하면 결국 교회는 우리가 모임에 나가느냐 마느냐에 관한 문제가 아니기 때문입니다. 그보다도 우리가 그분의 왕국에서 살아나고 그분께서 우리를 어떤 식으로 배치하시든지 그 생명을 다른 사람과 나누는 일이 중요합니다. 교회가 어떤 모습으로 등장하든지 그분의 가족을 아우르기 위하여 우리의 선호를 뛰어넘는 장소와 사람에게까지 손 내밀 수 있다면 예수님의 목적에 더욱 부응하지 않을까요?

그렇다 해도 우리의 시작점은 회중을 고치려는 시도가 아니라 새로운 피조물 가운데 자기 스스로를 인식하고 바라보는 일이 먼저입니다. 이는 교회의 생명이 시작되며 그 형상을 이뤄갈 수 있는 유일한 환경입니다. 전 세계에서 수많은 사람들이 예수님의 사랑의 실재 속에 자유로이 살며 일제히 목자의 음성에 자원하여 응답할 때 그분의 교회의 모습이 어떠할지 우리 중 누구라도 미처 그려볼 수 있을까요.

만약에 더 이상 우리를 나누거나 모임과 활동으로 소진하게 만드는 분파적 기관이 없었더라면 우리가 얼마나 더 서로와 주변 사람들을 잘 사랑할 수 있었을까요? 우리가 고안해내는 그 어떤 프로젝트나 봉사활동보다도 사랑이야말로 하나님의 왕국을 훨씬 더 잘 풀어낼 수 있으리라고 나는 확신합니다. 예수님께서 지으시는 교회야말로 당신이 고대해온 교회이며, 인간이 만들어낸 형태가 그토록 불만족스러웠던 이유이기도 합니다. 나는 이 책이 교회에 절박하게 필요한 대화의 촉매가 되기를 소망합니다. 만일 우리가 세상 가운데 그분의 영광을 비추려거든 말입니다.

03

깨어남

내가 그에게 주는 물은
그 사람 안에서 영원한 생명으로
솟아오르는 샘물이 되리라 _ 요 4:14

    내가 아홉 살 때 예수님께서 나의 심령 가운데 처음 심어주신 새로운 피조물의 진리를 깨닫는 데는 삼십 년이 넘게 걸렸습니다. 정말 그렇게까지 오래 걸릴 필요가 없었는데, 나는 내가 배운 바가 다른 이에게 그 시간을 상당히 단축시키는데 도움이 되길 바랍니다.

    내 심령이 그분의 실재를 향하여 깨어나자 곧바로 나는 종교적 의무라는 러닝머신 위에 올라타게 됐습니다. 나는 그 일을 잘 할 소질이 있다는 것을 발견했습니다. 심령의 갈망은 결코 채우지 못했지만 말입니다. 하나님께서는 다른 실재를 향하도록 나를 넌지시 밀어주셨지만, 나는 내가 무얼 하고 있는지 또는 다른 시도해볼 길이 무엇인지 깨닫지도 못한 채 저항했습니다. 그래서 그런 느낌을 억누르면서 언젠가는 되겠지 하는 기약 없는 희망으로 심지어 더 열심히 달리기까지 했습니다.

우리 가운데 종교적 행위에 빠진 사람에게는 그런 일이 소용없다는 사실을 깨닫는 순간이 몹시 혼란스러울 수 있습니다. 그 혼란은 내가 숭배하도록 훈련받은 종교적 의무에 대항하여 내 안에서 깨어난 새로운 피조물의 저항이었다는 것을 지금은 압니다. 새순이 토양을 뚫고 돌을 밀치며 올라오듯, 그분의 생명은 자라나며 지면을 향해 뻗어 나옵니다. 비록 여러 해가 걸리긴 했지만 결국 내가 기독교를 율법과 의례의 종교로 받아들이기보다 예수님 그분 자체를 받아들이게 되면서 그 생명은 승리하였습니다. 그분께서는 세상의 기초 원리를 넘어 예수님께서 옛 피조물 속에 심어주신 새로운 피조물 가운데 살도록 줄곧 나를 초청하고 계셨습니다. 그분의 생명을 발견한다는 것은 내가 완전히 다른 방식으로 사는 법을 배워야 한다는 의미였습니다.

처음부터 나는 마치 예스맨처럼 기독교 이천 년 역사로부터 물려받은 시스템이 성경이 가리키는 교회의 연장선이라고 확신했습니다. 나는 회중 생활 속에서 축복 가운데 자라났습니다. 물론 거기에도 문제는 있었으며 어떤 회중은 다른 곳보다도 그분의 왕국을 더욱 잘 나타내었지만 달리 대안이 없다는 정도로만 생각했습니다. 나는 절대 완벽한 교회를 추구하진 않았지만, 적어도 사람들이 하나님을 알아 가며 정직과 관대함과 긍휼함을 품고 그분의 생명을 나누기에 좋은 환경을 갖춤으로써 교회를 세우신 분의 이상을 갈망하는 곳을 바랐습니다.

나는 회중 생활의 문제는 고칠 수 있고, 우선순위를 바르게 하여 소명을 다시 살려낼 수 있으리라고 온갖 기대를 걸었습니다. 그 소망은 많은 컨퍼런스와 대화의 주제가 되었으며 부흥의 아이디어를 주는 책들이 내 서재를 가득 채웠습니다. 전임 사역자로서 과거 이십 년 동안 나는 직업적 목사이자 리더십 저널의 편집 위원으로 변신했습니다. 나의 첫 저서인 벌거벗은 교회The Naked Church는 우리의 교회 경험에 있어서 체계적인 변화를 향한 나의 기대를 표출했습니다.

교회에 관한 나의 경험은 생후 몇 주 뒤부터 나의 부모님이 깊이 관여하신 캘리포니아 셀마에있는 제일 침례교회의 유아실에서 시작되었습니다. 나는 하나님께서 이스라엘의 장막 가운데 거하신 방식처럼 제단 가운데 거하신다고 믿으면서 자라났는데 그런 생각은 언제나 위안이 되어주진 못했습니다. 하지만 동시에 나와 함께 관계를 맺자고 초대하신 예수님의 이야기 또한 나를 사로잡았습니다. 우리는 가까운 친구와는 멋진 시간을 갖지만, 공적인 활동은 끌린다기보다는 지루한 편에 가깝습니다. 우리는 하나님께 의무감으로 나아가며 그렇게 하지 못하면 이곳에서나 내세에서 우리의 안녕에 부정적인 영향을 미칠까 봐 두려워합니다.

내가 십대 초반이었을 때 부모님은 막 캘리포니아로 들어온 부흥 운동에 참여하셨습니다. 어떠한 명칭도 없었지만 그 운동은 살아서 임재하시며 우리 힘을 뛰어넘는 능력을 주시고 하나님의 음성을 분별하도록 도우시는 성령님과 우리를 이어주었습니다. 원래 우리 침례교 회중은 이 부흥을 받아들였지만 오래지 않아 "성령의 충만fresh infilling"을 경험한 사람과 그렇지 않은 사람들 사이에 교만과 무시가 그들을 갈라놓았습니다. 결국 침례교의 리더십은 하나님의 음성을 들었다고 주장하는 사람들을 향해 잘 봐줘야 속임 당한 자들이고 최악의 경우에는 악마에게 사로잡혔다고까지 결론 내렸습니다. 이 논란을 두고 평생의 친구라도 곧 결별하게 됐으며, 그 부흥을 받아들인 사람은 쫓겨나 그들 스스로 회중을 만들었습니다. 그러나 이 역시 오래가지 못했습니다. 주일 집회에서 성령의 임재를 두고 얼만큼 나타나야 우리 가운데 하나님의 역사를 촉진하면서도 방문자를 껄끄럽게 만들지 않을지에 관해 논쟁이 일어났기 때문입니다. 이 친숙한 사람들의 모임은 오래 지 않아 또다시 갈라섰습니다.

다음 몇 년 동안 우리 가족은 몇몇 작은 교회를 떠돌았으며 심지어 한동안 우리 집에 가정교회를 만들기까지 했습니다. 그 나날 동안 하나님과 그분의 길에 관한 우리의 지식과 함께 다른 이들과의 연계도 점차 깊어갔지만, 수면 아래에는 항상 도사리고 있는 커다란 문제가 있었습니다. 우리의 모든 시도는 인간적 노력과 실패로 얼룩졌습니다. 사람들은 험담과 갈등으로 갈라졌으며, 여러 모임 가운데서 우리를 이끌고 싶어 하는 자들은 성적으로나 재정적으로 부정한 사건을 일으키면서 중대한 인격적 결함이 드러나고 말았습니다. 예수님에 관하여 그렇게 많이 알면서도 그분의 생명으로 삶을 빚어나가지 않을 수도 있다니 나는 매우 낙담했습니다.

오늘날 같으면 이런 식으로 표현하지 않겠지만 그동안 나는 "성직으로 부르심"을 느꼈으며 그 고귀한 사역을 향하여 사모하는 마음을 쌓아나갔습니다. 그러한 심취는 훗날에 심각한 덫으로 드러나게 됩니다. 그렇지만 당시 통념에 따라 나는 마침내 1970년대 초 오랄 로버츠 대학에서 성경 공부를 하기에 이르렀습니다. 그 시기 은사주의 부흥 운동the Charismatic renewal은 자기 권위를 세우고자 추구한 사람들과, 우리의 번영을 위해 하나님을 조종할 수 있다고 가르친 사람들에 의해 타락하게 됐습니다. 학생들 사이에서는 더욱 영적인 관계가 자라나 예수님 안에서 깊이 변화 받는 삶을 향한 나의 욕구를 북돋아 주었습니다. 반면 학교에서 이수해야 하는 채플은 대조적인 내용을 가르쳤습니다. 나는 예수님을 향한 열정을 지닌 수많은 사람들을 만났습니다. 그중에 한 오하이오 출신의 젊은 여성이 있었는데 나중에 나의 아내가 됐습니다.

   졸업하고 나서 나는 내가 자라났으며 성장 중이던 회중 가운데 한 스태프 직위를 제안받았습니다. 나는 그 목사님을 존경했고 도시에서 그 회중의 가치를 인정했기 때문에 신이 나 수락했습니다. 그러나 몇 년 내에 우리는 진정 경험하고 있지 못한 실재에 관하여 말하고 있음이 분명해졌습니다. 적어도 회중의 공적 활동에 있어서는 말입니다. 우리는 가족 됨에 관해 이야기했지만 실질적 관계는 예수님 대신 목사님을 따르도록 부추기는 관리 체계로 인해 약화됐습니다. 우리는 목사님을 따르면 예수님을 따라가게 될 줄로 기대했지만 절대 그런 식으로 돌아가지는 않았습니다. 대부분의 교구원은 자신의 영적 여정을 탐색하는 데 있어서 프로그램과 스태프에 너무나도 의존했습니다.

   거기로부터 남쪽으로 50마일 내려가 새로운 "교회"를 개척할 때 나에게도 도울 기회가 생겨서 수락을 했습니다. 스물일곱 나이에 가능한 최대한의 겸비함을 갖추고 내가 보기에 그분의 교회를 더욱 잘 나타낼 줄로 기대되는 관계적 공동체를 실현하기 위하여 나는 떠났습니다. 우리는 주일 아침 예배를 드리긴 했지만 주중 가정 모임이 모두의 삶에 실질적 중심이 되곤 했습니다. 우리는 하나님의 놀라우신 점들에 관해 배웠으며 사람들이 스스로 관계 가운데 성장하고 평생토록 보물이 될 우정을 기르도록 도왔습니다. 그러나 다시 한번 관계의 기쁨은 조직 성장이라는 급박한 요구에 자리를 내주었고, 다양한 의제가 하나님께서 우리에게 주신 자원을 장악하기 바라면서 갈등이 일어났습니다. 15년 뒤 어느 주일 아침에 공동 목사이자 가장 친한 친구가 내가 원하지도 않았는데 내가 그 지역을 떠난 사이에 나의 사임 발표를 해버렸습니다.

나는 거짓을 밝히고 다시 감독권을 회복하려고 돌아왔으며 그럴 만한 권한과 지지도 있었습니다. 그러나 그 주가 지나면서 하나님께서는 내가 머무를 때보다 떠났을 때 더욱 가르쳐주실 일이 많겠다고 나는 느끼게 되었습니다. 그 일은 내렸던 결정 중 가장 어려운 것이었습니다. 나는 믿을 수가 없었습니다. 더욱 관계적인 교회를 만들고자 한 우리의 자그마한 시도가 다른 많은 교회와 마찬가지로 인간적 야망 때문에 난파해 버리다니. 그렇게 나는 사십대 초반에 개척을 도운 회중으로부터 쫓겨나면서 인생의 다른 궤도에 올랐습니다. 처음 몇 년 동안 나는 당시 많은 기대를 모았던 가정 교회와 같은 대안을 물색했습니다.

그러나 무엇도 내가 이미 해본 시도에 비해 의미 있는 대안을 제시하지는 못했습니다. 결국 나는 찾기를 포기했습니다.

그러나 나는 예수님을 포기하지는 않았습니다. 또한 나의 많은 친구들도 놓지 않았습니다. 우리는 하나님으로부터 얼마나 깊은 사랑을 받는지 발견하게 되었고 그 실재는 특히 회중 생활 가운데 종교로서 기독교에서 배운 일부와 상충했습니다.

내 심령이 바라는 식의 공동체를 유지할 수 있는 교회 조직을 모색하는 대신 나는 다 내려놓고 단지 하나님께서 내 심령에 풀어놓으시는 바를 따라가게 됐습니다. 물론 나는 쓴 뿌리가 있고, 독자적이며, 반항적이라는 비난을 받았습니다. 그러나 나는 쓴 뿌리와는 거리가 멀었습니다. 내가 전임 사역자의 문화적 역할을 수행하는 데는 적합하지 못하다고 확신하면서 다른 무언가를 발견하길 기대하며 떠나왔습니다. 나는 독자적이지도 않았습니다. 나에게는 친구가 많았으며 진정한 공동체를 발견하기 원하는 깊은 갈망이 있었습니다. 나는 반항적이었을 런지도 모릅니다. 그러나 확실히 하나님을 향해서는 아닙니다. 단지 그분의 역사를 약화시키는 듯 보이는 종교적 조직을 향하여 그랬을 뿐입니다.

그러한 과정 가운데 몇 년 뒤 한 가까운 친구가 왜 더 이상 교회에 관해 전과 같이 많이 이야기하지 않는지 내게 물었습니다.

그때의 대답이 기억납니다. "나는 지난 이십 년간 교회에 관한 나의 관념을 생각하고, 구상하며, 고쳐왔네. 이제 예수님을 더욱 신뢰하는 가운데 따라가면서 아버지의 사랑 안에 사는 삶이 진정 어떤 의미인지 깨우친 지 몇 년 안 되었네. 한동안 이를 즐기려고 하는데 앞으로 십 년 동안은 교회가 어떠해야 할지 다시는 고민하지 않을지도 모르겠네."

그러고 보니 십 년보다는 조금 더 걸렸습니다. 그러는 동안 재미있는 일이 일어났습니다. 단지 예수님께서 심령에 두시는 바를 따르고 주위 사람들을 사랑했을 뿐인데, 그 시절에 갈망해온 바로 그 교회 생활의 한가운데 살고 있는 나 자신을 발견하게 되었습니다. 심지어 처음에는 이를 깨닫지도 못했습니다. 왜냐하면 교회라고 하기엔 내가 필요하다고 생각하는 조건적 틀에 맞지 않았기 때문입니다. 거기에는 예배도, 건물도, 장로회도, 전임 사역자도, 연속성도, 우리의 정체성을 내걸 이름도 없었습니다. 내 주변에 예수님을 가장 잘 아는 사람들은 기관을 만들거나 스스로를 지도자로 세울 욕망도 없었습니다. 그보다는 필요에 처한 다른 사람을 보살피고 그들이 예수님을 따르는 법을 배우도록 돕는 편을 택했습니다.

나는 결국 예수님의 생명을 살아내는 법을 배우는 다른 이들과 활발한 관계를 맺게 됐습니다. 우리는 더욱 깊은 삶을 살도록 자극이 되는 대화와 풍성하고 격려가 되는 모임을 가졌습니다. 또한 예수님께서 우리에게 좇도록 넌지시 비춰주시는 임무를 위하여 큰 기쁨으로 협력하기도 했으며 열매도 가득했습니다. 우리는 형식적인 부속 기관을 만들거나 매주 모이도록 강제할 필요를 전혀 느끼지 못했습니다.

그때 교회를 향한 나의 견해가 바뀌었습니다. 나는 구조와 기관 가운데서 교회를 찾았습니다. 그러나 내가 찾던 본질과는 항상 동떨어진 듯했습니다. 점차 나는 하나님의 사랑으로 변화받는 사람들의 자라나는 관계망 가운데서 교회를 발견하게 됐습니다. 그들은 따뜻하고, 관계적이며, 친절하고, 관대하며, 열정적이었습니다. 그들은 사람들이 의심과 분투 그리고 실패에 관해서도 정직해질 수 있게끔 용납해 주었습니다. 그들은 자기 목적을 위하여 사람들의 수치를 이용하지 않고 그 수치에서 벗어나도록 사람들을 자유롭게 풀어주었습니다. 또한 예수님과 동행하는 삶에는 거의 영향력이 없는 종교적 의무의 속박으로부터 벗어날 수 있도록 격려해 주었습니다.

나는 내 인생 대부분을 교회 가운데 살았으면서도 나만의 방식으로 만들기에 너무나도 급급한 나머지 인식하지 못했습니다. 실은 나는 참여한 거의 모든 회중에서 가까운 우정 가운데 교회의 실재를 맛보았습니다. 다만 공식적인 프로그램의 일부가 아니었기에 내가 교회라고 여기지 못했을 뿐입니다. 이는 나무만 보고 숲은 보지 못한 전형적인 사례이며 왜 우리가 그런 우정을 대체하기 위해 프로그램의 필요성을 받아들였는지 설명해 줍니다.

그때에서야 나는 그런 환경 가운데 크나큰 불만을 가져온 나의 갈망이 단지 그분께서 나를 새로운 피조물로 일깨운 결과였음을 깨달았습니다. 그래서 당신 역시도 그러한 경험을 하는지도 모릅니다. 그분의 사랑 안에서 점점 더 자유롭게 살아가고 싶은 소망과 그 갈망을 이뤄주기보다는 더욱 풀죽게 만드는 인간 체제의 혼란 사이에 끼인 채 말입니다. 이제 나는 인간적 조직이 이 새로운 피조물을 절대로 가둬 놓을 수 없다고 확신합니다. 교회가 인간적 조직과 함께 존재할 수 있을지는 몰라도, 교회는 예수님께서 옛 피조물을 초월하셨듯이 기관을 초월합니다.

예수님께서 지으시는 교회는 점점 커져가는 그 사랑의 실재 가운데 살아가는 가족입니다. 그러므로 예수님께서는 그분의 교회를 손수 지으시겠다고 말씀하셨습니다. 왜냐하면 우리는 그렇게 할 능력이 없으며 그 과정에서 우리가 무슨 좋은 일을 시도했든지 언제나 교회의 형상을 왜곡했고 다른 이에게 상처를 주었기 때문입니다. 예수님께서는 새롭게 창조되어 사회의 인간적 모임을 초월하며 살아갈 사람들을 불러 모아 그분의 교회를 세우셨습니다. 이는 오직 그분께서 변화시키시는 삶의 상호작용 가운데서만 나타날 수가 있습니다.

  그분의 교회는 옛 피조물로부터 나오지 않으므로 교회를 제한하거나 관리하고자 하는 우리의 모든 시도를 거스르기 마련입니다. 그분의 교회는 그분과 우리의 관계가 자라날수록 점점 더 인식하게 되는 실재입니다. 교회를 짓는 일은 절대 우리의 임무가 아닙니다. 다만 우리 자신을 새로운 창조에 내어드리고 그분께서 우리 삶을 다른 이와 이어주실 때 우리 주위에서 나타나는 교회를 지켜보기만 하면 됩니다. 우리는 교회의 이름을 짓거나 관리하려고 애쓸 필요도 없습니다. 그보다 교회가 우리 주변에서 형성되어 갈 때 단지 동역할 따름입니다. 교회가 그 목적에 충실하게 되면 우리는 그것이 나타나도록 놔두고 다음에 그분께서 하실 일을 볼 수가 있습니다. 그 관계는 지속적이지만 꼭 모양을 부여하는 업무나 프로그램은 아닐 수 있습니다.

  복음은 교회에 관하여 우리가 이후에 만든 어떤 종교적 체제를 가리키기보다는 이런 견해를 더욱 권장합니다. 예수님께서는 그분의 교회의 본질에 관해 명확하게 해 두셨습니다. 다만 우리 쪽에서 그분께서 교회에 관해 알아야 될 바를 전부 다 말씀해 주셨다고 여긴 적이 없었으므로 놓쳤을 따름입니다.

04

예수님께서 우리에게 가르치신 일

이것이 하나님의 일이니,
즉 그분이 보내신 이를
너희가 믿는 것이라 _ 요 6:29

    예수님께서는 오늘날의 우리처럼 교회에 몰두하지 않으셨다는 사실을 깨닫지 않고서는 복음서를 읽을 수 없습니다.

    우리가 알기로 그분께서는 제자들에게 교회를 어떻게 개척하고 짓고 관리할지 가르치신 적이 없습니다. 그분께서는 어떠한 리더십 훈련 컨퍼런스를 열거나, 알아야 하는 모든 내용으로 빼곡한 교과서를 건네지 않으셨으며, 세미나를 열지도 않으셨습니다.

    그분은 그들에게 어떻게 비영리 기구를 만들어 운영하는지 알려주지 않으셨습니다. 어떻게 예배를 열고, 찬양을 인도하며,

구약 성구를 해석하는지, 혹은 신약을 어떻게 쓰는지도 그들에게 가르쳐주지 않으셨습니다. 그분은 진짜 신자와 가짜 신자를 구분할 수 있도록 교리 진술서를 만들지 않으셨습니다. 소그룹 교제, 리더십 팀 구성, 선교여행 계획에 관한 세미나를 열지 않으셨습니다. 대신에 그분은 삶 가운데서 사람들과 함께 걸으며 만나는 이를 감동하게 하시고, 아버지 왕국의 실재를 보여주시며, 그 가운데 살도록 그들을 초청하셨습니다. 심지어 그분께서는 우리의 주일 예배와 비슷한 모임에 참석하신 적도 없었습니다. 실은 그분께서는 제자들에게 회중 예배를 열도록 구비시키거나 그들의 명맥을 유지하기 위한 국제적 기구를 조직하려는 일은 하나도 하지 않으신 듯합니다.

물론 단지 그분께서 하지 않으셨다는 사실 만으로 우리가 할 수 없다는 뜻은 아닙니다. 하지만 그런 일의 가치를 재고해보거나 적어도 그 일을 하는 모임에 속하지 않았다고 해서 그분 교회의 일원이 될 수 없다는 생각에 의문을 제기할 수는 있습니다. 예수님께서는 교회에 관해서 그다지 많이 말씀하지 않으셨습니다. 딱 두 번 언급하셨을 뿐입니다. 그분께서는 몸소 교회를 세우시겠다고 말씀하셨으며, 고의든 아니든 교회를 파괴하려는 누군가에게 어떻게 대응해야 하는지 조언해 주셨습니다.

많은 이야기를 하신 것 같지는 않지요? 만약 그분께서 그분의 교회에 관해 우리가 알아야 할 모든 바를 말씀해주셨고 더욱이 보여주시기까지 하셨다면 어땠을까요?

이러한 가정은 물론 그분께서 그러지 않으셨다는 전제를 깔고 있습니다. 그렇기 때문에 교회 생활에 관한 대부분의 세미나는 바울의 몇몇 구절 혹은 심지어 이스라엘 족속에 관한 모세의 리더십으로까지 돌아갑니다. 실제로 바울은 교회에 관해 자주 이야기했으며 여러 지역의 교회에 문제를 해결하고 공동생활에 관한 질문에 답하기 위해 편지도 썼습니다. 그렇다고 해도 바울 역시 예수님만큼이나 오늘날 우리가 일컫는 교회가 하는 일은 하지 않은 것 같이 보입니다. 우리는 찬양팀이 함께 하는 주일 예배나 성경 강의에서 절대 그를 보지 못합니다. 그는 분명 같은 도시에서 다른 명칭으로, 다른 교리와 다른 "찬양 스타일"을 지닌 다양한 "교회"를 절대 상상할 수도 없었겠지요. 그들에게는 집 밖에서 모일 건물이나 의사 결정을 할 장로회도 없었습니다.

따라서 우리가 어떠한 지역 교회에서 하는 일에 관하여 합리화하기 위해 성경을 인용하고 적용한다면 초점을 완전히 놓치는 셈입니다. 21세기 우리의 회중 모임 방식은 성경의 권면과는 거의 공통점이 없습니다. 우리는 성경 자체로부터 교회에 관한 이해를 끌어내기보다는 교회에 관한 기존 견해에 성경을 끼워 맞추는데 더욱 시간을 보냅니다.

오늘날 '교회 생활'에 관한 우리 견해는 신성한 사랑의 공동체가 어떤 곳인지 나타내기보다는 기관적 정체성, 모임, 의식, 윤리, 교리와 훨씬 더 관련이 높습니다. 그러한 바탕으로는 그리스도의 교회의 실재로 향하는 길을 찾기가 어렵습니다. 어쩌면 교회는 목적을 이루기 위한 수단이 아니었기에 그분께서는 교회에 관해 그렇게 많이 이야기하지 않으셨는지도 모릅니다. 만일 그분께서 아시는 교회란 단지 그분이 하신 일의 열매로서 그분을 따르기를 배우는 사람들이 있는 곳이라면 어디라도 아주 쉽게 이루어진다는 것을 아셨다면 어땠을까요?

그렇다면 예수님께서는 교회 이야기를 하지 않으심으로써 진정 우리가 교회에 관해 알아야 할 전부를 이미 말씀하신 셈입니다. 그분은 모든 사역의 초점을 그분께서 여시는 왕국에 맞추셨습니다. 마치 노르망디 상륙 작전과 같이 그분께서는 인류 역사 속으로 하나님의 생명을 불어넣기 위하여 이 깨어진 세상 가운데 침투하셨습니다.

그분께서는 그 왕국을 구현하시고 비유 가운데 말씀하셨으며 사람들을 향하여 그분을 받아들임으로써 왕국을 받아들이도록 초청하셨습니다. '왕국'이라는 말은 마태, 마가, 누가가 예수님을 회상한 복음서에서 백 번도 넘게 썼을 정도로 주님께 중요했습니다.

이 말은 요한복음에서 바뀝니다. 요한은 왕국이라는 말을 드물게 썼지만 동일한 실재에 관하여 말하기 위해 생명과 영생이라는 단어를 썼습니다. 요한에게 있어서 영생은 단지 죽음 이후의 삶이 아니라 우리가 아버지, 아들, 성령님과 사랑에 바탕을 둔 관계 속으로 들어감으로써 바로 지금 경험할 수 있는 하나님 수준의 생명을 말한 것이었습니다. 예수님께서는 이 깨어진 창조 세계 한가운데서도 신성한 교제에 동참할 수 있도록 우리에게 문을 열어주셨습니다.

일세기 유대인들은 메시아의 왕국이 로마를 뒤엎고 그들을 번영으로 이끌어줄 정치적 왕국이라고 여기는 오류를 저질렀습니다. 예수님께서 그럴 열의를 보이지 않으시자 실망한 그들은 그분을 거부했습니다. 그들은 육신적인 왕국을 추구했고 예수님 그분 자체를 통하여 세상으로 뻗어 나가는 더욱 강력한 왕국은 볼 수가 없었습니다. 자유를 선포하고, 용서를 건네고, 아픈 자를 치유하고, 소외당한 자를 사랑하며 타락한 인류 가운데 꾸려나가는 그분의 가정은 왕국이 이미 도래했다는 표적이었습니다. 왕국은 우리의 정치적인 세계를 형성하기보다, 새로운 종족의 사람들을 일으켜 타락한 지상의 혼돈 가운데서도 하나님의 실재 가운데 살도록 바꾸어버립니다. 제멋대로인 세상 곡조와는 다른 멜로디에 맞추어 춤을 추면서 그들은 하나님의 사랑이 절실하게 필요한 이 세상에 그 사랑을 표현합니다.

그러나 기독교는 영적인 왕국을 정치적 권력과 혼동하면서 일세기 유대인 지도자와 동일한 실수를 저지르고 말았습니다. 여기서 그리스도인은 종종 두 가지 길을 취해왔습니다. 사회를 그들의 기호에 맞추기 위하여 옛 피조물의 정치 경제적 권력을 이용하려 들거나 아니면 단지 예수님께서 모든 권력을 복종케 하실 마지막 시대까지 기다릴 뿐입니다. 그들은 여전히 왕국을 육신적 감각으로 보며 그에 따라 교회를 향한 그들의 견해에 틀을 맞춥니다. 그러나 그렇게 하면서 그들은 왕국과 새로운 피조물 그리고 교회의 진정한 본성을 잃어버리고 맙니다.

예수님의 왕국 영역은 인간 심령 가운데 존재합니다. 왕국의 통화는currency 정치나 경제적 권력이 아닙니다. 그보다는 사랑으로 변화 받아 다른 우선순위와 소명을 받아들이는 삶입니다. 그러므로 제자들에게 교회에 관한 말씀을 하셨는지 여부와 상관없이 예수님께서는 바로 사랑의 능력을 가르치셨고 받은 사랑을 세상에 자유로이 나누도록 도전하셨습니다. 새로운 피조물의 생명은 아버지의 사랑으로부터 흘러나옵니다.

내가 들은 중 복음을 가장 잘 제시한 말은 그리스도인을 증오하는 무신론자의 입에서 나왔습니다. 그 말은 LA에서 피츠버그로 가는 비행기 안에서 나눈 대화 초반에 그가 자신에 관해 소개하면서 나왔습니다. 나는 그의 분노를 이해했습니다. 특히 그가 당시 나라를 갈라놓은 뜨겁게 달궈진 문화전쟁 이슈에 관해 다룬 타임지의 커버스토리를 읽고 있었다는 점에 비추었을 때 말입니다. 잠시 후 그는 내 직업이 무엇인지 물었습니다.

나는 그에게 답하기 쉽지 않은 질문이라고 말했습니다. 나는 한참 동안 일반적인 직업을 갖고 있지 않았습니다. 어느 날은 글을 쓰거나, 여행하거나, 강연하거나, 상담을 할 수도 있고 심지어 공립학교에서 종교의 자유 문제에 관해 자문하기도 했으니까요. 그래서 나는 종종 그런 질문에 그의 경우와 같이 이렇게 답합니다. "나는 세계를 다니면서 사람들이 예수님의 진정한 가르침을 분별할 수 있도록 돕습니다."

"오 그렇군요." 그는 흥미롭게 웃으며 대답했습니다. 그리고 그는 내가 그렇게 소개할 때 거의 모두가 묻는 동일한 질문을 내게 했습니다. "예수님께서 무엇을 가르치셨다고 내가 생각하는지 아십니까?"

그런 반응은 나를 놀라게 하곤 했습니다. 그들도 내가 생각하는 바를 알고 싶어 하는 줄 알았습니다. 그렇지만 아니었습니다. 그들의 생각을 내게 말하고 싶었을 뿐입니다. 그래서 이제 그리스도인을 싫어하는 자칭 무신론자가 예수님께서 진정 가르치신 바를 나에게 말하려던 참이었습니다. 그리고 이 지점이 정확히 내가 대화를 시작하기 원하는 곳입니다. 이어진 그의 몇 마디에서 나는 많은 것을 배웠습니다. 나는 여러 사람으로부터 예수님께서 진정 무엇을 가르치셨는지에 관해 들어봤지만 종종 그들은 틀렸고 어떤 때는 터무니없기까지 했습니다. 이번에는 그렇지 않았습니다. 그의 입에서 나온 말은 내게 충격을 주었습니다.

"내 생각에 예수님은 우리가 아는 것보다 더욱 우리를 사랑하시는 아버지가 계심을 가르쳐 주셨습니다. 그리고 우리가 이를 깨닫는다면 서로를 어떻게 대해야 할지 알겠지요."

나는 입이 벌어졌습니다. 그는 잠시간 말이 없더니 내 놀란 표정을 보고 "왜 그러세요?"라고 물었습니다.

"이보다 더 잘 설명한 말은 들은 적이 없는걸요." 나는 머리를 휘저으며 대답했습니다.

"정말요?"

"네, 정말로요! 나는 이 시대에 가장 유명한 설교자가 제시하는 복음도 들었고 이전 사람들의 책도 읽었어요. 그런데 이보다도 더욱 잘 표현한 내용은 들은 바 없습니다."

"어디서 들으셨나요?" 분명 그는 옛날 어딘가 주일학교 수업에서 들었으리라고 생각하면서 나는 물었습니다. 그러나 그는 모르겠다는 듯 어깨를 으쓱했습니다.

"그 말이 정확히 예수님께서 말씀하신 이야기라는 사실을 아십니까?"

"예수님이 그렇게 말씀하셨습니까?"

"네, 요한복음 13장에서요. '새로운 개명을 너희에게 주노니, 서로 사랑하라. 내가 너희를 사랑한 것처럼, 너희도 서로 사랑해야 하느니라. 너희가 서로 사랑한다면, 이로써 모든 사람이 너희가 나의 제자인 줄 알리라.' 당신이 한 말은 이 말씀을 매우 잘 담아 냈습니다. 그렇다면 왜 당신은 믿지 않는지 말씀해 주시겠습니까?"

"그렇게 사는 모습을 본 적이 없어요." 그의 말에 나는 아픔을 느꼈습니다.

"나는 보았는데요."라고 말했더니 그는 더 알고 싶어 했습니다. 다음 한 시간 반 동안 나는 내가 아는 사람들에 관해 그에게 이야기해 주었습니다. 아버지의 사랑에 너무나도 깊이 변화 받은 나머지 다른 사람을 돕기 위하여, 심지어 자신을 이용하거나 배반한 사람에게까지도 스스로를 내어준 이들 말입니다. 그들이 그렇게 행한 것은 그래야만 했기 때문이 아니라, 그들의 심령 가운데 품은 사랑이 다른 길은 허락지 않았기 때문입니다.

결국에 그는 깊은 감명을 받았고 나는 그에게 이미 심령 가운데 복음의 씨앗을 품고 있노라고 말해주었습니다. 그는 예수님을 따른다는 것의 의미에 관하여 다시 생각해보려는 듯했습니다. 그는 꼭 그렇게 하겠다고 나에게 말했습니다.

   예수님과 같은 사랑의 힘에는 전염력이 있습니다. 누군들 다른 어떤 이의 사랑의 대상이 되고 싶지 않겠습니까? 특히 그 사람이 사랑의 대가로 아무것도 바라지 않는다면 말입니다. 그런 면에 있어서 하나님의 사랑은 보다 약한 인간의 사랑과는 차이가 있습니다. 우리 대부분은 사랑에 관해 자신의 필요를 서로 조절하는 관계라고 말합니다. 당신이 내게 가치 있는 무언가를 제공하는 한 나도 당신에게 소중한 무언가를 주면서 우리는 서로 사랑한다고 말할 수 있습니다. 그러므로 우리의 사랑은 시작부터 착취적인 측면이 있습니다. 그 사랑은 내가 다른 누군가에게 무엇을 얻을 수 있는지와 그들이 내게 얻는 바에 기반을 둡니다. 만약 상호호혜가 어떤 식으로 끊어지거나 사람들이 우리가 주어야 하는 수준보다도 더욱 많이 요구한다면 그 관계는 죽어버립니다.

   예수님께서는 사랑에 관하여 무엇을 얻을 수 있는지가 아닌 무엇을 주는지에 의해 정의하셨습니다. "친구를 위해 목숨을 내어놓는 것보다도 더 큰 사랑은 없느니라." 예수님께 사랑은 실제이지, 희생이 아니었습니다. 그분께서는 우리에게 헌신하지 않으셨습니다. 그러니까 순전히 우리를 너무나도 사랑하신 나머지 우리의 깨어짐과 대면하여 자기 생명을 내려놓는 일만이 그분의 유일한 선택이었습니다. 사랑은 절대 누군가를 위해 해야만 되는 일이 아닙니다. 사랑은 마음 깊이 애정을 품은 누군가를 돕기 위해 행동하기 원합니다.

그렇기에 사랑은 하나님의 내면으로부터 시작될 수밖에 없었습니다. 그분께서 보여주시기 전까지 우리는 사랑이 무엇인지 전혀 알 수 없었습니다. 사랑은 자기 유익보다 다른 이의 유익을 먼저 구하는 관계적 연계입니다. 예수님께서는 단지 사랑에 관해 말씀하시는데 그치지 않고 나타내 보이셨습니다. 즉 죄인일지라도 고쳐주시고, 세상의 파괴적인 순환 고리를 깨부수기 위하여 최종 희생 제물로 자신을 드리사 우리를 자기 위주의 본성으로부터 자유하도록 풀어주셨습니다.

그분의 왕국은 정치 체제가 아니며 또한 종교 체제 안에 가둘 수도 없습니다. 그 왕국은 아버지로부터 온전히 사랑받음으로 다른 이도 온전히 사랑하는 사람들의 방대한 관계망입니다. 이로써 충분하다고 그분께서 말씀하셨습니다. 온 세계가 그분께서 누구신지 알게 되기 때문입니다. 그러면, 예수님께서 제자들과 함께 시골길을 걸어 다니셨을 때, 우물가에서 한 여인과 대화하셨을 때, 삭개오의 집에 앉아 점심을 나누셨을 때나 베다니에서 쉬셨을 때 교회가 어떤 모습인지 정확하게 보여주신 게 아닐까요?

그러니까, 예수님께서 우물가에서 사마리아 여인과 함께 시간을 보내셨을 때, 선한 사마리아인의 이야기를 나누셨을 때, 베드로가 배반하기 직전 기도로 감싸 주시고 그 뒤에도 여전히 사랑하셨을 때 그분께서는 교회가 어떻게 사는지를 보여주고 계셨습니다.

어쩌면 결국 그분께서는 우리가 그분의 교회에 관해 알아야 할 전부를 이미 다 말씀해주셨는지도 모릅니다. 그 가르침은 파워포인트 프레젠테이션을 배경으로 보여주는 설교단 위 강의보다는 격렬한 폭풍우 뒤 뱃고물에서 나눈 믿음에 관한 대화에 더욱 가깝습니다. 그 모임은 장의자나 영화관 좌석에 일렬로 앉은 사람들보다도 다락방에서 식사를 나누는 모습과 더욱 비슷합니다. 그리고 그 리더십은 회의실에 앉아 예산을 두고 다투기보다 더러운 발을 씻어줄 때 더욱 잘 나타났습니다.

확실한 한 가지는 예수님께서 우리에게 남겨주신 이러한 유산이야말로 우리가 교리와 성전 건축을 놓고 다투고, 규정과 프로그램을 두고 꼬치꼬치 따지며, 세상 조직에서 오만하게 권력 지분을 주장하려고 드는 지난 이천 년에 비해 하나님의 실재를 훨씬 더 잘 보여준다는 것입니다. 비록 인간이 지은 교회가 전 세계에 복음의 메시지를 전파하는데 도움은 됐지만 너무나도 엄청난 대가를 치르고 말았습니다.

05

우리 역사가 증명한 것

경건의 모양은 있으나
경건의 능력은 부인하리니 _ 딤후 3:5

"예수님과 더 가까워질수록 이 회중을 목양하기가 더욱 힘들어집니다."

많은 사람이 부러워할 만큼 넘쳐나는 회중으로 성공 가도를 달리고 있던 한 젊은 남성의 충격적 발언입니다. 무슨 뜻인지 묻자 그는 말을 이어나갔습니다. "내가 그분과 가까울 때는 이 모든 일이 잘 돌아가게끔 내가 필요한 대로 그들을 대할 수가 없답니다." 그는 고갯짓으로 우리가 서 있던 거대한 건축 단지를 가리켰습니다. 그는 해답이 없다는 것을 인정하지 않았지만, 조직을 관리하려 애쓰면서 예수님께 우선순위를 두는 삶의 난제를 이보다 더 잘 설명할 수 없었습니다. 나도 목사로 임명

받고 이십 년 동안 그와 같은 갈등을 거의 매일 느꼈습니다.

예수님께는 그 일이 수월했습니다. 왜냐하면 그분은 사역을 운영하거나 회중을 관리할 필요도 없이 사람들을 찾는 대로 즉시 관계 맺을 수 있을 만큼 자유로우셨기 때문입니다. 그분께서는 그들에게 자신을 위해 무엇을 하도록 만들 필요가 없으셨습니다. 그런 만큼 그분은 자유로이 그들을 사랑하셨고 그들 또한 자유롭게 그 사랑에 반응하거나 혹은 거부할 수 있었습니다. 그분은 급여를 받기 위해 그들의 십일조를 필요로 하지 않으셨고, 자아를 입증하기 위해 그들의 출석이 필요 없었으며, 프로그램을 메우기 위해 그들의 시간을 요구하지도 않으셨습니다.

어쩌면 그분께서는 더욱 중요한 무언가를 간파하셨는지도 모릅니다. 우리가 왕국을 자유로이 나누는 데로부터 사람들의 유익을 위해 관리하는 자리로 옮겨갈 때면 최선의 의도에도 불구하고 많은 해로운 결과가 벌어질 수 있습니다. 그리하여 우리는 사랑의 왕국을 의식, 교리, 율법, 우상의 종교와 맞바꾸었고, 리더들은 사람들이 사랑하는 아버지와의 관계 가운데 살도록 돕기보다 프로그램 관리자로 전락했습니다.

우리가 기독교의 역사를 돌아보면 예수님께 헌신하는 순수성과 단순함으로부터 끊임없이 종교 기관 및 그 기관을 이끄는 사람을 향한 의존으로 변질되는 현상을 목격합니다. 심지어 신약

성경 기록 당시 초기 신자들도 예수님과 변화를 일으키는 관계를 발견하도록 돕는 편보다 사람들의 행위를 감독하기 위하여 체계를 의지하는 편이 더욱 쉽다는 사실을 발견했음이 분명합니다. 그들이 오순절 뒤에 나온 삼천 명의 새신자를 관리할 필요성은 없었던 듯 보입니다. 제자들이 예수님의 생명과 메시지를 알리던 성전에서 그들은 서로를 쉽게 찾을 수 있었던 것 같습니다. 또한 그들의 가정은 교제, 기도, 식사 그리고 필요에 처한 자들에게 희생적으로 주는 관대함으로 가득 찼습니다.

그 뒤에 누군가 필요한 사람에게 바로 주는 대신에 사도의 발 아래 금전을 내어놓자는 생각이 떠올랐습니다. 이 생각은 아나니아와 삽비라도 넘어질 만큼 커다란 덫에 문을 열었습니다. 그들은 다른 사람에게 더욱 영적으로 여겨지기 위해 실제 내 헌금보다 더 많이 드렸다고 주장하며 체제를 악용하려 들었습니다. 그러나 덫에 빠진 사람은 그들뿐만이 아니었습니다. 사도들 역시 덫에 걸려든 듯합니다.

과부를 위한 식량 배급에 공정성을 놓고 이스라엘의 유대인과 그리스인 사이에 논쟁이 터졌을 때 제자들은 더욱 중차대한 임무가 있다며 스스로 발을 빼려고 했습니다. 그리하여 사도들은 스스로 기도와 말씀 사역에 전념하겠다면서 그 문제를 감당할 일곱 사람을 임명했습니다. 그리고는 사도행전의 초점이 사도들로부터 헌물을 나누기 위하여 선택받은 두 사람으로 이동했다는 사실이 흥미롭지 않습니까? 스데반은 예부살렘에서 증기함으로 인해 돌에 맞았고, 빌립은 사마리아에서 부흥을 일으켰습니다. 사도들은 어디에 있습니까? 분명 그들은 기도의 골방과 연구 가운데 은둔하여 행동력을 잃고 말았습니다. 결국 베드로와 요한은 빌립을 도울 수 있을지 알아보기 위하여 사마리아로 향하게 됩니다.

이에 관해 나는 누가가 중앙 집권적인 헌금관리의 필요성을 다룬 긍정적 예라기보다는, 관계적 문제를 제도로 해결하는데 관한 경고로서 이 이야기를 나누지 않았나 하는 생각이 듭니다. 그런 식의 헌금관리 체계를 증명하기는커녕, 그들이 그렇게 헌금을 받았을 때 그 가운데 흐르던 예수님의 자유로운 사역에 역행하고 말았다는 경고 같지 않습니까? 자기 유익을 위해 헌금을 부당하게 유용하는 일을 막을 수 있는 시스템은 없으며 종종 사람들이 돕기 원하는 사람들만큼이나 지도자들이 그 혜택을 얻습니다.

운용해야 하는 과부 돕기 기금을 마련하는 대신에 우리 가운데서 가장 도움이 필요한 사람들을 돌보는 데 왜 소홀한지에 대해 더 중요한 질문을 던졌다면 어땠을까요? 물론, 사람들을 돌보는 편이 더 어렵습니다. 그러려면 사람들은 자신을 들여다보고 다른 이들을 보살핌으로써 발현하는 예수님과의 관계를 찾아야만 됩니다. 따라서 그들은 빠져나갈 쉬운 길을 택하고 말았습니다. 그래서 더욱 큰 변화와 믿음을 향하여 사람들에게 도전하기보다는 프로그램을 만들어서 그 문제를 다른 누군가의 책임으로 삼아버렸습니다.

신약은 하나님의 역사와 우리의 행위 사이에 크나큰 대비를 보여줍니다. 한편으로 하나님께서는 사람들을 향해 깨어진 세계로부터 나와 새로운 피조물의 생명으로 들어오도록 초청하기 위하여 놀라운 일들을 행하십니다. 반면 부족한 인간은 은혜를 가시적인 체계로 조직하려 들며 교회의 생명을 왜곡하여 다시금 인간적 노력이란 옛 피조물로 퇴행하도록 유혹합니다. 갈라디아 교회는 오래 지나지 않아 종교적 행위라는 체제를 위하여 은혜와 관계성의 복음을 저버리고 말았습니다. 고린도 교인들은 이기적으로 서로를 이용했으며 이미 파벌로 조각나 더 이상 예수님께서 주신 연합 가운데 살지 못하는 모습을 보였습니다. 다른 곳에서 어린 공동체는 성적 부정과 잘못된 가르침에 넘어갔습니다.

이러한 문제를 풀기 위해서 사람들이 해법을 들고 나왔어도 종종 새로운 문제에 당면하고 맙니다. 에베소의 장로들에게 바울은 곧 누군가 사람들을 자기 욕심을 따라 끌어내어 멀어지게 할 것이라고 경고했습니다. 이후 바울은 디모데에게 에베소에서 스스로 지도자가 되고자 하는 자들이 퍼트리는 잘못된 교리를 바로잡도록 장로를 임명하라고 말했습니다. 그러나 그런 일은 그 장로들이 실제로 예수님께 귀 기울일 때라야 바르게 돌아갈 수 있습니다. 요한이 에베소 교회에 편지를 쓸 때까지도 그 장로들은 문제가 됐습니다. 그들 중 하나는 자기 자신을 원로 목사로 세우고 다른 모든 이들 위에 군림했습니다. 따라서 요한은 그들에게 진리를 위해 장로들을 의지하지 말고 그들 가운데 계시는 성령님을 신뢰하도록 일깨워야만 했습니다.

그리고 예수님께서 계시록에서 에베소 교회를 언급하셨을 때 그들은 진리와 거짓 교사를 분별한 일에 관해 칭찬을 받았지만 대신에 처음 사랑을 저버렸다는 경고도 받았습니다. 처음 사랑으로 돌이키지 않으면 그들은 더 이상 예수님의 교회를 나타낼 수가 없게 됩니다. 실제 요한이 계시록에 쓴 일곱 교회 가운데 오직 두 곳만 칭찬을 받았고 나머지는 부정과 교만에 넘어가버렸습니다. 이후 이천 년 동안 우리는 그와 같은 문제를 계속해 목격하고 있습니다. 초기 신자와 마찬가지로 우리는 예수님의 교회를 세우기 위해 지속적으로 그분을 신뢰하기보다는 옛 피조물의 자기 보호적인 메커니즘으로 퇴보하기 쉽습니다. 지금까지도 기독교 역사에서 이천 년이 지났지만 대부분의 기간 동안 우리는 전혀 나아지지 못한 모습만 보여주고 말았습니다.

심지어 기독교 기관의 역사를 대략 보더라도 개혁의 시대가 운동으로 굳어지고 왕국의 우선순위를 기관의 필요가 대체해버린 사례들이 나타납니다. 누구라도 감히 현상태의 개혁을 논하면 거부 받고 죽임 당하거나 쫓겨났습니다. 내쫓긴 개혁 추진자는 곧 스스로의 기관을 열고 그들이 쫓겨난 기관만큼이나 경직돼 버렸습니다. 처음에 그런 일은 드물게 일어났을 뿐이지만 이제 "교회 분열"은 예삿일입니다. 목사 지망생이 시작하고자 마음만 먹으면 새로운 회중이 생겨납니다. 그리고 어떤 회중 모임의 인기가 많아져서 다른 모임도 그 이름과 프로그램을 도입하고자 하면 새로운 교파를 이루게 됩니다. 우리는 교회라고 하는 수천의 체계를 만들어냈지만 그 모두가 한참 부족할 뿐입니다.

나는 그렇게 결론을 내릴 수 있지만, 한편으로는 그러한 기관이 세계에서 예수 그리스도의 이름으로 그만큼의 선을 행했다는 사실도 동시에 인정합니다. 무수한 사람이 복음의 메시지로 위로와 도움을 받았으며 우리 기관들은 전 세계에 걸쳐 의료적 구호, 기아 구제, 교육 등 긍휼 활동을 통하여 고통을 덜어주기 위해 막대한 돈과 시간을 내어주었습니다. 대부분 그리스도의 가르침을 명확하게 제시했으며 수많은 사람들이 풍성한 문헌으로 유산을 남기는데 동참했습니다. 이는 여전히 사람들에게 하나님을 알고 그분과 동행하도록 장려해 줍니다.

하나님께서는 여전히 이러한 활동을 통하여 자신을 알리시며 이 지점에서 많은 이들이 그분을 처음으로 만납니다. 무엇보다도 우리가 아무리 복음을 "은혜에 의해 믿음으로" 받아들였다 해도 그 온전함을 유지하는 기간은 처음 24시간뿐이라는 사실이 놀랍습니다. 그 후로는 우리가 사람들에게 좋은 그리스도인이 되기 위하여 행해야 하는 온갖 지시 사항을 가르치는 까닭입니다. 초기의 제자들과 마찬가지로 교회는 가장 원시적인 단계에 최고로 강력했던 듯합니다. 당시에는 하나님을 향한 확신이 강했으며 교회를 보호할 체계도 미처 갖추지 못했습니다.

그러나 일단 우리의 체제가 구축되면 사랑받는 사람들의 공동체를 이루기보다 세상 방식으로 권력을 휘두르기 십상입니다. 그러므로 우리의 체제가 예수님의 우선순위보다 지상의 시스템과 동일한 우선순위를 보여주는 현실은 놀랍지도 않습니다. 호화로움에 있어서 로마 왕국과 로마 교회는 대체 어떻게 다릅니까? 로마의 신전이 기독교의 대성당과 다른 점은 무엇입니까? 전혀 다르지 않습니다! 심지어 로마 성당의 많은 기둥들은 로마 공회장의 기둥을 그대로 가져왔습니다.

인간의 기관이 오래갈수록 지배 계층은 더욱 특권을 누리게 되고, 그 건축물은 과도해지며, 그 제단 아래 무릎 꿇는 사람을 보상하기 위해 더욱 큰 권력을 조종할 수가 있습니다. 교회라는 곳이 당대의 문화와 똑같은 수법을 쓰고 동일한 가치를 반영한다면 무언가 확실히 잘못 돌아가고 있다고 확신할 수 있습니다. 일부 대형 교회는 무대 바로 뒤에 그 간부와 초청 강사를 위해 호사로운 휴게실을 갖추고 있는 현실을 좀 보십시오. 역사적 운동에서도 기독교 권력이 잘못된 편에 섰던 사실 또한 놀랄 일은 아닙니다. 그들은 너무나도 특권의식으로 견고하고 권위에 의존한 나머지 민주화 운동이 득세할 때까지는 그런 움직임의 성장을 지지할 수가 없었습니다. 그들은 여성의 권리를 신장하고 보호하려는 시도에도 저항했습니다. 심지어 예수님께서는 여성도 동등하게 존귀히 대하셨는데 말입니다. 그들은 사역을 구실 삼아 세계의 토착민들을 정복하고 착취하며 종으로 만드는데 이용한 권력 구조의 일부였습니다.

수세대 동안 각계각층에서는 경고의 목소리가 나왔습니다. 독일의 신학자이자 브루더호프(무소유 기독교 공동체)를 세운 에버하르트 아놀드는 1900년대 초 이렇게 썼습니다.

그리스도의 이름을 딴 세계적 대규모 기관은 예수님께서 고백하신 하나님 곧 전혀 다른 질서의 하나님과는 별개의 신을 섬기지 않습니까? 기관적 교회는 부유한 자의 편을 들고 보호하며, 맘몬을 신성시하고, 군함에 세례를 베풀면서, 전쟁하러 가는 군인을 축복하지 않았습니까? 기독교 국가보다도 더 불경건한 조직이 있을까요? 특권과 부를 수호하는 그런 나라와 교회 조직은 도래하고 있는 하나님의 질서를 대적하지 않습니까?

스위스의 신학자 에밀 브루너가 1952년 처음 발간한 「교회의 오해The Misunderstanding of the Church」라는 예리한 저서에서는 초대 교회가 어떻게 예수님 안에서 연합한 각 사람의 공동체에서 율법적이고 관리적인 조직으로 변해가면서 그 생명과 능력을 잃게 되었는지 기록했습니다. 예수님의 실질적 임재를 성찬식으로 대체하면서 교회는 "각 개인의 연합인 영적 코이노니아에서 집단적 형식을 향한 공통 관계로부터 유래하는 연합으로 변모했습니다."

존 센타무 박사는 2005년 영국 요크의 성공회 대주교로 임명 받았을 때 1960년대 마이클 램지의 말을 인용했습니다. "우리는 왜 잉글랜드에서 성령 가운데 영광스러운 생명의 복음을 비호감적이고 사람들이 따분해하며 안주하는 거추장스러운 기관으로 바꿔버렸습니까?"

도대체 왜 그렇게 되었는지! 우리 기관은 예수님께서 서기관과 바리새인들 사이에서 발견하신 바와 똑같은 환경을 만들어 버렸습니다. 그들을 향하여 말씀하신 마태복음 23장의 경고를 정직하게 바라보면 우리도 마찬가지로 하나님의 길을 왜곡하는 관행에 책임이 있음을 지적합니다. 많은 이들이 그들이 살지도 않는 실재를 설교합니다. 그들은 다른 이에게 율법주의의 무거운 짐을 지우면서도 자신은 무절제하게 삽니다. 그들은 "자신의 단을 쌓고 연회와 모임에서는 귀빈석을 놓고 경쟁"하며 보여주기 위한 자세를 취합니다. 예수님께서는 다른 이들 위로 스스로를 높이는 직함을 쓰지 말라고 말씀하셨는데도 우리는 매일같이 목사, 주교, 박사, 장로와 같은 말을 씁니다. 그들은 들어가지도 못할 왕국에 관해 이야기하면서 실제로 그 모든 의무로 인하여 다른 이들도 마찬가지로 들어가지 못하도록 막아섭니다. 이 구절은 아마도 우리가 가장 간과하는 부분인지도 모릅니다. 우리는 이 말씀을 거리낌이나 뉘우침도 없이 위반하면서 그리스도 안에 생동하는 생명을 기독교라고 부르는 공허한 종교와 맞바꾸었습니다. 종교는 진리에 관해 말하지만 결국 진리 가운데 자유로이 사는 길은 제시해 주지 못합니다.

대부분의 경우 우리는 최선의 의도를 따라서 제도주의라는 어둠의 길로 내려갑니다. 모임을 효율적으로 조직하거나 잘못된 가르침으로부터 보호하기 위하여 우리는 일련의 요구사항을 규정합니다. 그러한 요구를 강제하면 관리하고자 하는 대상뿐만 아니라 지도자라고 여기는 이들까지도 비인간적으로 전락하고 맙니다. 소수가 월권적인 체계를 만들어냅니다. 그러나 그 체제가 더 이상 예수님의 목적을 섬기지 않을 때 멈추려 드는 사람도 적습니다. 그분의 생명을 함께 송축하고자 시작한 단순한 조직은 리더의 야망을 영속화하기 위한 기관으로 불어납니다. 그들은 예수님을 따르도록 가르치기보다는 그분의 가르침에 관한 그들의 해석과 그들이 중요하다고 인정한 의식을 따르도록 지시합니다. 그들은 하나님을 향한 신뢰를 키워주는 대신에 그들의 종교를 위해 믿음이라는 말을 다른 단어와 혼용하기까지 합니다.

좋은 기독교인이 된다는 의미와 그리스도의 생명 가운데 사는 삶 사이에 차이가 오늘날만큼이나 컸던 적은 없습니다. 기독교는 단지 구약적 실재를 덧칠하기 위해 신약의 용어를 끌어왔을 뿐입니다. 우리는 여전히 율법, 성직, 예물, 성일, 성소에 몰두합니다. 심지어 우리는 회중이라는 권위를 업고 독설과 율법주의를 곁들여서 은혜를 이용하기까지 합니다. 성경이 나타내는 실재를 우리는 아이콘으로 축소해버렸습니다. 경배는 아버지의 기쁨 가운데 사는 삶 대신에 찬양 예배가 됐습니다. 교제란 그리스도를 따르는 다른 이들과의 실질적 우정이라기보다는 회중 모임에 출석이 됐습니다. 가르침이란 누군가의 다음 여정을 밝혀주는 일 대신에 주일 아침의 강연이 됐습니다. 권위는 하나님의 심정을 밝히 전하는 데서 오기보다 기관의 직위로부터 나옵니다. 어떤 사람이 일련의 기대치를 맞추어 좋은 그리스도인으로 인정받는다 해도 그가 여전히 예수님을 모르거나 그분께서 주시는 능력으로 변화 받지 못했을 수도 있습니다.

　결국 기독교의 역사는 하나님께서 잠시 임하시고 난 뒤, 뒤따라 나타난 그분께 신실하지 못한 세대로 인해 구약의 이스라엘과 별반 다르지 못하다고 판명받을지도 모릅니다. 기관은 오래될수록 완고한 체제로 경직되어 가며 그리스도 안에 있는 생명의 단순성을 자체적인 필요와 맞바꾸는 경향이 있습니다. 이천 년간 우리가 시도한 결과 성령의 생명을 기관의 방식으로 전할 때면 빠르지는 않더라도 결국엔 언제나 기관이 득세하고 만다는 사실을 입증했습니다. 물론 나는 기관이 이룬 선에 관해 감사합니다만, 사랑의 교제를 이어가거나 하나님의 정확한 성품을 반영하여 나타내지는 못한다고 봅니다.

　얼마나 많은 회중, 선교모임, 성경공부가 이전 모임의 경직성에 지쳐 그분의 생명과 사랑을 더욱 잘 반영하고자 하는 기대로 가정에서 소규모로 시작하게 되었습니까? 이번에는 더 나은 사람이 맡았으니 모두 잘 되겠지 라는 기대를 품어도 곧 그 모임은 달아난 기존 모임과 똑같이 변하고 맙니다. 그들이 깨닫지 못한 사실이 있는데, 조직의 필요가 그 리더를 빚어나가는 것이지 그 반대가 아닙니다. 많은 사람들이 예수님의 우선순위에 맞춰 되돌아가 기관을 개혁하고자 희망하며 선한 의도로 발을 내딛습니다. 그런 노력은 보통 오래가지 못합니다. 왜냐하면 기관은 그 영향력과 자원을 보호할 필요성으로 인해 보다 소수의 손에 더욱 큰 통제력이 있어야만 하기 때문입니다. 그러한 과정 가운데 우리가 얼마나 저항하려 노력하든지 상관없이 서로 사랑하라는 단순성은 결국 사라져버리고 맙니다. 종국에 우리 조직도 다른 곳과 마찬가지로 끝을 맺습니다.

내가 처음 이스라엘 여행을 하던 중 우리 목사 투어 가운데 일부가 유대인 가이드였던 아브라함을 회심시키려 드는 바람에 조금 눈살을 찌푸렸던 적이 있었습니다. 그들은 계속 그의 곁에서 왜 예수님을 메시아로 받아들이지 않느냐는 둥 나무랐습니다.

마지막 날 다른 사람들이 짐을 가지러 호텔로 들어간 사이 우리는 그들을 기다리며 버스 옆에 섰습니다. 나는 그에게 여행 동안 들은 말 때문에 기분 나쁘지 않았는지 물었습니다.

그는 손사래를 치며 넘겼습니다. "전혀요." 그가 대답했습니다. "나는 이 일을 이십 년간 하고 있는걸요. 모든 이들이 나를 그들의 종교로 개종시키려 듭니다. 카톨릭, 오순절파, 침례교, 개혁 유대교, 정통파 유대교, 몰몬교, 무슬림 등 전부요." 그리고 그는 웃으면서 나를 쳐다봤습니다. "왜 그들 중 누구도 나를 설득하지 못했는지 알고 싶지 않습니까?"

"알고 싶지요!" 나는 대답했습니다.

"이리 와보세요."라고 말하면서 그는 버스 앞을 돌아 길 가장자리로 나를 이끌었습니다. "저기 아래에 다윗의 별이 있는 건물이 보입니까?"

"네."

"그게 우리의 소유입니다." 그리고는 멀지 않은 한 언덕을 가리키며 "저기 십자가 달린 첨탑이 보이지요?"

나는 고개를 끄덕였습니다.

"그건 당신의 것입니다."

그리고 그는 멀지 않은 산비탈에 선 모스크의 돔 지붕을 가리켰습니다.

나는 끄덕거렸습니다.

"저건 저들의 것이죠."

나는 그가 다음에 무슨 말을 하려나 생각하며 미소 지었습니다.

"다윗의 별, 교회 그리고 돔을 떼어 내 보세요. 그 아래로는 실제로 다 같지 않나요? 우리 중 누구라도 살아 있는 하나님을 섬긴다면 달라 보일 텐데요."

그가 맞았습니다. 밖에서 보기엔 기독교는 어떠한 차이도 볼 수가 없습니다. 인간이 만든 모든 종교는 그 중심에 동일한 요소가 들었다는 사실은 놀랍지 않습니다. 타락에 대한 수치심은 화난 신을 달래고 그의 기대를 만족시켜 호의를 얻고자 우리를 종교적 활동으로 이끕니다. 그러므로 그런 종교들은 두려움을 더하여 성전으로 현혹하며 지역적으로 거룩한 스승이 이끕니다. 그들이 집행하는 의식은 때로는 신실한 자를 안도하게 해주거나 아니면 충분히 열심을 내지 않는다며 위협을 가합니다.

실상 우리는 다른 종교 기관과 별반 달라 보이지도 않으며, 심지어 사업체와 비교했을 때도 그리 다르지 않습니다. 예수님과 살아 있는 관계 가운데 사는 사람들의 공동체라면 단지 모든 일을 다르게 행하지 않겠습니까?

당연히 그래야 합니다!

06

부인할 수 없는 갈망

주의 영이 계신 곳에는
자유가 있느니라 _ 고후 3:17

왜 그렇게 많은 사람이 수년간 동참해온 회중에 대해 예수님을 따르도록 격려하기보다는 더욱 동떨어지게 만드는지도 모른다는 결론에 이르게 될까요? 그들은 한때 그 모임을 사랑했습니다. 그곳에서 처음으로 하나님과 그분의 왕국에 관해 배웠고 생명의 우애와 교제를 누렸습니다. 그들은 헌신적인 참가자로서 자원하여 활동했으며 많은 이들이 그 사명을 완수하기 위해 돕기 원하므로 리더가 됐습니다. 그들의 관심은 체제에 의문을 제기하는 데 있지 않았고, 오히려 성공하도록 만드는 데 확고했습니다.

그런데 무언가 변했습니다. 혹자는 당면한 리더십이나 어떠한 결정이 도저히 진심으로 지지할 수 없는 방향으로 등 떠밀면서 관계가 틀어지게 된 문제를 지목합니다. 다른 이들은 예수님께서 자신을 계시해 주시면서 그분을 따르고자 하는 갈망이 자라남에 따라 오히려 몸담은 체제와 점차 갈등을 인식하게 됐다고 전합니다. 우정은 점차 피상적으로 변해가며 늘어만 가는 활동 가운데서 잠식되어 버렸습니다. 이와 같은 환멸감이 오직 나쁜 경험으로 인해서만 깊어진다고 대부분 여깁니다. 그렇지만 나에게는 그렇지 않았습니다. 동참한 회중 가운데 나는 멋진 경험과 기회, 우정을 누렸으며 불가분 나의 인생을 빚어갔습니다. 하지만 그런 모임이 좋았던 만큼이나 항상 프로그램에 빠진 채 단절을 경험했으며 쇄신의 시기는 강행군 속에 쉽게 사그라지곤 했습니다.

대부분의 생애 동안 나는 그분과 더욱 깊은 관계를 향한 이해와 열정을 품는 한때와 그 열정을 나에게 있는 종교적 수단으로 이루려고 애쓰는 오랜 좌절 사이를 오갔습니다. 다들 그렇게 하면 된다고 말했습니다. 성경을 공부하고, 기도하고, 의롭게 되기 위하여 노력하고, 지역 교제 가운데 활동하며, 다른 이의 가르침으로부터 배우는 일을 어찌 나무랄 수 있겠습니까? 나는 마치 마른 수건처럼 지식을 흡수하며 아울러 배운 바를 다른 이에게 전하는 은사도 발견했습니다. 그러나 지적인 지식과 의례적 활동은 내가 바란 자유를 찾는데 도움을 주지 못했으며, 왕성한 교회 생활을 가능케 하는 관계도 촉진하지 못했습니다.

'이보다는 나아야 될 텐데' 하는 생각이 더 고요한 순간 불쑥 튀어나오는데 처음엔 어디로부터 나오는지도 불분명합니다. 그런 생각은 종교적 활동으로 채우지 못한 채 남은 깊은 갈급함일 수도 있습니다. 성경을 읽고 무언가 당신의 갈망이 동했거나, 혹은 다른 개인적 실패를 두고 분투하고 있었기 때문일지도 모릅니다. 어쩌면 그 생각은 답답해하는 목회자의 설교로부터 묻어난 책망의 흔적일 수도, 사람들로 가득 찬 회중 가운데 느낀 고독일 수도 있습니다.

갈망과 경험 사이에 격차로부터 느끼는 불만은 바로 당신 속에서 깨어나는 새로운 피조물의 징표입니다. 그러나 그 불만을 표출할 때면 다른 이들은 당신이 잘못에 빠지거나 현상태를 흐뜨릴까 우려하며 너무 괘념치 말라고 말립니다. 그렇지만 사실 그들 역시 오래전에 똑같은 생각을 한 적이 있었습니다! 그 불만에 관해 어찌할 줄 모르고 다른 이들로부터 저지당한 채 그들은 그런 생각을 억누르는데 익숙해지고 다른 많은 이들이 만족해하는 듯한 모습에 수긍해 버립니다. 어쨌든 자기가 뭐라고 이천여 년 동안의 종교적 발전에 반기를 드나? 뭔가 더 나은 길이 있었다면 지금껏 다른 사람들이 찾았겠지. 잠깐의 혼잣말을 하고 나면 그런 불량스런 생각은 쉬이 사라지지만 잠시일 뿐입니다.

그 생각은 몇 달이 지나 또 다른 상황에서 다시 떠오릅니다.

마치 밤중에 귓가를 윙윙거리는 성가신 모기와 같이 말입니다. 그런 생각에 관해 어찌할 바를 모른다면 고역으로 느끼겠지만 실은 선물입니다. 새로운 피조물이 제 길을 찾아 드러나고 있기 때문입니다. 인간적 노력의 한계를 간파하게 된 당신은 종교적 기관이 제시하는 인위적 활동보다도 더욱 진정한 무언가를 갈망합니다. 이러한 과정을 겪는 사람들을 나는 지난 이십 년간 지켜봐왔습니다. 보다 깊은 갈망이 지속적으로 표출되는 방식은 대개 분명히 뭔가 더 있다고 느끼거나 혹은 뭔가 잘못된 듯하게 느끼거나 두 가지로 나타납니다.

이는 어떤 때 매우 일반적인 느낌이기도 하고 다른 때는 어떤 상황에 따른 특정한 반응이기도 합니다. 나는 성경을 통해서 교회가 어떤 존재가 될 수 있는지 인식했으며, 젊은 시절 그런 교회를 맛보고 실재한다는 사실도 익히 알 정도였습니다. 그와 같은 경험이 있는 사람들을 나는 갈구했으며 우리 활동만으로는 아무리 노력해도 교회의 진정성을 살리지 못함을 알게 되었습니다. 당시 나는 규칙에 순종하는데 바탕을 둔 우리 방식이 사람들이 맺기를 바랐던 솔직하고 영향력 있는 관계를 부지불식간에 뒤엎어버린다는 실상을 깨닫지 못했습니다.

나에게는 또한 내가 하는 일이 예수님의 말씀을 정면으로 거스르는 듯한 불길한 예감을 느낀 순간들도 있었습니다. 젊은 시절 더 큰 영향력을 추구하던 때 누가복음 14장이 마음에 얼마나 많이 떠올랐는지 모릅니다. 예수님께서는 제자들에게 높은 자리로 나서지 말고 먼저는 뒷자리에 앉아 하나님께서 그들을 위하여 마련해 주신 곳으로 이끄시도록 내어드리라고 말씀하셨습니다. 그렇지만 내가 본 잘나가는 사람들은 자신을 알리며 브랜드로 만들어내는 데 열중했습니다. 그러나 내가 그렇게 하려고 시도했을 때 그 말씀이 마음에 떠오르곤 하는 바람에, 그분께서 원하시는 곳에 나를 두시도록 신뢰할지 아니면 구역의 왕이 되기 위해 다투는 난투극 가운데 합류할지 택하는 수밖에 없었습니다.

또한 예수님의 리더십에 관한 말씀도 자주 떠올랐습니다. 그분께서는 제자들에게 세상과 같이 사람들 위에 권위를 행사하지 말며 도리어 그분과 같이 다른 이들을 섬기는데서 결실을 구하라고 말씀하셨습니다. 우리끼리는 "섬기는 리더십"이라고 명명하면서 접근했지만 그 말이 우리가 실제 적용하는 방식과 얼마나 모순되는지는 깨닫지 못했습니다. 우리가 아무리 피라미드를 거꾸로 그렸다고 해도, 그 체제가 돌아가기 위해서 누가 권위를 행사하는지는 명백했습니다.

갈망이 더욱 실질적인 무언가를 향한 갈급함으로 나타나든, 혹은 잘못 돌아가고 있다는데에 관한 불안으로 나타나든 우리에게 중대한 선택의 순간을 제시합니다. 즉, 내가 익히 알아온 안락한 곳에 붙어있을지 아니면 내 심령을 따라 더욱 미지의 장소로 향해 나아가는 위험을 감수할지 선택해야 합니다. 물행히도 대부분의 사람들은 당신의 갈망을 억누르도록 부추깁니다. 나는 성경이 우리를 초청하는 길과 기관적 지위를 지키기 위한 길 사이에서 갈등의 순간을 겪은 수백 명의 교회 리더와 대화를 나누어 왔습니다. 많은 이들이 다른 실재를 받아들이고 싶어도 어떻게 해낼지 알 수 없다고 말했습니다. 그들은 축 처져서 슬픈 눈으로 내게 돌아와서는 "다만 내가 이미 있는 곳에서 최선을 다하기로 결정했습니다."라고 말했습니다.

나 역시 그랬습니다. 너무나도 여러 해 동안 심령 깊은 곳의 부르심을 무시한 채 종종 생기는 없어도 안락한 체제에 정착해 있었습니다. 노선만 잘 잡으면 모두가 잘 되리라는 희망을 주는 빵부스러기는 일상적으로 항상 충분했습니다. 이에 관하여 나는 오랫동안 나의 잘못이라고 여겼습니다. 내가 얼마나 나태할 수 있는지 그리고 내면에 도사리던 유혹과 잘못된 동기도 알기 때문입니다. 나는 좀 더 나은 사람이 되려고 열심히 노력했습니다. 순수해 보일 수도 있겠지만 그런 노력은 언제나 실패뿐인 자기 노력과 좌절의 늪으로 다시금 새버리는 곁길일 따름이었습니다.

내가 스태프였을 때 나는 손위 리더를 향해 생명을 잃어버린 반복적 일상을 고수한다고 탓했습니다. 목사가 되자 나는 회중을 향하여 충분히 위험을 감수하지 않는다며 탓했습니다. 내 생각에 따라 부흥을 위한 변화를 촉구했을 때 다른 이들이 나의 열정을 공유하지 않는데 나는 놀랐습니다. 어떤 새로운 아이디어를 시행할 능력이 됐을 때면 항상 기대에 못 미치는 결과를 낳았습니다. 그 좌절에 관해 새크라멘토의 한 목사님은 다음과 같이 나누었습니다. "나는 구도자적 교회, 목적이 이끄는 교회, 셀 교회, 가정 교회, 유기적 교회 모델 모두 다 해보았지만 소용이 없었습니다. 이제는 뭘 해야 할까요?" 여러 시도가 실패하고 나서야 우리는 인간적 체제가 문제의 일부일 수 있다고 감안하는데 이르게 됩니다.

새로운 피조물의 실재를 향한 우리의 갈망이 자라날수록 옛 피조물에 관한 우리의 불만 역시 커져갑니다. 처음 옛 자아는 흥분되는 순간을 부여하기긴 해도 항상 헛되이 끝마치고 맙니다. 우리 생각을 실행하기 위하여 아무리 노력할지라도 그토록 갈망한 새로운 피조물의 기쁨을 만들어낼 수는 없습니다. 그렇기 때문에 여러 회중을 돌아다녀 보고, 새로운 프로그램을 실시하거나, 심지어 새로운 종류의 '교회'를 시도해 본대도 결국에는 제자리걸음으로 끝나고 맙니다. 우리가 추구하는 하나님의 생명은 지평선 위의 신기루와 같아서, 가까워졌다고 생각하는 순간 사라져 저기 더 멀리에 새로운 환영이 나타납니다.

그렇지만 우리의 갈망이 자라나도록 자리를 내어준다면 자기 노력의 공허함과 무익함을 꿰뚫어 본 뒤에 무언가 출현하게 됩니다. 이는 종교 조직의 틀 밖에서 생각하는 사람들을 위해 연 '하나님의 여정The God Journey' 이라는 팟캐스트를 통해 받은 다음의 편지에도 잘 드러납니다. 그는 나와 공동 진행자에게 이렇게 썼습니다.

나는 왜 이 사람들의 방송을 듣고 있는가? 그들을 만난 적도 없는데. 그들은 이단 같은 이야기도 자주 하고, 희한한 용어를 쓰며, 때로는 나태하고 비체계적인 듯한데. 그럼에도 나는 그들의 유머와 신랄한 발언 그리고 성경을 보는 도전적인 방식을 기다리게 됩니다. 한편 나는 53세의 목사로서, 지난 26년간 지내 온 많은 일에 관하여 지치고 화가 났으며 씁쓸해하는 자신의 모습을 발견합니다. 내가 처한 상황에서 많은 동료들은 안정적인 환경이나 급여, 든든한 리더십 팀, 함께 시간을 보내고 싶어 하는 사람들이라면 껌뻑 죽습니다. 이 시점에서 나는 다만 내 심령을 다룰 필요가 있다는 사실만을 알 뿐입니다. 나는 지난 26년을 보낸 식으로 생산적인 목회를 하는데 다음 20여 년을 또 보내고 싶지는 않습니다. 자 그럼, 계속해서 잘 부탁드립니다.

— 교회 개척자이자 목회학박사인 목사로부터

그의 안에 깨어난 새로운 피조물이 그를 어디로 이끌지는 모르지만 그는 다른 여정의 문턱에 서 있습니다. 곧 그는 새로운 피조물이란 저기 어딘가 지평선에 있지 않고 이미 그의 안에 있다는 사실을 발견하게 될 테지요. 그가 다른 사람의 기대에 부응하려 하기보다 예수님을 따르도록 그분께서 초대하고 계십니다. 옛 피조물의 무익함을 점점 더 느끼지 않고서야 우리 중 누구라도 스스로 할 수 있는 바를 넘어서려 하지 않겠지요. 인간의 노력을 향한 실의는 이 여정에서 큰 발걸음입니다.

그래야 실패한 인간적 노력에 낙담한 채로 죽어가는 대신 새로운 피조물의 초대에 따라서 "무언가 더" 추구할 수가 있습니다. 이 실재에 관하여 나의 한 친구는 영적 여정을 북돋아 준 사람들의 관계를 묘사하며 다음과 같이 표현했습니다. "내가 그들과 함께 있을 때면 생기가 더했습니다. 우리는 더 많이 웃고, 더 많이 놀면서, 더 많이 식사를 나누고, 더욱 마음에서 우러난 대화를 나누었으며, 하나님의 임재와 목적을 더더욱 느꼈습니다. 한마디로 더욱 실질적인 삶이었습니다!"

내가 찾던 그 "무언가 더" 역시 바로 그런 삶이었습니다. 완벽한 사람이 아닌, 변화의 여정 가운데 있는 진정한 사람 말입니다. 그런 사람과 있을 때면 나는 더 하나님을 의식하며 내 대화는 더 정직해지고 사랑과 관대함으로 더욱 차올랐습니다. 나는 더 순전한 기쁨으로 웃었고, 사람들의 고통에 동하여 더 많이 울었으며, 더 많은 용기와 지혜를 얻고서 돌아왔습니다. 새로운 피조물 가운데 누구도 실제보다 나아 보이기 위해 가장할 필요가 없고 사람의 연약함은 그에게 더욱 애정을 쏟도록 만들 뿐입니다.

이는 그분을 점점 더 알아가는 삶의 열매이지, 모임을 만들어서 그 기대와 의무를 지키도록 만들려고 애쓴 결과가 아닙니다. 그런 일은 내가 지난 이십 년간 노력했던 바이며 계속해서 충족되지 못했다는 사실은 놀랍지도 않습니다. 이러한 삶을 함께 나누는 길은 마찬가지로 새로운 피조물 가운데 깨어 있는 사람들과 연대하는 것입니다. 그러니 따라갈 또 다른 체계를 찾지는 마십시오.

이 책을 포함한 어떤 책에서도 그 길을 발견할 수가 없습니다. 새로운 피조물은 우리가 하나님께 깊이 사랑받고 있음을 인식하며, 그분께서 어떤 생각으로 세상 가운데 우리를 살도록 초청하셨는지 점점 더 의식하는 마음의 처소 가운데 있습니다. 이는 따라야 할 지침이 아니라 우리의 상황 가운데 통찰 곧 심령에 하나님께서 새겨주신 법입니다. 예수님께서는 제자들에게 따라 살아야 하는 새로운 규례를 가르치지 않으셨습니다. 그분께서는 우리의 종교 체제를 움직이는 죄책감과 두려움 없이 어떻게 아버지와 함께 살아갈 수 있는지 가르쳐주셨습니다.

당신이 이천여 년 된 전통에 의문을 제기하게 되면 다른 이들은 위협을 느끼고 당신을 저지하려 할 것을 예상할 수 있습니다. 그들은 당신의 불만족을 쓴 뿌리라고 곡해하며 당신이 이기적이라고 나무랄 것입니다. 그들은 교회가 깨어진 인간으로 가득한 만큼 완벽을 기대할 수 없다면서 당신의 갈망을 폄훼할 것입니다. 그들은 당신에게 해야 할 일이 너무나도 많은데 아무 일도 안 하고 단지 앉아만 있을 수는 없다고 말하겠지요. 무엇보다 그들은 당신이 오랜 전통을 저버리면서 스스로 구원을 위태롭게 한다고 두려워할 겁니다. 다른 사람들이 부당하게 판단하고 따돌릴지라도 그분을 따라 걷는 이 길을 택하는 이는 너무나도 적습니다. 그들은 단지 자신의 경험을 넘어서 존재한다고 확신하는 실재가 계속해서 그들을 향하여 손짓하므로 그 길을 따라갈 뿐입니다.

잭은 1950년대 스코틀랜드에서 콩고로 선교를 간 외과 의사였는데 혁명 기간 동안 떠나야만 됐습니다. 그 뒤 그는 뉴질랜드에서 외과의사로 일하며 결국엔 한 병원의 관리자가 됐습니다. 그 기간 동안 그는 장로회 및 다른 위원회를 섬기는 등 회중 활동에 깊숙이 관여했습니다. 25년 전 어느 날 그가 교회 상태에 관한 좌절감으로 기도하고 있을 때 마음속에 예수님으로부터 온 듯한 한 생각이 떠올랐습니다. "네가 내가 짓는 교회의 일부가 되고 싶다면 인간이 세우고 있는 곳을 떠나야만 한다."

그리하여 그는 회중 가운데 직위를 사임하고 다른 많은 이들도 따른 기이한 여정을 걷는 자기 자신을 발견하게 됩니다. 예수님이 지으시는 교회를 보려면 우리의 회중을 떠나야 한다고 생각하냐고요? 만약 당신이 행위에 바탕을 두지 않는 관대한 믿음 공동체에 이미 속해 있다면 떠나지 않아도 그 생명을 받아들일 수 있습니다. 다른 사람들은 행위를 따르는 역학관계가 너무나도 해로우므로 떠나야만 된다고 느꼈습니다. 우리가 할 수 있는 일이란 인간이 짓는 교회나 예수님께서 지으시는 교회나 매한가지라고 생각하기를 멈추는 것뿐입니다. 때로 그 두 교회는 겹치지만 같지는 않습니다. 이를 모른다면 우리는 인간적 노력으로는 도달할 수 없는 바를 복제해내려고 스스로의 노력 속에 계속해서 매몰될 뿐입니다.

우리에게는 좀 더 나은 관리 시스템보다도 새로운 피조물 가운데 살아가는 법을 배우는 다른 종류의 사람이 필요합니다.

07

새로운 종류의 사람

누구든지 그리스도 안에 있으면
새로운 피조물이라. 옛 것들은 지나갔으니,
보라, 모든 것이 새롭게 되었도다. _ 고후 5:17

목사직을 떠나고 6개월 뒤 나는 호주의 한 캠프에서 가르치도록 초청을 받았습니다. 그들은 나의 첫 저서 「벌거벗은 기독교 The Naked Church」에 깊은 감명을 받았으며 아울러 그 메시지가 불완전하다는 사실도 알았습니다. 그 책은 우리 종교 체계가 그 사역의 중심에 하나님과의 친밀감을 두는데 실패했다는 현실을 설명했으며, 그리스도 안에서의 삶이 어떠할지 희망적인 그림도 그렸지만, 여전히 시스템을 보다 나은 방향으로 개조하는데 의존했습니다. 어느 날 오후 우리가 그 책으로부터 어떤 영향을 받았는지 대화하던 중 캠프를 연 사람 중 하나가 조심스레 이야기했습니다. "그 책을 좋아하긴 하지만, 우리가 보기에 당신은 예수님께서 관리할 체계보다도 따라갈 성령을 남겨두셨다는 사실을 아직 깨닫지는 못했군요."

그 말은 나를 강타했습니다. 그들은 진리로 충만했지만 한편으로는 위험해 보였으며, 어쩌면 알지 못한 채 남아있었더라면 더 좋았을지도 모르겠다는 생각이 들었습니다. 나는 집에 "교회"의 "새로운 조직"에 관하여 메모와 함께 적어둔 2인치 두께의 파일이 있었는데 지난 몇 년 동안 공들여 만들었으며 신간의 자료로 삼고 싶었습니다. 그런 책으로 지난 이천 년 동안 우리가 시도해온 모든 조직에 추가할 또 다른 구조를 고안해 내려는 인간적 시도를 제공할 뻔했다는 생각은 내 속을 울렁거리게 만듭니다.

하지만 그런 일이야 우리가 항상 해오지 않았습니까? 우리는 조직이 실패할 때면 누군가 시도해볼 만한 또 다른 조직을 만들어냅니다. 나의 서재에는 교회의 병폐를 고쳐줄 다양한 해법을 제시하는 책으로 가득 차 있습니다. 그중 아무 책도 효과가 없으므로 매년 새로운 책들이 나옵니다. 만약 예수 그리스도의 교회가 전혀 인간의 체제 위에 세워지지 않고 "살아 있는 돌"(벧전 2:5) 곧 인간의 재간보다 성령의 호흡으로 살아가는 법을 배우는 사람들로 이루어졌다면 어땠을까요?

그 날 내가 들은 내용을 풀어놔 그들이 내게 받아들이도록 격려한 그 모험을 찾아 나서기까지는 몇 년이 걸렸습니다. 예수님께서는 그분의 아버지와의 관계 속으로 우리를 초대하셨습니다. 그 관계는 성령께서 우리의 삶을 내면에서부터 다시 쓰시도록 해줍니다. 그분과 관계 맺을 때 우리는 애착의 대상이 변하며, 방어기제가 드러나 치유를 받고, 자기 위주의 삶의 속박으로부터 풀려나게 됩니다. 이러한 여정을 받아들이도록 사람들을 북돋아 주는 대신, 우리는 결과를 낸다고 생각하는 시스템을 만들면서 쉽지만 완전 비효율적인 길을 택합니다.

그리하여 우리는 성경을 찾아 좋은 그리스도인으로 만들어주리라고 생각하는 일련의 원칙들을 만들어내어 그대로 살아보려고 애를 씁니다. 우리는 성령의 열매를 이를테면 의무의 목록으로 바꾸어버립니다. 더욱 사랑하고, 더 인내하며, 친절하고, 온유하라. 물론 노력이야 하겠지만, 이윽고 그 목록은 격려가 되기보다는 우리 기대에 못 미칠 때면 오히려 책망의 원천이 됩니다.

누구도 이미 우리 안에 있는 새로운 피조물이나, 그 존재를 어떻게 받아들이는지에 관하여 말해주지 않습니다. 우리는 단지 기도해라, 성경 읽어라, 하나님의 법대로 살아라, 최선을 다해 다른 이를 사랑하라는 주문을 들을 뿐입니다. 그리고 무엇보다도 교회에 출석하여 수세기 동안 이어온 전통과 교리에 복종하라고 말합니다. 처음에는 모두가 새롭고 신납니다. 조명과 음악 그리고 설교는 하나님을 비추는데 도움이 되는 이해를 제공하며 우리가 더 나은 삶을 살도록 고무해 줍니다.

하지만 우리 위에 부여한 모든 기대에 부응하며 살아갈 수 없다는 현실을 깨닫는 데는 오래 걸리지 않습니다. 한동안 더 잘 살 수는 있겠지만 유지할 수가 없고, 많은 이들은 안 되는 사람은 자기뿐이라고 생각하며 점점 더 낙심에 빠집니다. 나 역시 한때 그런 위치에 있었습니다. 나는 스스로를 바꿀 수 없다는 사실을 깨달았습니다. 적어도 유의미한 방식으로 말입니다. 아, 나는 한번은 수개월 동안 다르게 행할 수 있었지만 좌절하거나 분노할 때면 과거의 유혹이 되돌아오곤 했습니다. 단지 그런 문제를 더욱 잘 숨기는 방법만 배우게 됐을 뿐이었습니다. 내가 대학을 막 나와 '사역으로 들어서면서' 전문적인 그리스도인이 됐을 때, 다른 사람들에게 더욱 영적으로 보이려면 율법을 지키는 편이 더 쉽다는 사실을 발견했습니다. 우리가 끔찍하게 여기는 죄들은 피하기 쉬웠지만, 나의 경우 그저 나만큼 열심을 내지 않는 이들을 업신여기며 바리새인에게서 본 똑같은 종교적 교만으로 변해갔습니다. 이는 모두 최선의 의도와 무지의 과잉으로 인해 이루어졌습니다. 나는 마음속으로 하나님을 위해 더 나은 존재가 되기 위하여 노력했습니다. 나는 오직 죄를 억누를 때야 극복할 수 있다고 생각했습니다. 또한 다른 사람을 향해서도 내 생각에 그들에게 가장 좋은 대로 행하도록 압박을 가하면서 도와준다고 생각했습니다.

나는 두 세계 곧 행위에 기반을 둔 종교적 자기 노력과 내 안에서 자라나는 새로운 피조물 사이에서 끼어 있었습니다. 당시에는 몰랐습니다만, 두 세계는 공존할 수가 없습니다. 우리가 그리스도 안에서 거듭난 날, 우리는 새로운 존재의 형태로 들어갑니다. "누구든지 그리스도 안에 있으면 새로운 피조물이라. 옛 것들은 지나갔으니, 보라, 모든 것이 새롭게 되었도다."(고후 5:17) 이 성경 구절은 많은 이를 당혹케 했습니다. 왜냐하면 그들이 예수님과 연결된 이후에도 새로운 피조물처럼 느끼지는 못하기 때문입니다. 물론 그들은 용서받고 벅찬 사랑을 느끼며 기쁨이 넘쳤을 수도 있습니다. 하지만 곧 전에 알던 유혹과 의심과 이기심에 넘어가는 자신을 발견했습니다. 그들은 바울이 관념적 진리에 관하여 말했다고 결론짓거나 그 실현을 영원으로 미루어버립니다.

그렇지만 바울은 구체적으로 이야기했습니다. 우리는 실제로 새로운 실재 가운데 살아갈 수 있도록 구비된 새로운 피조물이 됩니다. 불행하게도 우리는 예수님의 가르침을 옛 피조물로 끌어들이고 인간의 노력에 의지하는 체계에 적용하려고 애쓰면서 기독교가 종교로 전락하도록 만들었습니다. 옛 피조물은 인간의 이기심에 깊이 뿌리내리고 있으므로 심지어 우리의 종교적 시도마저도 처벌의 위협이나 축복의 약속에 호소해야 됩니다.

애니메이션 영화 '니모를 찾아서'를 보면 갈매기들이 부스러기를 발견할 때마다 "내꺼! 내꺼! 내꺼야!"라고 끊임없이 짖어대면서 서로를 쪼아대며 다툽니다. 이 예시는 어떤 즐거움이라도 극대화하고 무슨 고통이 다가오든지 최소화하며 대접받으려 드는 우리 육신의 끈덕진 성향을 가장 잘 그려주는 듯합니다. 이러한 우리 육신의 자기 위주의 본성은 관계를 어렵게 만들며 우리의 갈등을 다루기 위해 만든 모든 인간적 체제의 배후에 도사리고 있습니다.

옛 피조물의 흔적은 육신을 만족시키기 위한 수단으로서 돈, 명예, 지배권을 향한 집착 가운데 언제나 발견할 수가 있습니다. 돈, 안락, 소유를 향한 우리의 애착, 다른 이의 인정과 갈채를 향한 갈망, 다른 사람을 넘어서고 싶은 바람은 개인 관계에서부터 우리의 이상을 추구하기 위해 만든 체계에 이르기까지 거의 모든 인간 상호관계를 뒤덮습니다. 그들은 최고의 자리에 앉은 소수에게 지나친 보상을 부여하는 한편 계속해서 돌아가도록 만들기 위하여 다른 사람들을 이용합니다. 그 고위층 사람들은 월권, 명성, 권력과 동반되는 방종과 부패에 저항이 불가능해 보입니다. 누구든지 워싱턴 DC, 월스트리트, 헐리우드만 보더라도 돈, 명성, 지배력이 어떻게 우리의 문화를 휘감고 추종하는 이들의 생명을 파괴하는지 알 수가 있습니다. 그 가운데 일부는 누가 봐도 공식적이고 광범위하며, 누군가 주택 소유자 협회를 자기 지지 기반을 위해 유용하거나, 친구에게 무안을 주거나, 배우자를 냉대할 때 역시도 그에 못지않게 파괴적입니다.

이러한 문제는 심지어 우리 기독교 기관에서도 만연하며 새로운 피조물보다는 얼마나 옛 사람의 모습을 반영하고 있는지 보여줍니다. 종교는 그 중개자에게 고작 자금을 관리하고, 검증을 제공하며, 다른 이들을 향해 복종하도록 만드는 경쟁적인 요구를 제시할 따름입니다. 내가 목사였을 적에 갈급한 사람들이 성장하도록 돕기보다는 바로 이러한 일들을 도모하는 사람들의 정쟁적 현실을 관리하는데 지대한 시간을 보냈습니다. 가장 긴급한 필요는 절대 영적 성장이 아니었으며 돈과 인정, 권력으로 복잡하게 얽힌 망에 걸려들었습니다. 성경은 그러한 문제가 어떻게 우리 눈을 멀게 하는지 경고하며, 역사는 우리가 얼마나 자주 그러한 조직을 만들어서 야망을 채우고 약자를 이용하고 마는지 보여줍니다.

예수님과 그분의 역사를 모르는 사람은 돈과 찬사, 권력을 향해 만족할 줄 모르는 욕망을 갖기 마련입니다. 원하는 바를 얻기 위하여 책략을 쓸 때 갈등은 뒤따릅니다. 그런 일을 하나님의 이름으로 행할 때면 어떤 수단이라도 합리화하게 됩니다. 나는 세계적인 베스트셀러가 된 책의 저술을 돕는 팀에 속한 적이 있습니다. 캘리포니아 남부의 한 차고에서 함께 책을 쓰고 펴낸 삼 년은 내 생애에서 가장 영적이었고, 지적으로는 흥미로웠으며, 개인적으로 보람 있는 경험이었습니다. 수많은 의사 결정을 통해 씨름하면서 우리는 분명 우정과 아량을 길렀습니다. 우리가 다른 사람들과 그 이야기를 나누었을 때, 많은 이들은 경쟁과 대립으로 가득하던 관계 대신 서로 살피고 존중하는 관계 가운데 있기 원하는 바람을 내려놓은 상태였습니다. 우리가 참여한 일은 우리 중 누구라도 혼자만이 이룰 수 있는 수준을 훨씬 넘어섰다는 사실을 모두 알았습니다. 우리는 하나님 그분 자체가 공동체이시며, 피조물 가운데 그 협력 안으로 우리를 초청하시고자 하는 그분의 갈망을 보면서 새로이 감사했습니다. 사람들이 자신의 은사를 자유로이 나눌 때 어떤 놀라운 일이 일어날 수 있는지 우리는 몸소 목격했습니다.

우리는 보상보다도 관계를 더욱 중요하게 여기겠다고 서로 약속했습니다. 심지어 우리는 인간이 관계에 있어서 갈등을 다루기 위하여 긍휼과 정직함 가운데 해결해나가기보다는 어떻게 매번 시스템에 의존하는지에 관해서도 썼습니다. 원래 우리 계약은 모두가 구두였으며 만약 우리 중 누구라도 돈, 명성, 지배력에 관한 옛 피조물의 집착에 빠진다면 얼마나 미약해질지 농담까지 했습니다. 나는 기대에 찼습니다만, 전에도 비슷한 상황 가운데 있어 봤습니다. 사람들은 이익이 되면 별이라도 따주겠노라 약속하고선 그대로 따라야만 될 때는 급격히 태세를 전환하곤 합니다.

그렇지만 나는 연합, 정직 그리고 관대한 마음으로부터 나오는 협력의 힘을 믿습니다. 협력이 힘을 발할 때만큼 짜릿한 일이란 없으며, 깨어지는 때만큼 더욱 고통스러운 일도 드뭅니다. 일찌감치 나는 형제가 서로 등 돌리는 일에 다시는 참여하고 싶지 않다고 그 님에 말했습니다. 어떠한 갈등이라도 일어날 시에 그들이 미소 띤 얼굴로 나가지 않는다면 내가 먼저 그렇게 하겠다는 확약도 받았습니다. 그런 약속이 필요하리라고는 누구도 생각하지 않았습니다.

그리고는 모든 일이 빗나갔습니다. 책의 매출이 증가할수록 난데없이 가족, 친구, 에이전트, 매니저, 변호사가 나타나더니 이 프로젝트에서 지분을 주장했습니다. 누군가에게 그 일은 더 이상 은사이기보다 돈을 짜낼 수익원으로 전락했습니다.

속삭이는 루머와 이면 합의가 정직하고 솔직한 우정을 뒤집어 버렸습니다. 요구와 통보가 대화를 대체했습니다. 우정은 발밑에 뭉개져 버렸습니다. 그 삼 년 동안 우리가 내린 결정은 모두 일치했건만, 결국 한 사람이 우리가 함께 이룬 일을 장악하려고 소송을 했습니다. 언어는 관대한 협력의 말에서 지배욕으로 변해갔습니다.

나의 마음은 부서졌습니다. 화해를 위한 호소, 중재 심지어 대화마저도 법적 절차를 더욱 선호하면서 거부당했습니다. 불행히도 단 한 사람, 한순간에 수년간의 관계를 깰 수가 있었습니다. 왜 그렇게 우정의 기쁨을 싸구려 장식물로 대체하려는지 나로서는 이해할 수 없지만 종종 일어나는 일입니다. 사람들이 하나님의 놀라운 선물을 자유롭게 나누는 대신에 대접받아 마땅하다고 생각하는 바를 주장할 때면 우리는 새로운 피조물로부터 밀려나 옛 피조물로 되돌아갑니다. 우리가 쓴 책은 멋진 스토리로 남았습니다. 그 책은 세계적으로 많은 사람의 삶에 계속해서 감동을 주고 있습니다만 그 뒤의 이야기는 하나님께서 역사하시는 방식을 그다지 잘 보여주지 못합니다. 나는 아직도 그 이야기의 마지막에 쓸 장이 남아있다고 기대합니다.

예수님께서는 돈, 명성, 지배력을 향한 우리의 끊임없는 집착과 그 쟁탈전으로 인한 혼돈보다도 훨씬 더 깊고 변혁적인 무언가로 우리를 초청하십니다. 교회의 생명은 이 문제를 기관을 통해 관리하는 데 있지 않고 우리를 협력자보다 경쟁자로 만들어 버리는 그 욕망으로부터 자유롭게 풀어주는 데서 발견됩니다. 교회의 희망은 미처 발견하지 못한 시스템 같은 무언가에 있지 않습니다. 그보다는 자기 기쁨을 추구하는 대신에 예수님의 기쁨으로 살아가는 다른 종류의 사람 가운데 있습니다.

예수님께서는 광야의 유혹에서 그 집착으로부터 자유함을 보여주셨습니다. 그분은 세상을 다스릴 권력을 잡기 위해서나, 군중을 놀라게 만들 싸구려 묘기를 펼치기 위해, 심지어 그분 자신의 공급을 위해서라도 임의로 기적을 이용하기를 거절하셨습니다. 그러한 행위에 관해 요한은 하나님의 왕국으로부터가 아니라 깨어진 우리 인간 세상으로부터 나온다고 말했습니다 "세상에 있는 모든 것이 육신의 정욕과 안목의 정욕과 생의 자랑이요, 아버지께 속한 것이 아니라 세상에 속한 것이기 때문이라." (요일 2:16)

사람들이 만일 자신의 공급, 중요도, 권력보다도 예수님의 왕국 곧 믿음, 소망, 사랑에 더욱 집중했더라면 세상을 향해 어떤 공동체를 풀어놓았을지 상상할 수 있겠습니까? 그러한 공동체는 놀랍겠지만 어떠한 인간적 노력으로도 만들어내지 못합니다. 육신의 욕구에 대응하는 우리 반응과 그분의 왕국을 향한 우리의 열정은 본성적인 문제입니다. 치유는 더 잘 알고 더욱 열심히 노력한다고 해서 오지 않습니다. 그렇게 해서는 단기간 효과만 낼 뿐입니다. 우리는 돈의 세상이나 권력의 조종으로부터 자신을 떼어낼 수는 없습니다. 왜냐하면 그 자체가 이 세대의 주요한 근본 원리 중 일부이기 때문입니다. 그렇지만 우리는 그런 식으로 다른 이들을 이용하거나 혹은 그 문제가 우리를 주장하도록 내버려두지 않고 뛰어넘을 수 있습니다.

이는 그분께서 당신 안에서 행하시고자 하는 바이며 당신이 그분의 사랑 가운데 더욱 확신이 자라나고 주변에서 그분의 목적을 더욱 의식할수록 일어나게 됩니다. 우리의 공허한 영혼을 채우기 위하여 이용하던 수단보다 훨씬 더 가치 있는 더욱 뛰어난 왕국으로 들어가게 될수록 육신의 정욕은 밀려납니다. 그분께서 더욱 실질적으로 다가올수록 세상 우선순위는 진정 물러나게 됩니다. 그분 없이는 너무나도 중요해 보이던 일이, 그분으로 인해 갑자기 무의미하게 다가옵니다.

변화 받는 삶은 예수님의 교회가 발현해 싹트는 온상입니다. 이는 지속적인 활동이지, 완성품이 아니라는 데 주목하십시오. 완벽한 사람은 필요하지 않습니다. 그저 예수님께서 빚어나가시는 여정을 걷는 사람이면 족합니다. 이러한 과정을 밟는 사람은 서로의 연약함을 다루려 드는 이에 비해 훨씬 더 관계적입니다.

옛 피조물 가운데 사는 사람은 다른 이들의 인정을 받고 책임을 맡으며 주목을 얻는 데서 성공을 추구할 수밖에 없습니다. 그러기 위해 필요하다면 다른 이를 이용하면서까지 자기 이익을 밀어붙이기 마련입니다. 이는 모든 연계를 주도권 다툼으로 바꾸며 오로지 명확한 의사 결정 권한으로만 중재가 가능합니다.

그러나 예수님과의 관계 안에서 자라나는 사람은 그와 같은 불안을 공유하지 않습니다. 그들은 이 세상 구조로는 왕국의 역사를 이룰 수 없으며 예수님의 실재가 이 시대의 가치를 대체해 버림을 깨닫습니다. 하나님을 공급원으로 신뢰하므로 그들은 돈을 위해 사람들을 조종할 필요가 없습니다. 그들의 삶을 받아주신 하나님 안에서 안식하므로 그들은 자신의 가치를 다른 사람의 생각이나 말에서 구하지 않습니다. 그리고 예수님께서 모든 일을 최종적으로 결정하신다는 진리를 알므로 그들은 다른 이를 향해 권력을 주장할 필요성을 느끼지 못합니다.

옛 피조물은 우리를 관계적으로 어렵게 만듭니다. 그렇기 때문에 그런 사람이 속한 모임은 엄격한 관리가 필요합니다. 전부 다 안다면서 끊임없이 말하기를 좋아하는 신학자나 주목을 끌고 싶은 깨어진 사람, 자기 필요를 위해 모임을 이용하는 이기적이고 부정직한 사람, 자기 은사로 모임을 사로잡기 원하는 여성 사역자를 어떻게 하겠습니까?

새 피조물의 삶은 사람들이 서로 관계하는 모든 방식을 바꾸며 그 결과 그들은 관리받을 필요가 없어집니다. 그들은 갈등 가운데서도 은혜로우며 재빠르게 용서를 구하고 또한 빨리 받아들입니다. 그들에게는 다른 이를 몰아갈 의제agenda가 없으며 자신뿐만 아니라 다른 사람의 유익까지도 구합니다. 그들은 자신이 다스리지 않는 더욱 큰 왕국의 일원으로 스스로를 보며 예수님의 요청을 기꺼이 받아들입니다. 그들은 함께 지내기 즐거우며 사람들은 그들로부터 자신의 여정에 격려와 자극을 받고서 떠나옵니다. 그는 교회를 표출하는 다른 종류의 사람입니다. 그런 만큼 여전히 옛 피조물 속에 빠진 이를 향하여 통제하기보다는 그들을 다른 실재로 이끌어주기 위하여 사랑하는데 열정을 품습니다. 이는 다른 이와의 관계를 파괴하는 자기 위주의 대응 방식으로부터 그들을 자유케 해줍니다.

새로운 피조물 가운데 동참하는 일은 모두를 향한 초청이지 절대 강요가 아닙니다. 당신은 원한다면 옛 피조물 가운데 살 수 있습니다. 여전히 하나님께서는 당신을 사랑하사 당신에게 그분을 알리십니다. 그럼에도 그분은 그 사랑으로 당신을 이끌어 당신의 심령이 갈망하는 더욱 광활한 곳으로 들어설 수 있기를 간절히 바라십니다.

사랑으로 이끄심

여기에 사랑이 있으니,
우리가 하나님을 사랑한 것이 아니요
그분이 우리를 사랑하시고… _ 요일 4:10

이 장에서 전하고 싶은 내용은 오직 한 가지입니다. 만일 당신이 이미 안다면 다음으로 넘어가도 좋습니다. 그렇지만 주의하십시오. 안다고 생각하는 사람 대부분은 지식적으로 알 뿐이고 그래서 가장 소홀히 여기는 부분이기도 합니다. 무엇일까요? 바로 온 우주의 하나님이 지금부터 이후로도 지상 그 누구보다도 당신을 더 사랑하신다는 말입니다.

나 역시 안다고 생각했습니다. 이 거창한 말에 익숙하지 않다면 당신은 오랜 그리스도인이 아니겠지요. 하나님의 사랑보다도 더욱 확실한 신학은 없습니다. 우리가 가장 좋아하는 성경 구절이 그에 관해 말해주며 우리 찬양도 마찬가지입니다. 이는 결국 신학의 기초입니다. 심지어 하나님의 두려운 심판 이야기가 나오는 구약일지라도 하나님의 사랑은 넘쳐흐릅니다. 하나님의 긍휼에 관해서만 삼백 개 이상의 구절이 말해주고 있습니다. "주님은 노하시길 더디 하시고, 사랑이 풍성하며." 그분의 사랑이 생명보다 낫고 영원하시므로 우리는 그분의 변함없는 사랑을 신뢰할 수 있다고 구약은 재차 선포합니다. 심지어 가장 고통으로 가득 찬 예레미야 애가에서도 "그분의 인자는 아침마다 새롭다"고 선포합니다.

신약 성경에서 사랑은 지배적인 주제로 요한은 "하나님은 사랑이시라"(요일 4:8)고 하면서 사랑이 하나님의 본질이라고 썼습니다. 사랑은 그분의 소유도 아니며, 그분께서 주시는 선물도 아닙니다. 그분 자체가 사랑이십니다. 사랑은 그분의 본성을 정의하며 사랑으로 말미암아 아버지, 아들 그리고 성령께서는 완벽한 조화 가운데서 신뢰하고, 교통하고, 협력하며 생명을 나누십니다.

그분의 사랑을 지적으로 인정하는 일도 중요하지만, 그 사실만으로는 어려울 때 위로가 되거나 실패 속에 안정을 주지 못했습니다. 또한 나를 온 우주에서 가장 사랑스러운 존재로서 그분께로 이끌지도 못했습니다. 나는 하나님을 향하여 모순적인 인상을 품은 채 성장했습니다. 분명 사랑하는 아버지이지만 무섭고 화난 심판자이기도 했습니다. 그분께서 나를 어떻게 보실지는 내가 얼마나 잘 하느냐에 달렸었습니다. 내가 그분을 기쁘게 해드렸을 때는 그분께서 나를 사랑하시겠지, 하지만 내가 분투하거나 실패했을 때면 나는 그분께서 백만 마일은 떨어져 계셨으면 좋겠다고 생각했습니다. 하나님의 사랑에 관한 나의 신학은 내가 얻어내야 할 무언가로 왜곡돼 버려, 나는 그 사랑에 관하여 하나의 개념으로 이야기했다가 바로 부정하기도 했습니다.

이러한 사람은 나뿐만이 아니라는 사실을 알고 있습니다. 얼마나 많은 사람이 누군가로부터 나의 책 '날 사랑하심'을 받고 나서 누가 모르나 생각하면서 선반에 놓아두었다고 내게 말해 왔는지 모릅니다. 결국 몇 개월 혹은 몇 년이 지나서야 그들은 그 책을 집어 들고는 하나님께서 그들을 사랑하신다는 신조에 단순히 동의하는 것과 사랑받는 자녀로서 매일 사는 삶 사이에는 마치 다른 세상과 같은 차이가 있음을 발견합니다. 많은 이들은 하나님께서 그들에게 실망하셨거나 혹독한 삶 가운데 변화를 일으키기엔 너무나도 멀리 계신다고 믿는 편이 쉽다고 느낍니다. 그들은 내가 나의 아이나 손녀를 기뻐하는 이상으로 하나님께서 그들을 기뻐하신다는 진리를 미처 깨닫지 못하고 있습니다.

손녀가 태어난 밤 나는 얼마나 그녀를 깊이 사랑하게 될지 마음의 준비도 채 하지 못했습니다. 손녀가 생기는 순간 흥분하긴 했지만 솔직히 나는 그 아이를 내 자식만큼이나 사랑하게 될 줄은 몰랐습니다. 그 아이를 탄생으로 이끈 시간은 나의 딸에게는 고통이었습니다. 태아가 자리를 잘못 잡는 바람에 딸은 32시간 내내 격렬한 진통을 겪었으며 나 역시 그 고역을 생각하면서 32시간 동안 괴로워했습니다. 결국 의사는 제왕절개를 바랐지만 나의 딸은 자연분만을 하고 싶다고 한 번 더 애원했습니다. 바로 그때 아기가 탄생했습니다. 그 소식을 듣자 나는 딸아이를 안고 얼마나 자랑스러운지 말해주고 싶다는 생각뿐이었습니다. 딸의 가슴 위에 누운 작은 강보를 보았을 때 나는 무슨 일이 일어날지 미처 대비하지 못했습니다. 내 심장은 아직 알지도 못하는 누군가를 향한 애정으로 솟구쳤습니다. 그러한 감정은 뭔가 내가 생각해내거나 그려보지도 못했습니다. 순간 손녀를 향한 나의 감정은 즉각적이고도 깊었습니다. 그런 감정을 일으키기 위하여 손녀가 한 일은 하나도 없는데 말입니다.

당신을 향하여 하나님께서도 비슷한 애정으로 가득하실까요? 그렇다고 나는 확신합니다. 비록 우리 인간의 감정이 담을 수 있는 정도보다도 훨씬 더 깊겠지만 말입니다. 더구나 예수님께서는 그 사랑을 확실하게 알 수 있는 길을 우리에게 열어주셨습니다. 하나님의 사랑을 알기 위하여 당신은 누군가의 말을 받아들여 믿기 위해 스스로 납득하려고 애쓸 필요도 없습니다. 이는 그분을 알고 그분께서 우리에게 어떻게 응답하시는지 목도하면서 오는 심령의 계시입니다.

이는 그분께서 취하실 바이지, 우리가 찾아낼 일이 아닙니다. 나는 지금 9년째 손녀를 나의 사랑으로 이끌어 들이고 있습니다. 손녀에게 그렇게 말한다고 해서 그 아이가 나를 믿어준다거나 스스로 알아주리라고는 기대하지 않았습니다. 나는 그 아이를 대하는 방식을 통해 확신을 줍니다. 하나님의 가장 큰 기쁨은 사람들을 그분의 애정으로 이끄는 일인지도 모릅니다. 우물가의 한 여인, 나무 위에 탐욕스러운 한 세리나 그분을 배반하고 겁먹은 한 어부 못지않게 당신을 향해서도 마찬가지입니다. 사랑은 그 대상에게 다가가 관계를 통하여 그를 얻으려고 합니다. 연애가 그러하고 바람직한 결혼 또한 마찬가지입니다. 매일 모든 날이 마음 얻을 기회를 선사합니다. 평생이 걸릴지라도 말입니다.

내가 받은 편지 중 가장 감동적인 내용은 혹독할 정도로 율법적인 교파에 속한 목사를 아버지로 둔 한 남자에게서 왔습니다. 그의 아버지는 암으로 죽어가면서 구원을 얻을 만큼 충분히 행하지 못했다는 두려움 속에 빠져들었습니다. 예전부터 아버지의 율법주의를 거부한 아들은 매일 밤 하나님의 사랑에 관한 나의 책을 읽어드렸습니다. 그 편지의 서두를 읽자마자 나는 눈물이 흘렀습니다. "나의 아버지는 지난밤 돌아가시기 한 시간 전 하나님 아버지의 사랑을 의식하게 됐습니다…"

예수님의 목적은 우리가 하나님의 사랑을 받을만한 가치가 있도록 만들기보다, 이미 사랑받았다는 진리를 보도록 자유롭게 풀어주는 것입니다. 하지만 이 차이를 너무나도 많이들 놓치고 말았습니다. 몇 년 전 나는 새로운 분과 학문으로 하나님의 사랑에 관한 연구에 동참하도록 요청을 받고 두 연구자가 연구의 일환으로 나의 인터뷰를 녹화하기 위해 왔습니다. 내 거실에 비디오 장비를 설치하는 동안 그들은 내게 무슨 질문이 있는지 물었습니다.

나는 질문했습니다. "이 연구의 바탕은 무엇입니까?"

"대명령에 근거를 두고 있습니다." 한 사람이 대답했습니다.

"대명령이 무엇입니까?" 나는 질문했습니다.

그들은 조금 놀라 서로 바라보더니 다시 나를 보았습니다. "대명령을 모르세요?"

물론 나는 알았습니다. 단지 이 질문에 관하여 대부분이 잘못 아는 만큼 그들도 그런지 알고 싶었을 뿐이었습니다.

계속해서 그녀는 말했습니다. "마음을 다해 하나님을 사랑하고 너 자신과 같이 네 이웃을 사랑하라는 명령이죠."

"오, 그렇다면 구약에 관한 연구로군요." 그들이 생각해보기를 바라며 나는 웃었습니다.

이제 그들은 더욱 놀란 듯했습니다. "무슨 뜻이죠? 예수님께서 하신 말씀인데."

"그러셨지요. 그러나 그분께서는 율법에서 가장 큰 명령이 무엇인지에 관해 신명기의 말씀을 인용하셨습니다. 이후에 제자들에게 새로운 명령을 주지 않으셨나요?"

"새 계명을 너희에게 주노니 이는 너희가 서로 사랑하라는 것이라. 내가 너희를 사랑한 것같이…"(요 13:34-35) 내가 보기에 예수님께서는 새 명령을 주심으로써 이전 명령을 대체하시며 새로운 언약의 핵심을 찌르셨습니다. 옛 명령은 우리로부터 시작합니다. 즉 우리 모든 존재로 하나님을 사랑하고 우리가 자기를 사랑하듯 이웃을 사랑하라는 우리의 복종이 시발점입니다. 예수님께서는 어딘가 다른 지점에서 출발하셨습니다. 우리의 사랑할 수 있는 능력이 아닌, 우리를 향한 하나님의 사랑으로부터 말입니다. 이를 알게 되면 당신은 다시 그분을 사랑할 뿐만 아니라 세상에서도 충분히 사랑을 할 수가 있게 됩니다. 단지 이로써 온 세상이 우리가 그분의 소유임을 알게 된다고 예수님께서는 말씀하셨습니다.

요한은 서신서에 더욱 자세하게 설명합니다. "여기에 사랑이 있으니, 우리가 하나님을 사랑한 것이 아니요 그분이 우리를 사랑하시고 그의 아들을 우리 죄들을 위하여 화목제물로 보내신 것이라."(요일 4:10) 사랑은 그분으로부터 나옵니다. 우리끼리만 내버려두면 사랑을 이기적인 용어로 정의내리기 쉽습니다. 누군가 우리에게 친절하거나 원하는 것을 주면 우리는 사랑을 느낍니다. 그렇지만 그들이 우리가 원하는 방식대로 대해주기를 멈추면 우리는 그 사랑에 의문을 제기합니다. 커플이 서로의 필요를 더 이상 충족 받지 못할 때 '사랑에서 빠져나온다out of love'고도 이야기합니다. 우리가 그분으로부터 어떠한 사랑을 받았는지 발견할 때까지는 우리는 다른 사람을 사랑할 가망이 없습니다. 그러기에 요한은 이를 처음 사랑이라고 불렀습니다. 여러분은 얼마나 많이 부흥회나 수련회에서 당신의 처음 사랑을 떠났다고 닦달을 당했습니까? 마치 당신이 처음 그분을 알게 됐을 때 하나님을 향한 사랑의 느낌을 떠올리는 일이 당신의 책무인양 말입니다. 처음 사랑이란 우리가 얼마나 그분을 사랑하느냐가 아니라 하나님께서 얼마나 깊이 당신을 사랑하는지 입니다. 그분의 사랑을 놓칠 때면 온갖 두려움, 불안정, 불안 거리가 기어들어 와 우리를 다시 옛 피조물로 끌어갑니다.

나는 사랑이란 느낌이 아닌 헌신이라고 배웠습니다. 우리는 사랑을 마음으로부터 우러난 애정과 분리했습니다. 추측컨대,

그래서 우리는 실제 좋아하지 않는 누군가를 사랑하는 척할 수도 있습니다. 그러나 이는 치명적인 실수였습니다. 왜냐하면 우리를 향한 하나님의 사랑도 마찬가지로 실질적인 애정보다는 책무로 보게 되기 때문입니다. 그리고 그분을 향한 우리의 사랑 역시 명령으로 여기게 됩니다. 그래서 심지어 그분께서 동떨어져 무관심하신 듯 보일지라도 그분을 사랑하는 척하도록 요구받았습니다. 우리는 각 사람을 향하여 그분께서 품으신 더 깊은 애정과 기쁨을 간과하고 감정을 초월하면서 그것이 그들을 다듬어 나가는 데 도움이 된다고 생각했습니다. 하나님께 얼마나 사랑받는지 앎으로써 당신은 사랑의 강으로 이끌려갑니다. 그 강은 이 우주에서 애정 어린 존재로서 그분께로 당신을 이끌며 또한 당신으로부터 다른 사람을 향하여 흘러갑니다.

"예수님께서는 우리 이웃을 사랑하라고 우리에게 요구하셨습니다. 그렇지요?" 케냐에서 800명의 목사를 대상으로 아버지의 사랑에 관하여 나누고 있었을 때 한 남성이 일어나 질문했습니다. "만약 당신의 이웃이 당신의 아내를 강간하고 당신 집을 태워버렸다면요? 내가 그를 사랑해야 됩니까?" 이는 분명 그의 목소리에 묻어난 고통으로 봤을 때 가상의 질문이 아니었습니다. 불과 3년 전 그 지역은 선거 분쟁으로 인해 수천 건의 강간과 살인을 빚은 종족 간의 폭력으로 인해 파괴되었습니다.

그에게 내가 하나님께서는 원수를 사랑하도록 요구하셨다고 말한다면 주제 넘는 일이겠지요. 우리가 하나님의 사랑을 애정으로 여긴다면, 어떻게 그가 자기 가족을 극악무도하게 공격한 누군가를 향해 애정을 품으리라고 상상할 수 있겠습니까? 원수를 사랑하라는 예수님의 말씀은 제자들을 향하여 어느 작은 소년의 점심으로 오천 명을 먹이라는 요구와도 마찬가지입니다. 그 일을 우리에게 맡긴다면 불가능한 임무입니다. 그런 사랑은 오직 그분만이 우리에게 주실 수가 있습니다. 예수님께서 우리에게 원수를 사랑하라고 말씀하셨을 때 그분께서는 실제로 우리 심령에 부어주실 수 있는 충분한 사랑을 갖고 계시다고 알려주신 셈입니다. 우리에게 크나큰 잘못을 저지른 사람이라도 언젠가는 애정을 품을 수 있도록 말입니다.

그러나 이는 상당한 시간이 걸릴 수 있는 놀라운 과정입니다. 하나님께서 우리를 그분의 사랑으로 이끌어 오시는 데는 세상에 수많은 사람이 있는 것만큼이나 각양각색의 길이 있다고 나는 생각합니다. 나의 경우는 사십 년 이상이 걸리셨습니다. 뒤돌아 보면 어렸을 적부터 하나님께서 나의 심령에 어떻게 그분의 사랑을 속삭이셨는지 이제는 알겠습니다. 그렇지만 종교적 행위의 마수가 그 실재로부터 나를 꾀어냈으며 모든 고통과 실망은 나의 불신을 조장했습니다. 그분께서 나를 사랑하신다면 어떻게 나에게 끝없이 고초를 가져다주는 어릴 적 병을 치유해 주시지 않을 수가 있지? 나를 사랑하신다면 어떻게 내 어린 시절 친구가 뇌종양으로 열일곱 살 때 죽게 버려두실 수 있지? 사랑하신다면 어떻게 내 동료가 거짓말로 나를 배신하고 내가 사랑하는 사람들의 모임에서 내 평판을 망치도록 내버려 두실 수 있지? 이러한 질문을 해본 지가 이십 년은 됐습니다. 그분께서 모두 대답해 주셔서가 아니라, 너무나도 큰 사랑 속으로 나를 이끄셔서 거기에 반하는 그 어떠한 흔적도 전부 다 뒤덮어버렸기 때문입니다.

 이 계시는 내가 자두나무 과수원을 거닐 때 명확하게 다가왔습니다. 정확히 같은 지점에서 나는 4년 전 하나님께서 내가 속한 회중으로부터 받는 급여를 포기하고 계속 섬기면서 그분께서 나에게 공급하시도록 내어드리라는 감동을 느꼈습니다. 그 생각이 마음을 파고들자마자 나는 단지 희망사항일 뿐이라며 곧바로 떨쳐버렸습니다. 그 후 2년 뒤 나는 사람들의 기대에 결박당한 듯이 느끼면서 좌절감이 자라갔습니다. 그리고 2년 뒤에는 가까운 친구가 신의를 저버리면서 어떠한 보수나 퇴직금도 없이 그 모임 밖으로 쫓겨나게 됐습니다. 처음에는 다른 일도 찾아봤지만 하나님께서는 그분께서 요구하시는 바를 계속하면 자신이 공급하시겠다고 하셨습니다. 그리고 그분께서는 그렇게 행하셨습니다.

종종 놀라운 방식으로 말입니다. 나는 필요를 다른 사람에게 알려서 그분을 도우려 하지 않았습니다. 은혜롭게도 그분께서는 계속해서 우리를 보살피셨습니다. 그러면서 내가 매일 느끼는 고통과 원망 속에서도 나와 함께 걸으셨습니다. 그러한 과정 가운데 반년째 접어들면서 나는 공의를 향해 진노한 하나님의 요구가 아닌, 깨어진 인류를 충족시키신 십자가 위 예수님의 죽음 이야기를 들었습니다. (나는 이 이야기를 '날 사랑하심He Loves Me'과 lifestream.org의 '변화Transitions'라는 온라인 오디오 시리즈에서 다루었습니다.) 정말 그렇다면 하나님 아버지께서는 그 구원의 이야기 가운데 화나고 실망한 신이 아닌 애정 어린 한 인격체이셨습니다.

처음에 나는 의구심이 들어서 집으로 돌아와 내가 배울 부분이 있는지 알아보기 위해 성경의 모든 속죄에 관해 연구했습니다. 점점 더 나는 하나님의 구원에 관한 다른 이야기로 끌려가는 자신을 발견했습니다. 이와 함께 하나님의 지속적인 공급과 우리 회중의 분열의 여파로 더 이상 다른 사람의 인정을 받을 필요가 없어지면서 나는 깨달았습니다. 나는 4년 전 자두나무 과수원에서 하나님께서 내 급여를 포기하도록 요청하신 지점과 정확히 똑같은 곳을 걷고 있었습니다. 내가 처음 그분을 지나쳤을지라도 2년 뒤 그 일이 나를 덮쳤을 때 그분께서는 나의 공급이 되셨습니다. 나의 불순종 앞에 그분의 자비를 인식하면서 나는 풀어졌습니다.

순간 나는 연약함을 넘어 내 안에서 역사하실 수 있는 놀라운 아버지께 사랑받고 있음을 알게 됐습니다. 나는 그때 내가 하나님을 위해 어떤 일 하나도 더 하지 않을지라도 조금도 줄어들지 않는 하나님의 사랑을 깨달았습니다. 그러면서도 그 사랑의 풍성함은 그분께서 내게 무엇을 요구하시든지 하고 싶게 만들었습니다. 이는 "그리스도의 사랑이 우리를 강권하시도다"(고후 5:14)라고 바울이 쓴 말씀의 의미입니다. 그분께서 우리를 사랑하시는 방식이 너무나도 압도적이므로 우리는 땅끝까지라도 그분을 따라가게 됩니다. 이는 내가 결코 가능하다고 여기지 못한 수준에 이르기까지 우리를 변화하게끔 초청하시는 사랑입니다.

내가 수많은 사람들로부터 이야기를 들어본바 예수님께서 우리를 하나님의 사랑으로 이끌어 가시는 창조적 역사를 재단할 길은 없습니다. 어떤 이는 후련하게 항복하는 순간 자기 자신의 끝에서 그 역사와 마주하게 됩니다. 다른 사람에게는 그분의 사랑이 시간에 따라 확신으로 점점 더 다가옵니다. 그런 순간이 어떤 여성에게는 딸의 자살로 이 년간 우울증을 겪던 중 컴퓨터 앞에 앉아 있었을 때 일어났습니다. 그날 저녁 그녀는 하나님께서 실재하신다는 단 하나의 희망적인 징표도 찾을 수 없다면 자살해버리려던 참이었습니다. 어쩐 일인지 그녀는 자신의 세계를 뒤집어버린 어떤 글에 다다르게 됐습니다. 다른 사람에게 그 순간은 어느 저녁 날 스트립쇼를 마치고 나서 다가왔습니다. 그리스도인 가정에서 자란 그녀는 16세 때 임신을 하게 됐으며 마약을 거래하는 남자친구가 스트립쇼를 강요했습니다. 무대 뒤에서 그녀는 그날 밤 클럽에 있던 세 여성이 보낸 장미꽃 한 송이와 한 장의 메모를 발견했습니다. 그들은 그녀에게 하나님의 사랑과 함께 만일 원한다면 그런 생활을 떠날 수 있도록 도움을 건넸습니다.

　아직도 당신이 하나님께 얼마나 깊이 사랑받는지 모른다면 어떻게 해야 될지 나는 모르겠습니다. 다만 당신이 할 수 있는 일은 예수님께서 당신에게 나타나실 수 있게 당신이 그분께 충분한 자리를 내어드리는 것뿐입니다. 그럴 자격이 없다고 느끼게 만드는 지독한 죄, 과거의 학대, 현재의 어려움, 그 무엇이든지 거짓일 뿐입니다. 그분께서는 온 세상에서 우리 모두를 각자 사랑하십니다. 이 진실을 당신이 단지 책에서만 읽을 뿐만 아니라, 직접 마음으로부터 알기를 그분께서는 바라십니다. 그 발견은 당신이 달성할 무언가가 아닙니다. 당신이 알지 못할지라도 그 사랑은 이미 당신을 향한 진리이므로 단지 당신이 힘을 빼고 받아들이고 그 사랑 안에 거하면 됩니다. 그분께 보여달라고 구하고 당신 주변에 펼쳐지는 삶에 따라 그분의 손자국을 지켜보십시오.

하나님의 사랑에 반하는 그 어떤 주장도 잠시 접어두는 것을 익히십시오. 우리는 모두가 응답받지 못한 기도가 있으며 어째서 하나님께서 우리를 사랑하시면서도 관여하지 않으시는지를 두고 씨름했습니다. 하나님께서 사랑하시므로 개입하셔야 한다는 우리 기대는 깨어진 인간성과 그분 밖의 무언가로부터 안전과 안정감을 찾고자 하는 우리 갈망에 깊이 뿌리 내리고 있습니다. 하나님의 사랑은 우리의 가장 격렬한 의심과 실망마저도 삼켜 버릴 만큼 실체적입니다. 그분께서는 당신이 태어난 그 날부터 그 사랑 속으로 간절히 당신을 청하고 계십니다. 단지 당신이 아직 그분을 인식하지 못한다고 해서 그분께서 당신을 얻기 위하여 최선을 다하지 않고 계신다고 말할 수는 없습니다. 단지 계속해서 묻고, 구하고, 두드리십시오. 다소 시간이 걸릴 수도 있습니다. 그분께서는 당신을 뒤로 제쳐놓지 않으십니다. 그분께서는 당신 자신과 그분께 적합하지 못한 당신의 생각을 풀어내고 계십니다. 그 모든 구원의 이야기와 십자가 위 절정의 순간은 이곳과 영원의 그 무엇도 그분의 사랑으로부터 당신을 떼어낼 수 없다는 진리를 부르짖습니다(로마서 8장).

이 이야기가 교회를 발견하는 데 관한 우리 논의에서 벗어난

듯 보일 수도 있겠지만 그렇지 않다고 나는 장담할 수 있습니다. 예수 그리스도의 교회는 사랑받는 자의 공동체입니다. 너무나도 많은 우리의 관리 기법이 중요한 존재가 되고 싶은 사람들의 욕구 즉 그들의 불안, 수치, 두려움을 조종하는데 의지하고 있습니다. 그러므로 종교 기관은 주일학교 학생에게 금박 별을 달아주고, 새로운 시설을 위한 고액 기부자에게는 '황금 벽돌' 같은 표창을 내리며, 설교에는 죄책감을 곁들입니다. 이러한 것들은 당신이 사랑받는 자임을 알 때 당신을 조종하지 못하며, 당신 또한 다른 사람을 조종하기 위해 그런 방식을 쓰지 않게 됩니다.

아버지의 사랑을 너무나도 확신하여 다른 사람을 진정으로 사랑하고 존중하며 돌볼 수 있는 사람들의 공동체는 여전히 옛 피조물의 요구에 따라 사는 사람들의 모임과는 아주 다릅니다. 그러므로 제자도가 공동체보다 먼저입니다. 모든 인간의 역기능은 마치 우리가 사랑받지 못한 자인 양 살아온 결과입니다. 사람들이 얼마나 사랑받는지 발견하게 되면 그들은 점차 그분의 새로운 피조물과 그로부터 나오는 공동체 가운데서 살게 됩니다.

09

사랑받아 생명으로

하나님께서 우리를 향해 가지신
그 사랑을 우리가 알고
또 믿었으니 _ 요일 4:16

수세기 동안 기독교 체계는 사람들로 하여금 죄를 피하고 하나님 앞에서 가능하면 의롭게 살도록 하는데 몰두해 왔습니다. 이를 가리켜 「하나님의 모략Divine Conspiracy」이라는 책에서 달라스 윌라드Dallas Willard는 '죄 관리의 복음'으로 부르기도 했는데, 진정한 복음이라고 할 수는 없습니다. 결국 우리는 여전히 우리 죄에 집중하고 있으며 이는 죄에 더욱 힘을 실어줄 뿐입니다.

육신 위에 세운 사고방식은 곧 사망으로 하나님을 기쁘시게 할 수 없다고 바울이 경고했을 때(로마서 8장) 그는 단순히 육신에 탐닉하는 사고방식만을 말하지 않았습니다. 그는 또한 육신을 금기시하는 사고방식에 관해서도 언급했습니다. 어느 쪽이든 여전히 육신이 초점이며 우리는 그 희생물로 전락하게 됩니다. 우리는 유명 그리스도인의 은밀한 실패가 드러난 이야기를 들을 때 그들이 회중이나 카메라 앞에서 의로운 척하면서 죄를 즐긴 위선자라고 여깁니다. 실제는 전혀 다릅니다. 그들은 단지 순전히 의지의 힘으로 악을 저지할 수 있으리라 희망하면서 자신의 내적 유혹을 금욕과 책임감을 통해 다루는 법을 배웠을 뿐입니다. 그리고 그렇게 한 번 몇 주에서 몇 달은 유지가 가능합니다. 그러나 결국 그 에너지는 고갈되며 약해지거나 낙담하는 순간 유혹은 저항이 불가능함을 다시 한번 입증하고 맙니다.

이러한 체계의 문제는 그 누구도 당신이 죄를 피한 3개월의 기간을 인정해주지 않는다는 데 있습니다. 그들은 당신이 죄에 빠진 연약한 순간을 가리키며 비난할 뿐입니다. 실족한 사람 대부분은 죄가 주는 낙에 빠진 채 돌아오지 않습니다. 그 즐거움은 유혹이 제 역할을 다하는 순간 사라져버립니다. 대부분은 자책의 늪에 빠져서 절대로 다시는 실패하지 않겠노라고 하나님께 약속합니다. 그리고 한동안 수개월은 잘 지내다 어두운 순간이 다시 올 때면 그 주기가 반복됩니다.

바울은 행위에 기반을 둔 의의 기만을 잘 알았습니다. 그런 의로는 죄를 정복할 수 없습니다. 즉 의의 모양은 있지만 실제 감각적 만족을 절제하는 데는 아무런 쓸모가 없습니다(골 2:23). 밖에서 아무리 죄의 행동을 억제한다고 해도 결국 다른 방향으로 몰아갈 뿐입니다. 다른 이를 향해 내가 생각하는 나만큼 잘 행하라고 요구하는 종교적 교만처럼 말입니다. 바로 그런 식으로 바울은 다메섹 도상에서 예수님과 관계를 맺기 전 죄인 중에 괴수가 되었습니다(딤전 1:15).

행위는 옛 피조물을 다루는 데 중요하지만 새로운 피조물에는 무익합니다. 그 영역에서 행위는 하나님의 자유 안에 있는 삶으로부터 우리를 끌어내리는 중력이며 실패하면 죄책감으로, 성공했을 때는 교만으로 이끌 뿐입니다. 그렇기에 우리의 종교적 책무 시스템으로는 실질적인 공동체를 낳을 수가 없습니다 그 체계는 이행하고, 경쟁하며, 가장하도록 끝없이 요구하며 우리를 지치게 만듭니다.

그렇지만 하나님께서 우리를 그분의 사랑으로 이끄시면 다른 종류의 중력이 대체합니다. 마치 아폴로 우주인이 비행하는 도중에 달이 당기는 중력의 영향을 지구의 중력보다도 더욱 크게 느끼게 되는 한 시점에 도달하는 경험과 흡사합니다. 처음에는 우리를 향한 그분의 사랑은 희미해 보입니다. 우리가 아는 전부가 그 사랑에 반론을 제기하는 듯합니다. 달의 중력이 조수에 영향을 미치듯 우리는 여기저기서 그 사랑의 단서를 볼지도 모르지만 세상이 당기는 힘을 이겨낼 정도로 강하진 않은 듯합니다. 그렇지만 계속해서 그분을 의지해 나갈수록 우리는 삶 가운데 역사하시는 그분의 손을 보게 되며 그분께서 우리 가운데 풀어 놓으시는 목적으로 빠져들게 됩니다. 그 길을 따라가다 보면 어느덧 그분의 사랑을 신뢰하는 편이 의심하는 쪽보다 수월해지며 그때부터 가속이 붙게 됩니다. 우리는 더 이상 우리의 원함과 필요에 매몰되지 않고 우리와 주변의 다른 이들 가운데 하나님의 역사를 아우르기 위해 관점이 변화하며 이 세상 속에서 다르게 살게 됩니다.

이는 요한이 "우리를 향해 하나님이 가지고 계신 사랑을 우리가 알고 또 의지하였으니We know and rely on the love God has for us" (요일 4:16)라고 썼을 때 의미한 바인지도 모릅니다. 어떤 번역본은 더욱 깊은 의미를 끌어냅니다. 즉 "우리는 알게 되었나니"로 과정을 뜻합니다. 그분의 사랑을 향한 우리의 확신은 두려움, 의심, 이해 못할 환경으로 인해 너무나도 자주 훼방 받습니다. 나이 든 요한이 마침내 그를 향한 하나님의 사랑을 "알게 되고" 또한 "의지하게 되어" 기뻐하는 모습을 나는 즐겨 그립니다.

하나님 아버지의 사랑을 향하여 자라나는 확신이 이끄는 곳에서 나는 계속해서 경탄하게 됩니다. 그 확신이 얼마만큼이나 크게 자라날 수 있을까요? 나도 모릅니다. 그렇지만 나는 날마다 어떤 자유함이 새롭게 나를 압도해오며 다른 사람들을 각별하게 대하도록 이끌지 발견하기를 기대합니다. 세상의 압박을 대체하는 하나님의 중력을 인식하는 데는 동정, 신뢰, 안식 세 단어가 나에게 도움이 됐습니다. 이들은 하나님과 우리 사이에 자라나는 관계 가운데 솟아나며 우리가 하나님의 역사에 더욱 수월하게 협력할 수 있게 해줍니다. 아울러 그분의 교회의 흐름 가운데 우리를 합류하게 해주는 근원이기도합니다.

동정

모든 "교회 모임"이 서로 사랑에 관해 이야기합니다. 그러나 대부분의 경우, 특히 큰 교회 사람들은 서로를 알지도 못합니다. 사랑은 이름 모를 이를 향한 추상적 헌신이 아니라, 주변 사람을 향한 진실한 애정입니다. 나는 어떤 이에게나 친절할 수도 있고, 모두에 인내할 수도 있습니다. 그렇지만 누군가를 향하여 애정을 품는 일은 심령 속의 깊은 기쁨입니다. 그들이 하는 행동이 다 마음에 들지는 않겠지만, 나는 그들의 존재로부터 영향을 받습니다. 나는 그들의 안녕에 관심이 있으며 내 능력이 어떠하든지, 심지어 큰 대가가 따를지라도 그들을 돕는 일이 기쁩니다.

데이브는 내가 목사일 적에 나의 삶으로 들어왔습니다. 그는 다른 교파의 목사였는데 우리는 좋은 친구가 되었습니다. 몇 년 뒤 나는 데이브와 그의 아내가 더 이상 우리 예배에 오지 않는다는 사실을 알아챘습니다. 여전히 우리는 회중 밖에서 연락하고 지내긴 했지만 그렇게 자주는 아니었습니다. 몇 년이 지나서야, 결과적으로 내가 그곳을 떠나게 만든 그 갈등을 겪는 동안에 그들은 돌아왔습니다. 무너진 뒤 나는 데이브에게 그동안 어디 있었는지 물었습니다.

"미안하네." 그는 대답했습니다. "나는 자네보다도 더욱 권력을 사랑하는 사람들이 자네를 밟아 버릴 줄 알았다네. 그런 일을 차마 지켜볼 수는 없었어."

"그렇다면 왜 최악의 시기에 돌아온 건가?" "그건 별개의 문제야." 그는 머리를 내저으면서 답했습니다. "자네가 그 일을 홀로 겪도록 내버려둘 수가 없었네."

그것은 경건한 동정심의 좋은 그림입니다. 동정compassion이란 수난에 이르다 to come to passion 곧 고대 영어에서 고난을 향해 내달린다는 의미입니다. 누군가를 사랑한다면 당신은 고통 가운데 그와 함께 하기를 원하겠지요. 심지어 당신이 부족하다고 느끼고, 직면하고 싶지 않을지라도 말입니다. 내 친구 데이브는 그가 피하고 싶은 경험일지라도 기꺼이 나누고자 할 정도로 나에게 마음을 기울였습니다.

　동정이란 누군가를 향해 갖든 갖지 않든 내가 제어할 무언가는 아닙니다. 예수님께서는 우리에게 대접받고 싶은 대로 모든 이를 대접하라고 요구하셨지만, 때때로 특정한 사람에게는 동정심을 따라 대하셨습니다. 이는 일과 책무 혹은 좋아하는 미디어 가운데 길 잃은 집단과 의미 있는 우정이 너무나도 드문 개인에게 절실히 필요합니다. 우리 심령은 훨씬 더 깊은 관계를 갈망하지만 점점 더 피상적인 관계로 고립되고 있습니다.

　나는 하나님께서 내가 알기 원하시는 사람들을 나의 길로 데려오실 줄 신뢰합니다. 특히 다른 사람과 소통할 수 있는 곳으로 이끄시는 그분을 따라갈 때 말입니다. 그렇지만 그저 "안녕, 어떻게 지내세요?" 정도의 일상적 인사를 넘어서 실질적 관계로 문을 열려면 우리 측에서도 어느 정도의 고의성이 필요합니다. 하나님의 사랑 가운데서의 삶은 보다 넉넉한 심령으로 다른 이를 보살피도록 당신을 더욱 널찍한 공간으로 이끕니다. 당신은 사람들이 당신에게 입힐 수 있는 해를 그리 두려워하지 않을 테고, 당신의 문화권에서 소외당하는 사람을 보살피게 됩니다. 자신의 필요나 다른 이의 기대를 덜 의식하게 되면서 자유로운 사랑이 가능한 자신을 발견하게 됩니다. 그리고 당신과 같이 행하는 다른 사람을 발견할 때면 당신 주위에서 생겨나는 교회를 보게 됩니다.

그러한 관계를 나는 각별히 주목하고 가능한 길러내어 하나님께서 우리가 함께 나누도록 초청하신 바를 목도합니다. 그렇지만 나는 그들로 모임을 만들려고 애쓰진 않습니다. 왜냐하면 그렇게 하면 다른 길로 새버리기 때문입니다. 다만 나는 가족으로서 그들을 누리며 비슷한 삶을 사는 다른 지인에게 소개해 줍니다. 이렇게 제대로 사랑할 수 있는 친구와 친구의 친구로 이뤄진 네트워크가 자라나면 필요한 곳에서 싸우고, 문제를 제기하며, 탐색해 나가는 등 동일한 자유를 공유할 수 있는 환경을 창출해냅니다.

신뢰

"당신이 회중 가운데 한 일 중 두려움으로 인해 어떤 일을 행한 적이 얼마나 많습니까?" 마지막 목회 6개월 뒤 호주에서 새로 사귄 친구에게 받은 질문이었습니다. 나는 없다고 말하고 싶었습니다. 딱히 스스로 두려워하는 사람이라고 여기지는 않았기 때문입니다. 그래도 먼저 그의 의도가 무엇인지 물어보는 편이 가장 좋겠다고 생각했습니다.

"글쎄요, 당신은 얼마나 많은 부분을 하나님께서 기뻐하지 않으실까 봐, 다른 사람이 자기 안건을 강요할까 봐, 누군가

틈새로 빠져나갈까 봐, 다른 이가 공동체에서 당신의 평판을 해칠까 봐서 행했을까요?"

"그런 기준 같으면," 나는 당황해서 웃으며 대답했습니다. "아마도 90%요."

"당신은 대부분의 사람보다는 정직하군요." 이렇게 말하고 그는 함께 웃었습니다. "거의 모든 규정이 누군가 또는 무언가를 보호하려 하며 두려움에 바탕을 두고 있습니다. 그러니 당신은 두려움이 지어내는 교회에 익숙하지요. 아직은 신뢰로부터 자라나는 교회를 발견하지 못했군요."

당시에 몰려온 경탄이 여전히 기억납니다. 나는 비난받았다고 느끼지 않았습니다. 그보다 누군가 더욱 넓은 곳으로 문을 열어준 듯했습니다. 내가 "교회 생활"이라고 명명한 많은 부분이 그렇게나 두려움에 바탕을 두었는지 이전에는 절대 떠올리지 못했습니다. 심지어 나는 예수님을 향한 신뢰 가운데 성장하는 교회가 무엇을 낳을지 상상할 수조차 없었습니다. 비록 일반적인 의미에서 믿음이 있다고 주장했지만, 내가 통제할 수 없는 무언가에 있어서 하나님을 잘 신뢰하지 못한다는 사실을 나는 알고 있었습니다.

당시 나는 믿음에 관해 내 생각에 최선대로 하나님께서 행하시도록 상기시켜 드리는데 필요한 정신적 확신으로 여겼습니다.

그러나 이는 진짜 믿음과 매우 거리가 멉니다. 요한이 복음서를 쓴 이유는 읽는 이들로 "예수님께서 하나님의 아들 그리스도이심을 믿게 하려 함이요, 또 믿고 그분의 이름을 통해 생명을 얻게 하려" 함입니다(요 20:30-31). 나는 그 구절이 신학에 관한 내용이라고 여기면서 자라났습니다. 예수님께서 그리스도라는 교리를 믿는 자만이 생명을 얻게 된다고 말하는 것이라고 생각했습니다. 실제 요한은 아주 다른 무언가를 이야기하였습니다. 여기서 그는 우리에게 교리적 입장보다도 그분을 믿고 따를 정도로 신뢰하는지 아닌지를 묻고 있습니다. 그 믿음이 바로 생명으로 향하는 길입니다.

사랑과 마찬가지로 신뢰도 어떤 신학이나 규율이 아닌, 실재입니다. 그분을 신뢰하는 지점에서 나는 그분의 보살핌 가운데 자유로운 삶을 살아갈 수가 있습니다. 그렇지 않으면 따라 오는 염려, 스트레스 그리고 불안으로 결국 나 자신에 집중하게 되고 맙니다. 그렇기 때문에 예수님은 계속해서 제자들에게 믿음에 관해 말씀하시면서 그들을 보살피시는 하나님을 신뢰하도록 격려하셨습니다. 이는 모든 믿는 자의 인생에서 성장해야 하는 부분입니다. 곧 삶을 펼쳐나가며 그분의 사랑을 신뢰하는 법을 배웁니다. 그래서 내가 염려나 스트레스에 빠져 있을 때마다 믿음은 다시금 그분께로 돌아가도록 나를 부릅니다. 내가 알았더라면 바로 신뢰했을 텐데, 당신에 관하여 내가 모르고 있는 것이 무엇인가요?

내가 스스로 그분을 더 신뢰하려고 애쓰지는 않습니다. 오래전 나는 신뢰란 선택이 아닌, 사랑으로부터 생성되는 부산물임을 깨달았습니다. 자신의 삶을 내려놓을 수 있을 정도로 나를 사랑하는 누군가를 안다면 나는 그를 신뢰합니다. 예수님께서는 이미 우리를 위하여 그분의 생명을 내려놓으셨지만 순간의 혈기에 따라서 잊기가 쉽습니다. 불행하게도 우리는 스스로의 힘과 지혜를 그분보다도 더욱 오랫동안 신뢰해 왔습니다. 그분을 신뢰하는 법을 배우기란 온오프 방식의 스위치보다는 조금씩 조절해가는 가변저항 스위치와도 같습니다. 하룻밤 사이에 변하지 않으며 우리 삶을 통하여 자라납니다. 그분을 더 알아갈수록 우리는 더욱 신뢰하기에 자유로워집니다. 그럴 때 우리는 예전에 우리를 짓누르던 환경에 있어도 더 이상 괴로워하지 않는 자신을 발견하게 됩니다.

신뢰를 키워온 공통적 여정은 새로운 피조물의 공동체에서 대단히 중요합니다. 하나님을 위하여 우리가 해야만 되는 일에 중점을 두는 사람은 그 신뢰를 무너뜨립니다. 더욱 큰 신뢰를 위해서는 관계 가운데 성장이 필요하며 이는 진실한 교제가 촉진해줍니다. 신뢰 가운데 성장하며 자기 삶에서 예수님의 역사를 주시하는 사람 곁에 있으면 당신 자신의 여정도 격려받게 됩니다. 정죄 받아 나가떨어지기보다, 가장 힘든 순간 동안에도 당신과 함께 걸으시는 그분의 능력을 더욱 신뢰하게 됩니다. 그러할 때 우리는 사람들을 우리의 기대에 따르도록 압박하려고 애쓰지 않고, 그들의 여정 가운데 있는 그대로 사랑할 수가 있습니다.

안식

종교적 의무란 그 야망을 밀어붙이는 저돌적인 사람들이 믿기 힘들 정도로 주도하는 환경입니다. 당신도 그런 부류를 압니다. 그들은 항상 당신에게 무엇이 최선인지 안다며 동의하지 않으면 쉽게 상처받거나 화를 내면서 방어적으로 변합니다. 그들은 세 시간짜리 기도회와 끝없는 봉사 활동의 행렬을 원합니다. 거기에 다른 사람도 동참하도록 압박을 가합니다. 만약 그들이 권위의 위치에 있다면 '은사'를 이용해 다른 이를 향하여 '해야만 되는' 일을 하도록 두려움과 죄책감을 통해 협박합니다. 그들은 질문을 하거나 동조하지 않는 사람은 재빠르게 끊어냅니다. 그런 곳에서 어떻게 예수님의 교회가 잘 자라날 수가 있겠습니까?

예수님의 초청은 우리 자신의 공적이라는 속박을 벗어버리고 유진 피터슨이 '메시지 성경'에서 생생하게 전한 '자연스런 은혜의 리듬'을 발견하게 합니다(마 11:28-30) 우리는 단지 하나님의 은혜를 받을 뿐만 아니라, 어떠한 환경에 직면할지라도 그 은혜에 힘입어 살아갈 수 있도록 해주는 생명을 그분 안에서 발견하도록 다른 이를 도울 수 있습니다. 아버지의 사랑 안에 자라는 세 번째 열매는 우리가 자신의 노력과 야망으로부터 안식에 이르는 것이며, 따라서 다른 사람을 압박할 필요도 사라져버립니다. 사랑이 신뢰로 이어지듯, 신뢰는 안식으로 이끕니다. 더 이상 우리는 자신의 방식을 강요할 필요가 없습니다. 왜냐하면 그분께서 우리가 볼 수 없는 방식으로 성취하고 계심을 확신하기 때문입니다.

히브리서 저자는 3~4장에서 하나님의 백성에게 한 '안식'이 남아 있다고 썼습니다. 그 말은 일주일에 하루 쉬는 날이 아니라, 그분의 일부가 되기 위한 우리의 노고로부터 안식하는 삶의 방식에 관한 내용입니다. 세상에 자신의 족적을 남기거나, 스스로를 증명해내거나, 우리 생각에 최선대로 다른 이가 행하도록 등 떠밀 필요도 없이 우리는 그분의 역사를 더욱 평안한 마음으로 목격할 수 있습니다.

이는 안식을 오직 게으름의 핑계로만 보는 이에겐 어려운 가르침입니다. 그들은 사람이 쉬면 아무것도 이루지 못한다고 생각합니다. 그러나 실상은 우리의 모든 불만과 '하나님을 위해 무언가 위대한 일을 행할' 내적 욕구보다도 안식 가운데 거하는 사람이 더욱 귀한 열매를 많이 맺습니다. 의무감 때문에 하나님을 따르기보다 기뻐서 따르는 사람은 세상에서 전파력이 더욱 강합니다. 내가 가장 열매 맺은 순간은 내 행위가 주위 사람에게 미치는 영향을 가장 덜 의식하는 때에 다가왔습니다. 호주에서 한 강연 약속 장소로 걸어 들어가면서 나는 한 어머니의 옆자리에 앉았는데 그 순간 아기가 고무젖꼭지를 내뱉었습니다. 나는 몸을 숙여 그 젖꼭지를 주워 웃으면서 그 어머니에게 돌려줬는데 다른 사람들이 지켜보는지 전혀 몰랐습니다. 그 후 사람들이 내가 강연자인 줄 알았을 때, 내게는 너무나도 자연스러워 보인 그 단순한 행동이 다음에 내가 한 모든 말보다도 더욱 크게 울렸습니다.

　성경에서 온유라는 말은 쉬고 있는 군마를 묘사합니다. 그 말은 대기소에서 다른 말을 위협하기 위해 힝힝대거나 발길질하며 몸부림치지 않습니다. 그는 잠잠하게 서서 주인의 손짓과 호출에 날쌔게 내달리며 전쟁터에서 용맹을 떨칠 채비를 갖춥니다. 고갈과 탈진은 내가 자연스런 은혜의 리듬을 놓치고 자신의 필요에 따라 몰아가고 있다는 분명한 신호입니다. 하나님의 갈망에 동참하는 일은 때론 고되고 우리를 지치게 만들 수도 있습니다. 그러나 이는 우리를 내적으로 새롭게 해주는 유익한 종류의 피로입니다. 제자들이 예수님께서 구해 오라고 보내신 점심을 들고 예수님을 찾아왔을 때 그분은 더 이상 주리지 않으셨습니다. 우물가에서 사마리아 여인과 시간을 보내신 뒤 그분은 심지어 육체적 허기마저도 잘 정도로 충만해지셨습니다(요 4:32-34).

그분의 안식 가운데 사는 사람은 그들의 의제나 야망으로 때 묻지 않고 다른 이와 삶을 나눌 수 있습니다. 그들은 자신의 공허를 가리기에 급급하거나, 다른 누군가의 꿈보다도 자기 비전을 위해 다툴 필요도 없습니다. 대신에 그들은 그분의 교회를 지으시는 예수님을 신뢰합니다. 그리고 그분께서 그들의 주위를 빚어 나가시며 자유로이 다른 이와 협력할 수 있는 최적의 장소에 그들을 두셨다고 믿습니다. 그렇기에 안식은 그분의 교회 가운데 삶을 나누는 데 있어서 중대한 요인입니다.

동정, 신뢰 그리고 안식이 없이는, 우리는 끊임없이 서로를 침범하면서 사람들을 향해 원하는 방식대로 반응하지 않는다며 불평하고 실망하게 됩니다. 우리가 그것들로 인생의 도전을 통과하며 걸어나갈 때 우리는 더 큰 은혜로 다른 이의 깨어짐을 어루만지며 감당하는 자신을 발견하게 됩니다. 당신은 마주치는 환경 가운데 그분의 목적을 인식하게 되며 세상의 시스템이 따라할 수 없는 방식으로 다른 사람과 관계 맺을 수 있게 됩니다.

10

가족의 길

그러므로 나는 아버지께 무릎을 꿇고 빕니다.
아버지께서는 하늘과 땅에 있는 각 족속에게
이름을 붙여 주신 분이십니다.
(For this reason I kneel before the Father,
from whom his whole family in heaven and
on earth derives its name.) _ 엡 3:14-15 새번역

까다로운 상사와 함께 직원회의에 참석해야 할 때 어떤 느낌이 들겠습니까? 서로를 보살피고 즐길 줄 알며 사랑하는 사람으로 가득한 가족 소풍에 도착했을 때의 느낌과는 반대겠지요?

나 같으면 전자의 경우 잔뜩 겁을 먹고 들어갈 때부터 벌써 그 순간이 끝나기를 고대할 듯합니다. 후자의 경우엔 우리가 나눌 이야기와 웃음에 대한 기대로 나의 얼굴에 미소가 떠오릅니다. 그럼 이제 어느 쪽이 예수님께서 지으시는 교회를 더욱 정확히

반영한다고 생각합니까? 우리가 교회 생활을 기관적 환경으로 밀어 넣으려고 노력할 때 얼마나 중대한 실수를 저지르는지요! 효율적인 조직을 만드는 요소는 건강한 가족이 자라나는 방식과는 완전히 대조적입니다.

우리가 왜 계속 그렇게 하고 있는지 나는 이해합니다. 우리는 하나님이 기뻐하시는 사람들을 만들기 원합니다. 그래서 교리와 활동의 체계를 만들어서 그분께 가치 있는 '교회'를 구축합니다. 우리는 정작 하나님의 백성을 기업적 모델로 밀어 넣으려는 그 시도로 인하여 그들이 그분의 본성을 잘 나타내지 못하고 그분의 백성에 못 미치게 되는 결과를 미처 고려하지 못한 듯합니다. 특히나 여러 세대로 이뤄진 확대가족은 관리 체계가 아니라 오직 사랑과 함께 나누는 양질의 관계로써만 세우거나 하나로 묶을 수 있습니다.

무엇보다 먼저 그분의 교회는 가족입니다. 초기 신자들의 사랑과 관대함을 재현하길 바라며 계속 시스템을 바꿔 보았지만, 결국엔 좌절을 맛볼 뿐인 이들을 향해 나는 안타까운 마음이 듭니다. 그들은 비전을 이룰 수 없는 환경에 그렇게나 큰 노력을 쏟아부은 것을 전혀 몰랐습니다. 그들 중 대부분의 목사는 성공적 조직을 구축하는데 필요한 방식으로는 결코 사람들을 조종할 수가 없었습니다. 그들은 스스로를 실패자로 여기겠지만 어쩌면 이 바닥에서 가장 성공적인 사람인지도 모릅니다. 사람들을 기계 부속품으로 이용하기에는 그들은 너무나도 사랑했기 때문입니다.

일단 우리가 어떤 환경을 조성하고 돌아가는 규칙을 정하면서 사람들에게 따르도록 부추길 때 가족 정신을 잃어버립니다. 역기능 가정과 깨어진 관계가 너무나도 깊은 상처가 되는 데는 이유가 있습니다. 우리는 더 나은 무언가를 위해 창조되었습니다. 우리는 연결되어 다른 사람이 의지할 만한 깊은 사랑을 나누기 위한 목적으로 지음 받았습니다. 그렇기 때문에 부모가 자녀를 무시하고 학대하거나 포기할 때, 배우자가 결혼을 배신할 때 혹은 형제자매 관계가 갈등과 경쟁으로 얼룩질 때는 그렇게나 파괴력이 큽니다. 깨어진 우리 세상은 배신, 속임수, 착취, 갈등으로 차고 넘칩니다. 교회는 거기로부터 벗어나는 안식처이지, 게임을 벌일 또 다른 장소가 아닙니다.

이를 아직도 깨닫지 못한 이유는 우리의 삶을 한번에 관리하기 적당한 시스템을 계속해서 추구하기 때문인 듯합니다. 역사 내내 우리는 집단적 결정이 하나님의 뜻을 반영하기 바라며 많은 제도를 시도해왔습니다. 초창기부터 지역 주교는 거의 독단적 권력을 가졌습니다. 급기야 이는 교황 승계가 베드로에서부터 유래했다고 주장하며 주교의 지배체계로 진화했습니다. 이 주장은 상당한 간극이 있을 뿐만 아니라 성경과는 이질적인 지도적 관료주의를 싹틔웠습니다. 다른 교파도 동일한 접근을 시도해 왔으며 나을 바 없습니다. 지난 수백 년 동안은 많은 회중이 더욱 지역적인 결정을 위해 장로회나 회원의 민주적 투표를 채택했습니다. 오늘날 단일 담임 및 원로 목사 모델은 지역 공동체에서 예수님을 대표하도록 기름부음 받았다고 믿는 누군가의 무릎 위에 권위를 둡니다.

이들이 모두 성경에 바탕을 두었다고 주장한다는 사실로 보아 우리는 성경이 명확한 근거를 제시하지 않았다고 여길 수도 있습니다. 놀랄 것 없이 이들 각 유형은 저마다 시대의 문화적 경향을 반영합니다. 주교의 지배 체계는 단지 기독교의 양식을 두른 왕정일 뿐입니다. 총회도 민주적 움직임에 따라 왕정이 축출 당한 동시대에 출현했습니다. 강력한 담임 목사는 비전을 제시하고 따르는 이에게 보상하는 기업 CEO를 본 따 만들었습니다.

이 모든 형태는 다른 이를 향한 하나님의 뜻이 무엇인지 결정할 권리를 누가 얻을지 찾아내기 위하여 권력을 두고 협상하는 옛 피조물에 바탕을 두었습니다. 권위를 가진 자는 그 자체로서 예수님의 대변자임을 보증하며 신자는 따라야 한다고 우리가 믿기를 바랍니다. 이들 리더십 모델 중 무엇도 그들 가운데 직책 잡은 사람이 예수님을 따른다고 보증하지 못함을 깨닫는 데는 그다지 큰 분별력이 필요하지 않습니다. 아무리 조직 배후에 의도가 선하다 해도 프로그램을 효율적으로 돌리고 유지할 자원을 얻는데 필요한 리더십의 요구를 채우기 위해 얼마나 통제 불능의 상태로 내달리게 되는지 그들은 알아차리지 못했습니다.

초대 교회는 올바른 절차를 찾기보다 올바른 결론에 도달하는데 더 관심을 기울인 듯합니다. 앞서 보았듯 요한은 에베소 장로들이 더 이상 교회의 머리에 응하지 않자, 무엇이 진리인지 알기 위해 신실하지 못한 장로들을 신뢰하기보다 그들 각자가 성령으로부터 기름부음 받았음을 일깨우려고 편지를 썼습니다. 이 말씀이 교회를 인간의 기관으로 보는 사람에게는 얼마나 이해되지 않는지 나도 압니다. 혼돈으로 빠져들게 되겠지요. 그러나 교회가 전혀 기관이 아니라면 복종을 요구할 필요가 없습니다. 사람들은 자유로이 그분을 따르거나 혹은 자신의 야망을 추구하겠지요. 이러한 종류의 자유는 성장에 필수적입니다. 때가 되면 삶에 열매를 통해 그들이 추구한 바가 무엇인지 드러나게 됩니다.

그러므로 성경적이라고 주장하는 절차에 기대기보다, 결실 그 자체로부터 시작합시다. 예수님은 교회의 머리이시자, 교회

가운데 모든 생명의 머리이십니다. 사람들이 그분을 따를 때면 감독받을 필요가 없어집니다. 그들의 개인적 의제는 사그라지고 사랑이 깊이 흐릅니다. 그렇게 놀라운 순간을 우리 대부분이 겪었으며 얼마나 탁월할 수 있는지 압니다. 아울러 그러한 때에 누군가 통제하려 들면 얼마나 빨리 사그라드는지도 우리는 압니다.

  교회의 본질은 명령 하달이 아닌 과분한 사랑입니다. 그러기에 그분의 교회는 가족입니다. 그분의 집에 우리의 처소를 삼기를 초청하시는 아버지, 우리의 분투를 체휼하사 필요한 때에 은혜를 주시는 형 예수님, 우리에게 능력 주시는 성령님, 그리고 사랑과 존중으로 우리와 함께 살아나갈 형제와 자매들. 교회는 가족으로서 보여줄 수 있는 최고를 비추어줍니다. 교회는 복종보다도 안전한 환경을 창출하는데 더욱 관심을 기울입니다. 그곳에서 사람들은 마음을 열고 정직할 수 있으며 심지어 고해하기도 합니다. 왜냐하면 우리 모두가 함께 싸움 가운데 있음을 알기 때문입니다. 그곳의 사람들은 자신의 강점을 으스대거나 약점을 숨길 필요가 없습니다. 다른 사람들도 조언으로 그들을 고치거나 어떻게 생각하고 느껴야 할지 말해주려고 들지 않습니다.

  옛 피조물 가운데 사람은 사랑하기보다 사랑받으려고 애쓰며 더욱 자신에게 초점을 맞추는 경향이 있습니다. 그들은 우정을 나누기보다도 모임과 활동에 더 열중합니다. 그들이 가진 관계는 대부분 업무에 바탕을 두었고 함께 일하거나 모일 때만 지속됩니다. 그러나 가족의 방식은 우정을 울창하게 조성합니다. 왜냐하면 사람들은 함께 있기를 즐기며 순전하게 서로를 보살피기 때문입니다. 어려운 환경을 통과할지라도 그들은 웃음을 나눕니다. 필요한 때 그들은 서로를 섬기며 그들의 행로에서 마주치는 낯선 이의 필요까지도 도움의 손길을 뻗칩니다.

종교적 환경은 사람들이 계속 하나님께 충분히 행하고 있는지 끊임없이 질문하면서 죄책감과 두려움이 가미 되었습니다. 사람들을 향해서 의무의 언어를 사용하며 그들이 하나님으로부터 나왔다고 주장하는 기대에 따라 살도록 압력을 가합니다. 사람들은 리더십을 기쁘게 하고 문제를 피하기 위해 실제의 자신보다도 나은 척을 해야만 됩니다.

그러나 건강한 가족은 스스로를 위해서라는 명목하에서도 사람들에게 가장하도록 압박하지 않습니다. 예수님을 아는 사람은 그분께서 사람들을 그분의 생명으로 초청하신다는 사실을 인식합니다. 즉 그분께서는 그들에게 강요하지 않으십니다. 건강한 관계는 격려해 줄지라도, 다른 사람의 마음에 없는 일을 강제로 하도록 만들지는 않습니다. 각 사람의 양심에 따른 진정성과 자유를 소중히 여깁니다. 강요받지 않을 때 진리를 향해 더욱 빨리 마음을 연다고 온전히 확신하기에 그들은 서로의 여정을 존중합니다.

그러한 확신은 하나님을 두려움과 의무감에서 섬기는 사람에게는 없습니다. 그런 사람은 다른 이가 부족할 때 비판적이며 다르게 생각하는 자를 계속해서 공격하고 자기 견해를 다른 사람에게 고압적으로 밀어붙입니다. 그로부터 나오는 환경은 논쟁적이고 강박적이며, 헌신하여 의무적으로 프로그램을 따르라는 요구로 가득합니다. 새로운 피조물 가운데서 인간은 성취보다도 우정을 중시하며 고백, 용서, 화해를 통하여 관계를 구하기 위해 싸우게 됩니다. 그들은 우리 모두에게 흠이 있으며, 그분을 따르고 다른 사람과 관계하며 배워나갈 때에 실수를 저지르기 마련이라는 사실을 받아들입니다. 그들은 서로 간에 올바른 관계가 어떤 문제에 관한 옳음보다도 더 중요함을 인식합니다.

전문가가 경영하는 인간 중심적 환경은 사람들이 권한을 얻고 주목받기를 원하며 지극히 경쟁적으로 변해갑니다. 공식, 비공식적 위계에서 사람들이 자리를 다투면서 가십이 난무합니다. 그렇지만 건강한 가족은 협력적인 환경을 심어줍니다. 사람들은 일하면서 함께 성장합니다. 그들은 터놓고 나누며 대가를 돌려

받을 생각도 없이 무엇이라도 그들의 소유를 건넵니다. 그들은 아무런 입증해야 될 거리나 다른 사람 위로 올라서 얻어낼 이득이 없으므로 겸손과 존중을 보여줍니다. 그분의 뜻대로 역사하시는 성령님을 신뢰하며 그들은 모든 일에 의견이 일치하지 않더라도 서로를 지지할 수가 있습니다.

다른 이를 위하여 자신의 삶을 내려놓는 데서 발견하는 가족의 기쁨을 그들은 압니다. 생명은 다른 이에게 섬김받기보다 다른 사람을 섬기는 데서 나온다고 예수님께서는 제자들에게 말씀하셨습니다. 사람들이 이용당하지 않고 사랑받을 때 예수님의 가족은 가장 분명하게 드러납니다. 여타 모든 인간적 환경에서는 앞서 나가고자 추구하며 자기 이익을 위해서라면 기꺼이 관계도 이용하려는 사람들이 끼어듭니다. '오두막'의 성공 이후로 사람들이 갑자기 튀어나와서 자신의 책이나 프로젝트를 도와 달라고 요청해왔습니다. 나와 이야기한 사람 중 조금이라도 우정을 갈구한 이는 적었으며 오로지 나의 재능이나 인맥을 이용하기 원할 뿐이었습니다. 예수님을 아는 사람은 조종하지 않으며 자신의 의제를 추진하기보다는 주변 사람을 더욱 돌봅니다.

이러한 환경은 공평한 장을 만들어냅니다. 어느 누구도 다른 어떤 사람 위에 군림하지 않습니다. 이는 예수님께서 마태복음

23장에서 처음 제자들에게 말씀하셨을 때 분명히 밝히셨습니다. "그러나 너희는 랍비라 불리지 말라. 너희 선생은 한 분이니라. 너희는 다 형제니라. 그리고 땅에 있는 자를 너희 아버지라 부르지 말라. 너희 아버지는 한 분 곧 하늘에 계신 분이시니라." 바울은 예수님께서 명시적으로 제자들에게 지도자의 호칭을 금한 말씀을 듣지는 못했지만, 그 내용은 알고 있었던 듯합니다. 교회를 향하여 바울은 다만 가족 가운데 한 사람의 형제로서 인식했습니다. 비록 바울이 장로와 감독의 언어를 썼다 해도 이십여 회도 안 되었으며 그마저 직위나 위치가 아닌 오직 기능으로서 차용했을 뿐입니다. 바울은 백이십 번도 넘게 가족의 언어 즉 형제, 자매, 공동 상속자라는 말을 썼습니다.

예수님께서 그분의 교회를 지으심을 신뢰하지 않는 사람은 지도자와 추종자 없는 교회 생활을 상상도 못합니다. 그런 사람들은 합리화를 위해 온갖 종류의 증거 본문을 인용하겠지만 그 논거는 새로운 피조물 가운데 있지 않습니다. 다른 사람들을 세우기 위해 은사로 군림하지 않고 어떻게 함께 가장 잘 나눌 수 있는지는 앞으로 18장에서 더욱 상세하게 이야기하도록 하겠습니다.

물론 누구도 이러한 실재적 삶을 하루 만에 익힐 수는 없으며 관계가 바뀌고 변하듯 그분의 교회가 우리 주위에서 형성될 수 있도록 우리도 꾸준히 조정해 나갑니다. 이는 당신이 켤 수 있는 스위치가 아니며 더구나 아주 오랜 기간 동안 가장하며 속일 수 있는 것도 아닙니다. 사랑으로 변화시키는 그분의 능력에 반응하는 법을 배워나가는 길은 하나의 과정입니다. 나의 경우엔 마치 아날로그 TV나 라디오 신호를 잡을 때 잡음과 신호의 비율을 맞춰나가는 경우와도 같다고 생각하니 도움이 됐습니다. 디지털 채널을 입력해 명확한 수신을 받는 대신에, 우리는 선명하고 분명한 신호가 나타나는 최적 지점을 찾아 다이얼을 맞춰야만 했습니다. 방송국으로 부터 얼마나 멀리 떨어져 있느냐에 따라서 종종 미세한 조종이 필요했으며 그럼에도 우리는 모든 잡음을 완전히 없앨 수는 없었습니다. 그런 경우엔 잡음이 너무 거슬리지 않을 정도의 충분한 신호만 바랄 뿐입니다.

다음 여덟 장에서는 인간이 일하는 방식과 하나님 가족의 방식 사이에 일련의 대조를 살펴보고자 합니다. 이 차이를 잘 볼 수 있도록 극단적인 표현으로 서술하겠지만 어떠한 환경도 완벽하지 않으리라는 현실을 염두에 둘 필요가 있습니다. 이는 가족에 더욱 가깝지 사업체 같지는 않으며, 규칙과 의식의 집합보다도 확장되는 친구 관계와 같습니다.

이러한 특징이 주위에서 점차 뚜렷해지고 있는지 찾아보면서 당신은 어떻게 예수님의 교회가 형성되며 관여할 수 있을지 알아볼 수 있습니다. 완벽하게 살아내는 사람을 찾지 말며 스스로 그렇게 해낼 수 있다고 자신하려 들지도 마십시오. 이 이야기를 나누는 이유는 단지 당신이 인간적 조종의 잡음은 걸러내고 그분의 사랑과 은혜의 신호에 맞추는 법을 익히도록 돕기 위함입니다. 이를 목표로 바꾸려 하고 인간적 노력을 통해서 환경을 재현해내려고 애쓸 수 있다는 사실을 잘 압니다. 그렇게 하면 그 실재를 이루는 데 실패할 뿐만 아니라 그 과정 가운데서 지쳐 버리게 됩니다. 이 왕국의 많은 부분과 마찬가지로 그분의 실재 또한 우리 삶의 길을 빚으시는 그분을 충분히 경험해나가면서 알아 갈 수 있습니다. 이 일은 우리 자신의 의제로 인한 좌절과 공허에 점점 더 지쳐가면서 일어날 뿐만 아니라 그분께서 역사하시는 바와 그에 따른 열매를 인식할 때 일어납니다.

 예수님께서 지으시는 교회를 복제하려는 모든 인간적 시도는 실현 불가능합니다. 왜냐하면 교회란 제대로 사랑받은 생명의 열매이기 때문입니다. 교회는 예수님께서 사람들을 점차 사로잡으시며 그들이 그분께 듣고 따르는 법을 배워나가면서 그저 함께 삶을 나누는 방식입니다. 만일 사람들이 그 여정 위에 있지 않다면 그들을 엮어내어 그분의 교회 비슷한 무엇이라도 만들어 낼 방법이 없습니다. 사람들이 아버지의 사랑 가운데 사는 법을 배우도록 돕는데 내가 그러한 진통도 감수하는 이유는 단지 그분을 알 뿐만 아니라 사람들 가운데 이뤄지는 그분의 교회의 실재를 경험하도록 하기 위함입니다.

하나님께서 우리 삶 주위에 둔 사람을 자유로이 사랑해나가면 그 보답으로서 사랑을 나눌 수 있는 사람이 드러나게 됩니다. 그리하여 교회는 이루어집니다. 아직 그 단계에 이르지 못한 사람을 향하여 규칙대로 행하도록 강요하기보다는 관계 속으로 사랑하는데 우리 시간을 쓴다면 더 좋지 않을까요? 즉 교회의 순수성을 보존하려고 '나의 모임'으로 사람들의 접근을 제한하지 않기 바란다는 말입니다. 그런 일은 예수님께서 담당하십니다. 우리는 교회 생활이 우리가 할당받은 특권인 양 사람들을 배제하지 않습니다. 사람들은 스스로가 그들의 행동을 통해 배제 받기를 자초합니다. 울고 불며 떼쓰는 세 살배기는 가족을 마음대로 휘두르려는 시도를 소진할 때까지 가족생활에 동참하지 못합니다.

자신이 사랑받는다는 사실을 모르는 사람에게는 판단이나 거절이 아닌 우리의 애정이 필요합니다. 먼저 그들은 우리가 자신을 보살펴 주는 방식에 비추어 사랑을 볼 수 있겠지요. 그러고는 그 근원이 되시는 바로 그분으로부터 직접 사랑을 보게 됩니다. 단지 나는 예수님께서 요청하신 일을 할 뿐이며 그분께서 나를 사랑하시듯 내 길에서 마주치는 사람들을 사랑합니다.

만일 그들이 함께 교회 생활을 나눌 만큼 자유하다면 나는 즐거이 그들을 알아가겠습니다. 만약 아직 그들이 충분히 자유하지 못하다면 나는 그들에게 문을 열어줄 사랑의 방식을 찾겠습니다. 그 또한 나에게는 즐겁습니다.

그분의 사랑에 넘어갈수록 그 가족의 삶 가운데 점점 더 자유로이 나누게 되는 자신의 모습을 발견합니다. 이와 같이 인간적인 노력이나 종교적 관습이 아니라, 친구와 친구의 친구로 불어나는 모임 가운데 나타나는 사랑을 보면서 왕국이 세상 속으로 침투하게 된다고 예수님께서는 말씀하셨습니다. 하나님께서 지상에서 이루실 모든 일은 그분께서 우리를 사랑하신 대로 다른 이를 사랑함으로써 성취하게 됩니다. 이는 요한복음 13장의 약속입니다. 교회가 나누는 삶은 새로운 피조물의 실재 속으로 사람들을 끌어안기 위하여 사랑이 진리와 빛의 길을 예비하는 환경이 됩니다.

우리는 교회를 찾거나 세울 필요가 없습니다. 교회는 관계 맺을 가족이지, 수행할 프로그램이 아닙니다. 프로그램을 규정하면 가족이 파괴됩니다. 단지 우리가 교회 생활이 이미 나타나고 있는 관계를 인식하고 주목하며 시간을 내어준다면 더 좋지 않을까요? 그리스도의 몸 가운데 그분이 원하시는 대로 우리 각 지체를 두는 일은 하나님께서 맡으신 일이라고 바울은 말했습니다(고전 12:18). 그 일은 우리가 자기의 방식을 끼워넣으려 꾀하거나 다른 이로부터 우리가 생각하기에 필요한 바를 얻어내려 애쓰지 않을 때에 그분께서 가장 잘 역사하실 수 있습니다.

그렇다면 예수님의 새로운 피조물로부터 나오는 교회의 표징은 무엇입니까? 다음 여덟 장은 당신이 그분의 실재에 주파수를 맞추고 종교적 의무의 잡음은 사라지도록 하는데 도움될 수 있는 다른 특징을 강조하려 합니다. 그때는 당신도 주위에서 이루어지는 그분의 교회를 볼 수가 있습니다.

11

으뜸 자리에

그는 몸인 교회의 머리시라 …
이는 그가 만물 안에서
으뜸이 되려 하심이라. _ 골 1:18

첫 번째 특징 : 예수님 그분 자체에 압도적으로 초점을 둡니다

　예수님과 같은 사랑의 능력을 이해하지 못하는 사람은 그 사랑에 관해 그저 따뜻하고 몽롱한 느낌일 뿐이며 사람들이 서로 친절하게 대하려고 애쓸 따름이라고 힐난합니다. 그들은 그 사랑이 유약하며 무력하다고 업신여깁니다. 왜냐하면 그들이 알기로 효과 있는 명령과 통제 없이는 효율적인 조직을 운영할 수 없기 때문입니다. 이는 옛 피조물에 관하여는 사실이지만, 그분의 왕국에서는 그렇지 않습니다. 왜냐하면 그분의 교회는 모든 것 가운데 예수님께서 으뜸이 되신 곳에서만 기능하며 우리 세상에서 깨어진 그 무엇이라도 그 왕국에서 회복되기 때문입니다.

정부는 인간의 연약함과 결함을 다루기 위한 우리의 시도입니다. 우리 역사의 대부분 정부는 단지 강자의 뜻을 약자에게 강제하도록 허용했을 뿐입니다. 심지어 우리 민주 사회 가운데서도 여전히 정부는 많은 면에서 그러합니다. 정부는 명목상 본국에서 자유로운 사회를, 다른 국가와는 서로 존중하는 평화를 구축하기 위하여 존재합니다. 하지만 그러한 소망은 불공정한 인간의 문화, 리더를 부패하게 만드는 돈과 권력을 향한 탐욕, 공동선보다도 자기 이익을 추구하는 인간 야망의 어두운 측면으로 인해 쉽사리 좌절당합니다. 어떤 날이든지 잠시 뉴스만 봐도 전쟁, 범죄, 소송, 깨어진 가정, 파탄난 관계가 끊임없이 흘러나오며 지배권을 향한 추구로 인해 인간 문명이 얼마나 손상 입고 조각났는지 쉽게 확인하게 됩니다.

거의 모두가 내면 깊숙이 어딘가에서 무언가 더 나은 바를 갈망합니다. 왜 사람들은 관대하지 못하며 다른 이를 상대할 때 자기 필요에 마음을 쓸 때만큼 정직하고 호의적으로 공정하게 신경 써줄 수 없는 걸까요? 이러한 질문은 언뜻 당연해 보이지만, 사람들을 향하여 그들이 응당 주어야 할 바 이상을 요구하는 듯합니다. 우리 스스로에게 모든 상황을 맡긴다면 자신의 이득을 따져가며 처리하겠지요. 인간의 심령에서 자아와 수치심이 안식하도록 잠들기 전까지는, 우리는 종교든지 정치든지 세상과 그 시스템 속에서 다르게 살아갈 수 없습니다. 그 체계 또한 단지 우리 야망을 추구하고 두려움을 다루는 또 다른 도구로 결국 전락하게 될 뿐입니다.

그런 대립과 고립 가운데 사는 삶은 절대 하나님께서 우리를 향해 의도하신 바가 아닙니다. 그분께서는 순전한 사랑과 다른 이를 향한 관심이 우리 이기심을 대체하는 세상을 언제나 바라셨습니다. 처음부터 그분의 목적은 하늘과 땅을 포함해 죄가 분리한 모든 것을 하나의 영광스럽고 새로운 완전체로 모으고자 하셨습니다. 그분께서는 갈등이나 폭력을 만들어내지 않으셨으며 오히려 피조물을 그 깨어짐으로부터 구원하려 하십니다. 그분의 계획은 '만물을 예수님 그분 아래에 함께' 모으시는 것이었습니다(엡 1:9-10). 이 일은 어디서부터 출발할까요? 바로 모든 사람의 각 심령 속에서 그분께 자아와 수치를 풀어주시도록 내어드리면, 우리는 더 이상 자기 불안의 희생물이 되지 않게 됩니다. 그분께서 펼치시는 목적을 신뢰하는 지점에서 더 이상 우리는 자신의 목적을 위해 싸우지 않을 테고, 그분의 열망이 우리의 소유가 되면 새로운 피조물 가운데 사는 또 다른 이들과 더욱 더 연합으로 나아가게 됩니다. 이것이 바로 우리 심령이 갈망하는 공동체이며 권력을 이용하는 인간적 필요 밖에 사는 나라입니다.

그 나라가 예수 그리스도의 교회입니다. 그 백성은 그분을 점차 알아가면서 그분과 같이 사랑하고 만물을 함께 모으고자 하는 그분의 열정을 공유하며 옛 피조물에 나타난 바와 같은 갈등과 우월의식을 멈추게 됩니다. 불행히도 지난 이천 년 동안 '교회'라고 일컫는 집단은 분열과 대립 심지어 전쟁까지 개입하면서 종종 우리 세계를 치유하기보다 깨뜨리는데 더 기여했습니다. 아일랜드에서 나는 독립을 위해 영국과 큰 전투를 싸운 한 언덕에 선 적이 있습니다. 그날 나의 가이드는 모든 군대가 하나님께 그들을 축복하시고 대적 위에 승리를 주시도록 싸움 전날 밤 모여 철야 예배를 드렸다고 이야기했습니다. 하나님께서는 종종 그런 기도의 피해자가 되십니다.

그리스도가 교회의 머리가 되신다고 고백하는 일과 실제로 그렇게 그분을 인정하며 사는 일은 분명 완전히 다릅니다. 만일 우리가 교회라 부르는 곳이 지난 이천 년 동안 예수님을 따랐다면, 우리는 그분의 사랑과 생명이라는 슬로건 아래 함께 사람을 모으고 그리스도 안에 있는 자유로 초청하며 크게 외치는 교회를 보았겠지요. 그러나 사실은 그 반대였습니다. 이천 년 동안 기독교 역사가 지나온 경로는 더욱 큰 사랑과 연합으로 향하기보다는 분열, 불신, 반감을 키웠습니다. 기독교가 하나의 기관 아래 붙어 있던 처음 천 년 동안은 부단한 대립과 부패 가운데 잠겨 언제나 개혁이 필요했습니다. 하지만 기관이란 경직되어 변하지 않기로 정평이 났으며 특히 크고 세운 지 오래됐을수록 더더욱 그렇습니다. 그들은 비판자에 귀 기울이기보다 고문해서 물러서도록 만들고 그러지도 못하면 처형해버렸습니다.

오늘날 우리가 한 무리의 양떼를 보지 못하는 이유는 수십만의 목자 지망자가 자신의 사역, 비전, 프로그램을 따르도록 사람들을 이끌기 때문입니다. 예수님께서는 우리에게 한 목자가 있을 때 한 무리가 되리라고 말씀하셨습니다(요 10:16). 그분을 대신하여 지도한다고 주장하면서 자기 자신과 프로그램을 향한 충성을 확보하는 수천의 남녀가 있는 한, 그분 안에서 만물을 모으시려는 하나님의 목적과 충돌하는 우리 모습을 발견하게 됩니다. 만약 그 수세기 동안 기독교인이 자신의 기관을 세우고 관리하며 지원하는 데 들인 노력과 자원을 가지고서, 대신 사람들을 사랑하는 법을 익히며 그분의 실재를 증거했더라면, 오늘날 우리가 보게 됐을 교회를 상상해 보십시오. 오히려 우리는 관계보다 종교를, 실체보다 성상聖像을, 관계적 변화보다 복종을 중시하는 구조로 마치고 말았습니다. 복종이 필요한 기관과 두려움이나 죄책감으로 사람들을 강제하며 하나님의 형상을 왜곡하는 우리 능력의 불경한 야합은 인간의 저항을 능가하는 크나큰 유혹 같습니다.

모든 그리스도인이 예수님께 교회의 머리로서 충성을 맹세하고 그분의 형상으로 우리 건물과 장식물을 꾸민대도 그분을 따르기란 그리 간단치가 않습니다. 초창기에 교회는 우리가 아닌 그분의 어깨 위에 통치가 있다는 이사야의 대언을 잊었습니다(사 9:6). 그분을 대신하여 우리가 다른 이를 이끄는 일을 맡을 때면 한껏 자신의 지혜와 열망을 높이며 교회의 머리 되신 그분의 자리를 찬탈해버립니다. 그러면 마치 구약의 이스라엘 왕과 같이 교회에 행하게 됩니다. 지도자는 자기 권력의 제물이 되어 제멋대로 독단하며 섬겨야 할 이들을 착취하고 맙니다.

하나님께서 무익한 이스라엘의 목자를 그들의 자리로부터 쫓아버리시리라 에스겔이 선포하며 책망했을 때(에스겔 34장) 그는 하나님께서 더 나은 목자로 교체하려 하신다고 말하지 않았습니다. 하나님께서 자신의 백성을 인도하시겠고 그들이 절대 다시는 두려워하지 않으리라고 그는 말했습니다. 예수님께서는 이를 요한복음 10장에서 재차 말씀하셨습니다. 그분께서는 자신을 하나님의 목자로 선포하시며 그분의 양은 그분의 음성을 알고 따르리라 말씀하셨습니다. 자신의 필요만 신경 쓰는 삯꾼 대신 말입니다. 이 두 구절의 요지는 사람을 이끄는 일이란 깨어진 인간이 도맡기에는 너무나도 중차대한 임무라서 새 언약을 통해 예수님께서 직접 이끄시도록 허락하셨다는 의미 같습니다. 그렇기 때문에 복음서에는 "와서, 나를 따르라."라고 초대했지 책이나 종교 지도자를 따르라고 하지 않았습니다.

예수님께서 으뜸 되시는 곳에서 교회는 번성합니다. 이는 물론 우리가 그분께 부여하는 지위가 아닙니다. 그분께서는 이미 그 자리에 앉으셨습니다. 이를 우리가 인식하면 그분께서 지으시는 교회를 보게 됩니다. 유진 피터슨의 표현을 빌리면, 예수님께서는 "만물과 모든 이들에 대한 최종 결정권"을 쥐고 계신 분입니다(벧전 3:22 메시지성경). 세상에서 어떠한 참상이 일어나든지 당신이 어떤 부당한 일을 겪든지 최종 결정권은 예수님께서 쥐셨습니다. 너무나도 자주 편법을 쓰는 사람이 성공하고 고통을 일으키는 자들이 스리슬쩍 넘어가는 듯 보입니다. 그러나 단지 그렇게 보일 뿐입니다. 그분께서 바로잡으실 때는 치유되지 않는 상처가 없을 테고 어떠한 불의도 간과하지 않으십니다.

설사 그분께서 당신에 관한 상황 가운데 아직 최종 선고를 내리지 않으셨을지라도 결국에는 그리 하십니다. 우리는 지금부터 그분 안에서 사는 법을 배우며 새로운 피조물 가운데 그분과 합류해야 합니다. 그분께서 옛 피조물 속에 우리의 깨어짐을 해결하시는 중이라도 말입니다. 이는 그분께서 우리의 뜻대로 모든 환경을 고쳐주시거나 즉시 우리가 바라는 정의를 이루신다는 뜻은 아닙니다. 그렇지만 그분께서는 우리를 치유하시며 그분 안에 사는 더욱 드넓은 공간으로 이끄십니다.

그분의 교회를 발견하고 싶다면 예수님의 주권 아래 사는 법을 배우면서 마찬가지로 그분께 몰두하는 사람들을 찾으십시오. 그분의 목적이 그들의 동기가 되고, 그분의 성품이 그들의 이상이며, 그분을 따르는 일이 그들의 가장 큰 갈망입니다. 그들이 여전히 가족, 직장, 날씨, 정치, 스포츠, 여가 등 이 세대 가운데 관여해도 예수님과 관계하는 사람의 대화는 언제나 그분과 그들 가운데 있는 그분의 역사로 돌아가게 됩니다. 각 사람에게는 예수님 안에서 성장하는 생명이 있고, 그들이 함께 모일 때 그것은 자연스럽게 나타납니다. 곧 그들을 감동케 한 간증뿐만 아니라 여전히 해결하려고 애쓰는 의문과 분투까지도 말입니다. 나는 이러한 대화를 나누고 나면 예수님께서 누구이신지에 관해 더욱 확고해지며 그분을 더 가까이 하도록 격려 받습니다.

이는 교회 생활을 보여주는 표징입니다. 사람들이 교리적 논쟁, 프로그램이나 활동에 초점을 두는 곳에서는 잡음이 늘어갑니다. 그러한 맥락에서 누군가 영적인 대화를 시도한다면 그 대화는 인위적으로 다가와 한두 마디 뒤엔 곧 사그라들게 됩니다. 그렇기 때문에 여기서 기관적인 해답을 찾기는 쉽지가 않습니다. 일단 우리가 하나님의 역사를 조직화하면 여러 가지 요인이 개입해 들어오면서 예수님을 최우선 순위에 두기가 어려워집니다. 기관을 이끌려는 자와 거기로부터 이득 보려는 사람에게 즉시 이용당하지 않는 시스템을 인간이 디자인할 방도란 없습니다.

다른 선한 무엇일지라도 우리가 교회 생활의 중심에 둔다면 부지불식간에 예수님은 밀려나십니다. 몇 세기도 안 되어 성찬식에 참여하는 일이 예수님을 아는 일보다도 더 중요해져 버렸습니다. 우리는 수세기 동안 그렇게 성경, '교회 전통', 주일 모임 혹은 목사를 향한 충성 등을 포함해 다른 많은 것들로 예수님을 대체했습니다. 머릿돌은 오직 하나입니다. 현존하며 역사하시는 예수님을 밀어내고 나면 하나님의 목적 대신에 더욱 인간적인 야망만 투영하게 됩니다.

예수님께서 중심에 머무르실 수 있는 유일한 길은 모든 인생이 그분께 듣고 반응하는 법을 배우는 수밖에 없습니다. 그분께서는 일련의 명령이 아니라 모든 인생들 가운데서 머리가 되심으로 그분의 주권을 행사하십니다. 우리가 그분을 인지하는 만큼 최선을 다하여 어린양을 실제로 따라갈 때라야 우리는 그분의 위치를 깨달을 수 있습니다. 이는 당신이 여생을 위해 단번에

정할 수 있는 일이 아닙니다. 그분의 뜻이 당신의 뜻과 얼마만큼 다른지를 배워나가며 하루하루 내리는 수백 가지 결정 속에서 이뤄가는 지속적인 도전입니다. 새로운 피조물은 당신의 모든 꿈이 현실로 되는 일종의 영적 디즈니랜드가 아닙니다. 거기서는 예수님의 모든 말씀과 갈망이 이루어집니다.

  우리의 보증은 교회의 어떤 특정한 표징이 아니라, 그분과 우리의 관계 가운데서 찾을 수 있습니다. 그분께서는 항상 우리를 인도하시는 분이 되길 원하셨습니다. 교사가 우리에게 예수님 안에 자라나는 생명을 찾도록 도와주는데 귀한 도구가 될 수 있겠지만, 만일 우리 심령 가운데 일어나는 그분의 계시를 그들이 대신한다면 무익해집니다. 신약은 그 깊은 관계 속으로 사람들을 초청하는 말씀으로 가득합니다. 그래서 "가장 작은 자로부터 가장 큰 자에 이르기까지" 그분을 알아(히 8:11) "아무도 너희를 가르칠 필요가 없을"(요일 2:27) 정도로 말입니다.

  물론 그분께서 누구신지 조금도 알지 못하는 사람이 그분을 따르라고 주장하면서 단순히 그분의 이름을 이용해 자신의 야망을 정당화할 위험도 인정합니다. 일부는 사람들을 제어할 구조가 없으면 오류에 빠지고 만다고 주장합니다. 표면상 맞는 말 같지만 이 주장은 기관 또한 오류에 빠진다는 사실을 간과합니다. 예수님께서는 우리의 보증을 외부의 인간적 권위보다도 내주하시는 성령님 가운데 부여하는 편을 택하셨습니다. 예수님을 따른다고 주장만 하는 사람은 때가 되면 분명히 드러나게 되는데, 그를 따르도록 다른 사람에게 강제하지 않으면 그 폐해는 훨씬 적습니다.

 기관이 예수님을 중심에 지닐 수는 없을까요? 물론 그럴 수도 있습니다만 그런 일은 거의 일어나지 않으며 보통은 오래 가기도 전에 기관적 조직이 그분을 밀어내고 맙니다. 우리에게는 쓸모가 없어졌는데도 살아남아 스스로 영존을 꾀하는 조직보다 어떤 과업을 완수하기 위해 만드는 단순하고 임시적인 조직이 최선인 듯합니다. 우리가 잘못된 벽에 놓은 사다리를 타고 올라갔다는 사실을 인정하는 데는 엄청난 용기가 필요하며, 거기서 내려와 더 나은 벽을 찾는 데는 더더욱 용기가 필요합니다. 이는 특히 인간적 야망이란 벽 위에 자리를 잡고 있는 사람에게 더 그렇습니다. 이 문제를 업튼 싱클레어는 다음과 같이 묘사했습니다. "어떤 사람의 급여가 달린 문제에 관해서 그를 제대로 이해하도록 만들기란 어렵습니다."

 우리의 선의의 노력이 예수님께서 그분께로 가족을 이끄시며 창조하실 수 있는 공동체에는 교란이 됩니다. 지난 주말 누군가 내게 목사로서 회중 가운데 공동체를 촉진시키기 위해 무엇을 했는지 물었습니다. 답을 찾으려고 애쓰다가 아마도 그가 잘못 질문했을 수 있다는 결론에 이르렀습니다. "내가 공동체를 촉진시키기 위해 무얼 했는지 대신에 우리가 어떻게 예수님께서 주신 공동체를 훼방했는지 묻는 편이 더욱 정확한지도 모르겠습니다." 시시각각 변하는 가정 모임 무리를 이루면서 교제를 북돋기 위해 우리가 요청한 대로 사람들은 행했습니다. 사역을 잘한 사람들은 우리의 조직에도 불구하고 잘했습니다. 사람들 사이에 우정이 꽃피운 이유는 프로그램이 아니라, 그 가운데 사람들이 품은 예수님을 향한 열정이 그들의 관계로 뻗어 나갔기 때문입니다.

우리가 그분의 주되심 아래 사는 법을 배우면서 다른 사람과 연계할 때 어디서나 교회는 나타납니다. 스스로 교회를 만들어 내려고 애쓰는 대신에 우리는 단지 그분께서 데려오시는 관계와 연결을 끌어안습니다. 교회를 보호하고자 하는 욕구에 저항하며 교회의 실재를 즐기십시오. 교회의 초월적 실재를 우리가 인간 체제 속으로 밀어넣으려고 시도하는 순간 교회의 생기는 시들해지게 됩니다. 이는 우리가 교회를 볼 때 이제껏 배웠던 것보다 좀 더 유동적으로 보아야 한다는 의미입니다. 왜냐하면 교회는 우리가 인식하는 실재이지, 조종할 대상이 아니기 때문입니다.

우리가 교제의 개념을 우리 기관과 사전에 계획한 틀로부터 떼어냈을 때 가능성은 무궁무진합니다. 우리가 섣부르게 칭송하는 인간적 체계를 넘어서 그분의 새로운 피조물 가운데 전 세계적으로 사람들이 살아나고 있습니다. 실은 예수님께서도 인간이 중시하는 집중 조명으로부터 벗어나서 최고의 역사를 행하시는 듯합니다. 만일 당신이 오늘날 하나님의 역사에 관해 크리스천 투데이, 카리스마 매거진 혹은 기독교 방송에서만 접한다면, 하나님께서 우리 세상에 행하고 계신 일 가운데 너무나도 많은 부분을 놓치고 있는 것입니다. 만약 하나님의 역사를 당신 지역 회중의 보고에서 찾는다면 마찬가지로 보지 못할 공산이 큽니다.

예수님께서는 사람들을 양떼의 유일한 참 목자 되신 그분 자신에게로 다시금 초청하고 계시며, 내가 발견한 그 관계들은 지금껏 본 교회 생활 중에서도 최고의 본보기를 제시했습니다. 그들은 종종 멸시 당하며 반항적이라고 비난받곤 했지만 단념하지 않았습니다. 단지 어떻게 하면 자기 심령에서 최고의 자리를 예수님께 내어드릴지, 또한 그분의 생명을 어떻게 사랑과 은혜로 나눌지 배워나가고 있습니다. 그들은 따라갈 운동보다도, 인간의 손으로 짓지 않은 성전을 구합니다. 그 성전이 보이는 길로 그들은 잘 나아가고 있습니다.

12

손으로 짓지 않은

너희가 그렇게 어리석으냐?
성령 안에서 시작하였다가 이제는
육체로 온전해지려 하느냐? _ 갈 3:3

두 번째 특징 : 인간적 노력보다 예수님의 역사를 신뢰합니다

유럽을 여행하는 동안 가장 호화로운 왕궁, 성, 대성당 쪽을 들르게 되면 나는 항상 그 규모와 건축양식 그리고 건물을 채운 예술작품에 매료됩니다. 그 건물이 인상적인 만큼이나 특히 현대 기술도 없이 만들었다는 점에서 더욱 놀랍지만, 소수 특권층의 이익을 위해 노예로 사로잡은 사람들이 지었다는 인식은 언제나 나의 경탄에 제동을 겁니다. 로마에서 거대한 성 베드로 대성당 가운데 섰을 때도 제멋대로 왜곡한 교리를 통해 부당하게 모은

돈으로 그렇게나 많은 대성당을 지었다는 사실을 알기에 내 속은 뒤틀렸습니다. 만일 당신이 하나님을 위해 무엇을 짓는다면 혹은 적어도 그렇다고 말한다면 분명 당신은 비용을 아끼지 않습니다. 특히 부와 권력으로 대중을 압도할 위엄이 필요하다면 말입니다.

하지만 구약을 읽으면 하나님께서는 우리처럼 그렇게 사치스럽지 않으시다는 사실을 알게 됩니다. 그분께서는 결코 성전을 지으라고 요구하지 않으셨으며 그보다는 덜 영속적인 성막으로 족하신 듯합니다. 하지만 다윗은 왕궁에 살면서 장막 안의 성궤에 관해 점점 더 마음이 불편해졌기 때문에 하나님께 더욱 위엄 있는 집이 필요하다고 결론내렸습니다. 비록 다윗이 성전 건축을 허락받지 못했지만 하나님께서는 그 아들 솔로몬에게 허락하셨고 이는 이스라엘 신앙에 중심이 됐습니다.

예수님께서 등장하셨을 때 그분께서는 성전을 이스라엘의 유산이라기보다 걸림돌로 보셨습니다. 성전은 하나님을 하나의 건물 안에 담을 수 있다고 착각하게 만들었습니다. 그분께서 관여하기 원하시는 매일의 일상과는 거리가 멀었습니다. 심지어 성전은 더 이상 기도의 집이 아니라 시장판이 되어버렸습니다. 이를 역겹게 여기신 예수님께서는 환전상의 상을 뒤엎으시며 선포하셨습니다. "이 성전을 헐라. 사흘 안에 내가 그것을 일으켜 세우리라."(요 2:19)

그분의 말씀은 여러 의미로 해석될 수 있었습니다. 제자들은 그분께서 말씀하신 성전이 그분 자신의 몸을 가리켰다고 지목합니다. 사람들이 그분의 육체를 죽이려 했고 그분께서는 삼일 만에 그 몸을 다시 일으켜 세우려 하셨습니다. 그러나 이 말에 관하여 종교 지도자들은 그들의 성전을 의미한다고 해석했으며 그 풀이는 부분적으로 맞았는지도 모릅니다. 물리적으로 성전을 허물게 할 필요성보다도, 그분께서는 적어도 그들 마음 가운데 나타난 성전의 의미를 부수기 원하셨습니다. 즉 아무리 건물이 웅장하다지만 그 안에 만유를 초월하시는 하나님을 붙들어 둘 수 있다는 생각 말입니다. 그분께서는 금과 은으로 된 궁전을 바라지 않으셨고 그 백성의 심령을 집으로 삼기 원하셨습니다. 그러나 누구라도 통곡의 벽을 방문해보면 알 수 있듯 성전의 잔해일지라도 하나님의 임재가 더욱 강하다는 생각은 오늘날에도 여전히 널리 퍼져있습니다.

성막도 하나님의 진정한 집이 아닐진대, 하물며 성전은 더더욱 그렇습니다. 성전은 이스라엘이 하나님께서 어느 정도 거리를 두신 채 그들 가운데 계신다고 생각하도록 만드는 하나의 장치였습니다. 왜냐하면 수치에 바탕을 둔 그들의 심령은 하나님께서 자신의 장막 가운데 계신다는 인식을 받아들일 수 없었기 때문입니다. 성육신은 하나님을 향한 두려움이 그분께서 원하셨거나 받으시기에 합당한 것이기보다는, 우리 쪽의 인식임을 증거했습니다. 예수님께서는 인류 가운데 계셨으며 누구도 두려움으로 도망치지 않았습니다. 하나님께서는 에덴에서 잃으신 그분의 창조물 가운데 거처를 다시 찾고 계셨습니다.

그러한 면에서 성전, 대성당 심지어 우리의 교회 건물도 그 실재를 반하고 있습니다. 그런 건물은 하나님을 인간과의 관계 너머로 격상시킬 종교적 공간을 창출하고자 의도했습니다. 우리에게 확신 가운데 그분께 가까이 다가가도록 힘을 실어주기보다 그분의 눈에 우리가 하찮게 보인다고 느끼도록 남겨 두기 위해서 말입니다. 성육신은 하나님께서 모든 삶 가운데 우리와 함께 거하시며 그로 인해 우리의 가정, 직장, 여가를 신성하게 만들기 원하심을 보여주었습니다.

이는 스데반이 그를 막 죽이려는 군중을 향하여 선포하며 가리킨 바였습니다. "지극히 높으신 분은 손으로 만든 성전들에는 거하지 아니하시나니."(행 7:48) 아마도 성육신에 관하여 거룩하신 하나님께서 깨어진 인류 가운데 기쁨으로 사실 수 있었다는 것보다 더욱 도발적인 내용은 없을지도 모릅니다. 또한 새로운 언약에 있어서 하나님께서 인간의 심령 가운데 거처를 삼기 원하셨다는 사실보다 더 놀라운 일은 없습니다. 예수님께서는 절대 호화로운 건물이 그분의 교회를 영속적으로 상징하기 원하지 않으셨습니다. 그분께서는 전 세계에 걸쳐 그분의 의제를 품기 위하여 자기 자신의 의제를 포기한 사람들로 이루어진 살아 있는 성전을 원하셨습니다.

여러분은⋯ 성도들과 함께 동료 시민이며 하나님의 가족입니다. 여러분은 사도들과 예언자들이 놓은 기초 위에 세워진 건물이며, 그리스도 예수가 그 모퉁잇돌이 되십니다. 그리스도 안에서 건물 전체가 서로 연결되어서, 주님 안에서 자라서 성전이 됩니다. 그리스도 안에서 여러분도 함께 세워져서 하나님이 성령으로 거하실 처소가 됩니다(엡 2:19-22 새번역).

여기서 바울이 묘사한 것은 물리적인 건물이 아니라 비유였습니다. 교회가 존재한 처음 삼백 년 동안은 누구도 교회를 건물로 여기지 않았으며 교회를 지어야겠다고 생각한 사람도 없었습니다. 그분의 성전은 살아서 각 사람의 심령으로부터 시작해 세계적으로 연결된 삶의 네트워크를 엮어 나가며 그들의 관계로 주님의 영광을 나타냅니다. 이를 인간의 노력으로 건축할 방도는 없으며 우리의 모든 시도는 처참히 한계에 부딪쳤습니다.

이는 성경의 오랜 주제입니다. 하나님께서는 그분의 실재로 우리를 초청하기 원하셨는데 우리는 계속해서 그분을 위해 우리 스스로 만들어내려고 노력했습니다. 이 일은 에덴동산에서 아담과 하와가 그분과의 관계가 아닌 지식을 욕망하면서부터 시작됐습니다. 이는 이스라엘이 그들을 인도하시는 하나님을 신뢰하기보다 왕을 원했을 때도 여전했습니다. 그들은 위협에 처할 때마다 전쟁의 승산을 타진하기 위해 말과 병거를 헤아렸습니다. 그들이 동원할 수 있는 모든 자원보다도 그들과 함께 하시는 하나님께서 더욱 크심을 믿을 수 없었던 것입니다. 이제 주안점은 우리가 교회를 오직 예수님만이 지으실 수 있는 그 무엇이라고 진정 믿는지 여부입니다.

십 년도 더 전에 나는 한 좋은 친구와 앉아 기독교 시장에 나온 몇몇 신간에 관해 토론을 나누었습니다. 특히 한 책은 교회에 관하여 나와 친구의 공통적 견해와 비슷한 견지를 내세웠으나 저자가 장려하고자 한 우선순위를 약화시키는 방식으로 내용을 엮었습니다. 그 책에 관해서 좋은 점과 그렇지 않은 점을 솎아내던 중 친구는 나를 쳐다보더니 말했습니다. "이 책에서는 그저 아버지의 내음이 나질 않아, 그렇지?"

그리고 바로 그때 불이 들어왔습니다. 맞습니다, 그렇습니다. 저자는 비록 성경적 발상이라고 주장하긴 했어도, 그는 인간의 마음 가운데 예수님의 역사를 자신의 체계로 미묘하게 대체했습니다. 그 시스템을 실행하는 데는 올바른 원칙을 따르는 사람들만 있으면 됐습니다. 이는 그의 의도가 아니었겠지만 그는 교회의 본질에 관한 중요한 진리를 취하여 진리 자체이신 한 분을 신뢰하는 데서 멀어지게 했습니다. 그분의 활동적인 개입이 없이는 우리가 아는 모든 진리를 이룰 수 없습니다. 하나님을 위해 뭔가 위대한 일을 해보겠다는 선의의 노력만 남아 결국엔 그분의 영광을 맺지 못하게 될 뿐입니다.

그 이후로 나는 주변 환경 가운데서 아버지의 내음을 찾는데 열정을 품게 되었습니다. 내가 할 수 있는 것보다 내 삶에 기회가 더 많았었는데, 뒤로 물러나서 내 앞에 기회가 아버지 본성의 향기를 내뿜는지 아니면 인간의 땀 냄새가 역력한지 판단하고 결정하는 것이 도움이 됐습니다. 물론 내가 항상 맞추지는 못해도 그 내음을 찾으면 내가 원하거나 옳다고 생각하는 바를 넘어서 보고 그분의 바람을 따르는데 도움이 됐습니다.

예수님께서 지으시는 교회 가운데 우리 자리를 발견하는 일보다 더 중요한 문제는 어디에도 없습니다. 하나님을 위하여 위대한 무언가를 세우려고 우리가 인간적 재간과 능력을 과대평가하면 계속해서 자기 노력이라는 곁길로 새어나가며 그분께서 행하시는 더 위대한 역사라는 영광을 놓쳐버리고 맙니다. 비단 우리 건물만이 그분을 제한할 뿐 아니라 우리의 전통, 교리, 제자도 역시 그러하기 때문입니다. 그분께서는 손으로 지은 건물이나 인간의 창안으로 만들어낸 체제 속에 거하지 않으십니다.

하나님에 관하여 말해주는 수업이나 교제를 또다시 마치고도 그분을 아는 데 도움을 얻지 못한 적이 얼마나 많습니까?

이는 나의 직업으로서의 사역에서 처음 이십 년 동안의 이야기입니다. 내가 하나님을 위해 할 수 있는 일이 너무나도 많았던 나머지 내 최고의 아이디어와 나의 가장 열정적인 노력을 합친대도 하나님의 갈망을 이루어드릴 수 없다는 사실을 깨닫는데만 수십 년이 걸렸습니다. 이는 아마 바울이 열심히 행하는 바리새인으로부터 예수님의 생명 안의 자유함에 이르는 변화 가운데서 경험한 가장 큰 차이인지도 모릅니다. 이후로 그는 "육체에 신뢰를 두지 않는다"고 했습니다. 심지어 그가 꽤 훌륭한 이력을 가졌음에도 불구하고 말입니다. 그의 능력을 뛰어넘는 하나님의 역사를 그는 깨닫게 되었습니다. 바리새인이 율법을 이행하기 위해 고안해낸 법규를 지켰지만 그렇다고 해서 그를 의롭게 만들어주지는 못했습니다. 율법적 규율은 오직 교만, 신성모독 그리고 살인이라는 모습으로 나타나 더 깊은 죄로 그를 밀어 넣었을 뿐입니다.

대부분은 종교적 수행의 쳇바퀴에 자연적으로 반감을 갖지만 나는 아니었습니다. 그런 일을 잘 수행할 수 있었으며 실제 잘한다는 찬사도 들었습니다. 그에 관해 나는 주변의 태만한 사람들에 비해 예수님께 더욱 철저하게 헌신했기 때문이라고 생각하곤 했습니다. 그런 동기가 기독교라는 산 정상에 오르고자 한 더욱 이기적인 갈망과 뒤엉켰다는 사실을 이제는 압니다. 유감스럽게도 나는 여러 해 동안 해낼 만한 의지력이 있었던 터라, 내가 다른 이보다도 낫다는 착각을 실컷 누릴 수 있었습니다. 자기 의를 향한 자랑이 심지어 불의보다도 더 파괴적임을 의식하지도 못한 채 말입니다.

그러므로 바울은 오직 하나님 안에 점차 신뢰를 두는 데서 나오는 의를 원할 뿐이라고 결론지었습니다. 예수님을 더 알아갈수록 그의 이기적인 야망은 더욱 풀어져 갔습니다. 그와 같은 과잉성취자는 내면의 바리새인을 잘라내 버리는 수술이 필요합니다. 경고하건데 단번에 끝나는 수술은 아닙니다. 나는 이 글을 쓰는 지금까지도 이십 년째 바리새인 제거술을 받고 있습니다. 죄 가운데 탐닉이든지 하나님을 위해 일하고자 하는 충동이든지 내 육체를 향한 어떠한 신임도 번지수를 완전히 잘못 찾았다고 할 수 있습니다. 그분께서 자신의 목적에 따라서 장대하고 아름다운 자수 작품을 매일 우리 가운데 펼쳐내시며 행하시는 일에 단지 우리가 반응할 때에 새로운 피조물은 왕성하게 자라납니다. 인류는 대대로 마치 하나님께서 우리와 함께 하시지 않는 것처럼, 또 그분께서 우리를 사랑하시지 않는 것처럼 살아가는 실패를 범합니다.

만약 우리가 자신의 삶에서조차 그분을 신뢰할 수 없다면, 어떻게 그분께서 이 세상 권력이 위협을 느낄 정도로 우리에게 연합을 불러일으키시고 그분의 교회를 지으시리라고 신뢰할 수 있겠습니까? 예수님께서는 니고데모에게 성령은 인간의 방식과 다르게 일하시며 외부적으로 이를 알아내고자 하는 사람은 답답함만 더해갈 뿐이라고 말씀하셨습니다(요한복음 3장). 그분을 따르는 일은 네 가지 중점 계획을 따라하는 쪽보다는 바람을 잡아타는 편과 더욱 비슷합니다. 예수님께서 니고데모에게 말씀하신 실재를 경험하려면 그는 다시 태어나야만 했습니다. 그분께서는 그의 옛 종교적 사고방식에 새로운 피조물을 합치실 수가 없으셨습니다. 생명을 주시는 성령님을 어떻게 따를지 배우기 위하여 그는 자신의 생각을 포기할 필요가 있었습니다.

자라나는 신뢰의 힘을 모른다면 이 모두가 얼마나 불가능한 소리 같을지 나도 압니다. 내가 자라면서 들어온 말이 있습니다. "우리가 하지 않으면, 하나님께서도 하실 수 없다." 그래서 "우리는 그분께서 뻗으신 팔이다." 우리가 바쁘게 되어서 무언가 하지 않는다면, 아무 일도 일어나지 않게 됩니다. 대부분의 사람은 "하나님께서는 스스로를 돕는 자를 도우신다"라는 개념이 성경에 나온다고 생각합니다. 그렇지 않습니다. 이는 벤자민 프랭클린이 자주 인용한 고대 그리스 속담입니다. 그 말이 이어 내려온 이유는 우리가 두려움이나 의무라는 원동력이 아니면 무얼 할지 그려내지 못하기 때문이며 그것이 종교가 우리에게 가르쳐온 바입니다. 불안을 느낄 때 "무엇이든 해야 된다"는 욕구는 열매도 없는 분주함에 있어서 많은 부분 배후의 동력입니다.

"그럼 그냥 앉아서 아무 일도 하지 말까요?" 이 질문은 두려움과 의무로부터 자유함을 찾는 법을 배우도록 사람들을 도울 때 수도 없이 들었습니다. 신뢰란 우리가 잠자코 방관하고 있는 사이에 하나님께서 모든 일을 행하시는 운명론을 생각하는 사람에게는 무의미합니다. 그들이 얼마나 잘못됐는가 하면, 그런 종류의 생각이야말로 수년간 그들이 그분과 함께 일하는 대신 하나님을 위하여 무언가를 행한 결과입니다.

인간적 노력을 신뢰하는 삶의 반대는 무기력이 아니라, 하나님께서 누구이신지와 그분께서 당신을 둘러싸고 행하시는 일을 점점 더 신뢰하는 가운데 사는 삶입니다. 그에 따라 고된 수고와 극심한 고통 그리고 절실한 시기에 처하게 될 수도 있습니다. 바울은 각 사람을 그리스도 예수 안에서 완전한 자로 드리고자 하는 그의 열망으로 인해 "속에서 강력하게 일하시는 그분의 활동에 따라 힘을 다하여 싸운다"(골 1:29)고 말했습니다. 다른 곳에서는 "힘에 겹게 너무 짓눌려 심지어 생명까지도 단념하고"(고후 1:8)라고도 했습니다.

하나님의 목적에 동참하는 것은 당신을 믿기 어려우리 만치 적극적으로 만들겠지만, 이는 완전히 다른 차원의 활동입니다. 즉, 우리가 최선이라고 생각하는 일을 스스로 개시하고 그분께 축복해주시도록 요청하는 대신, 그분께서 주변에 이미 행하고 계신 일을 감지하고 거기 합류하는 법을 배워나갑니다. '그래서 더는 교회에 가고 싶지 않다고요'를 쓰고 나서 그 책의 요지를 놓친 사람에게 가장 자주 듣는 질문은 "교회가 어떠해야 됩니까?"입니다. 여기 예가 있습니다. "당신과 같이 우리는 기관적 교회를 포기했는데 새로운 무언가를 시작하는 데 있어서 당신이 줄 수 있는 지침은 무엇인지 궁금합니다. 모임은 어떻게 시작하나요? 이런 식으로 우리가 성공적으로 활용할 모델이 있나요? 어떨지 생각만 해도 흥분되지만 잘못된 방식으로 하고 싶진 않은데요."

보통 나의 대답은 "뭐라도 시작하고 싶은 욕구에 저항하십시오."입니다. 우리 이천 년의 역사는 그분을 신뢰하는 법을 배우고 그분께서 인도하시는 대로 다른 이들과 협력하며 살기보다는 모델과 형식을 찾게끔 만들어버렸습니다. 무엇이든지 우리가 시작만 하면 불가피하게 모임의 유형, 빈도, 장소나 모임을 이끌 리더십의 역할에 집중하게 됩니다. 교회를 재현하기 위하여 우리는 원한다면 언제나 따라할 수 있는 공식이 분명히 있다는 것을 전제로 추정합니다. 그런 모델이 존재했다면 예수님께서 진작부터 우리에게 나누셨으리라고 생각하지 않습니까?

모델을 실행하려고 추구하는 한, 우리는 예수님을 따르지 않습니다. 나는 전 세계인 가운데 놀랍게 나타나는 교회의 생명을 목격해왔는데 그들에게는 하나의 공통점이 있습니다. 그들은 누군가의 시스템을 모방하려 들지 않습니다. 그들은 단순히 그분을 따라가며 하나님께서 주시는 관계를 누립니다. 그러한 우정이 자라남에 따라 그들은 서로 어떻게 보살피는지 배워나가면서 관계를 대체할 영구적 시스템이나 책무를 만들어내지 않고도 하나님께서 그들에게 함께 하자고 요청하시는 단순한 일을 행합니다. 그들은 하나님이 때를 따라 역사하신다는 것과 의식 절차를 세울 때 주님을 의지하는 우리 마음이 얼마나 작아지는지를 깨닫습니다.

진지하게 무언가 시작하기 원하는 대부분의 사람들이 교회의 생명을 경험하기 바라지만 그들은 단지 반대 방향으로 접근할 뿐입니다. 예수님께서는 이미 그분의 교회를 짓고 계시며 모든 곳의 모든 이에게 맞는 표준 과정을 두시기에는 너무나도 창조적이십니다. 우리는 각자가 독특하며 여정 가운데 다른 위치에 있습니다. 왜 어떤 인간 부류에라도 맞는 표준 과정이 있다고 단정하려 듭니까? 우리가 만들고 싶은 모임보다도 그분께서 우리를 초청하시는 관계에 더욱 초점을 둘 때야 더 중요한 부분 곧 우리가 그분의 사랑 안에서 어떻게 살며 나눌지에 집중하게 됩니다. 이는 조직이 아닌 관계 그리고 모임이 아닌 우정과 관련 있습니다. 당신이 이를 아직 맛보지 못했다면, 가장 놀라운 모험이 기다리고 있습니다.

우리 인간의 시스템을 더하지 않고도 모두 한데 모으는 그분의 교회를 보기란 불가능하게 들릴지도 모릅니다. 특히 이 땅을 채운 모든 종교적 조직으로 비추어 봤을 때 말입니다. 그렇지만 교회는 이미 그러한 과정 가운데 있으며 그 결과도 명백합니다. 몇 년 전 나는 남아프리카공화국 요하네스버그의 아파르트헤이트(과거 남아프리카공화국의 극단적인 인종차별정책과 제도) 박물관을 둘러보았습니다. 비디오 스크린에 나란히 상영 중이던 두 영상 기록을 보고 나는 크게 놀랐습니다. 1980년대 중반 남아프리카공화국 사회는 점점 더 많은 흑인이 투표권과 민주적 절차의 참정권을 요구하면서 분열에 이르렀습니다.

어느 한 시점에서 남아프리카공화국의 P. W. 보타 대통령의 면전에 어떤 기자가 마이크를 들이대며 남아공에 일인일표 법이 도래할는지 물었습니다. 그가 호화로운 정부 건물의 계단 위에 서서 얼굴을 찌푸리며 "절대 그런 일은 없을 겁니다!"라고 완전히 확언할 때 그의 가슴은 우쭐대며 들썩였습니다.

다음 화면에서는 위니 만델라 곧 당시의 정치범이자 결국에는 대통령이 되는 넬슨 만델라의 아내가 최루가스를 뚫고 경찰로부터 달아났습니다. 그녀에게도 한 기자가 보타 대통령에게 제기한 동일한 질문을 외쳐 물었습니다. 그 아수라장에서도 그녀는 카메라를 향하여 잠시 멈춰서 웃음 가득한 얼굴로 "예," 라고 말했습니다. 온 국가 권력이 그녀와 동료 시위대와 대치할 때도 그 확신은 명확했습니다. "피할 수 없습니다!"

그리하여 정말로 그렇게 되었습니다!

예수님께서 지으시는 교회가 이 땅 위에 충만하게 드러나게 될까요? 피할 수 없습니다.

하나님의 성전이 세상 가운데 떠오르고 있습니다. 때로는 교회라고 자칭해도 그 활동에 있어서 사랑하는 아버지의 내음보다도 인간 육신의 체취를 풍기는 조직이 저지할 수도 있겠지요. 지금껏 기독교의 역사도 구약 역사와 별반 다른 점이 없는지도 모릅니다. 하나님께서 계시해 주시는 순간이 지나고 나면 우리는 스스로의 길에 더욱 신뢰를 부여하고 그분의 도를 저버리면서 여러 해를 보내고 맙니다.

그렇지만 그분의 성전은 계속해서 확장되고 있습니다. 한 사람씩 더해갈 때마다 그분의 다채로운 영광을 더욱 공교히 비추며 그 사랑의 능력과 단순한 삶을 통하여 세상 지혜를 당황하게 만들어버립니다. 사람들이 그분의 사랑 안에 사는 법을 배우고 다른 이를 사랑할 때마다 그 성전은 확장됩니다. 조종하려 드는 종교 지도자의 목소리 대신 사람들이 그분께 듣는 법을 배울 때 그 성전은 확장됩니다. 사람들이 친절과 관대함 가운데 그들의 삶을 내려놓으면서 사람들 사이에서 협력할 방도를 찾을 때 성전은 확장됩니다.

예수님께서 지으시는 성전이기에 기필코 완공되고 맙니다. 벽돌과 회반죽으로 만드는 성전이 아니므로 손으로 지을 수 없습니다. 시스템이 아니기 때문에 차트로 그릴 수 없습니다. 성전은 예수님의 주권을 인정하는 모든 사람이 이루는 살아 있는 생명체입니다. 이는 창조 이래로 그분의 목적이었습니다.

그 목적은 이제 교회를 통하여 하늘에 있는 통치자들과 권세자들에게 하나님의 갖가지 지혜를 알리시려는 것입니다. 이 일은 하나님께서 우리 주 그리스도 예수 안에서 성취하신 영원한 뜻을 따른 것입니다(엡 3:10-11 새번역).

13

의무 아닌 헌신입니다

주의 권능의 날에 주의 백성들이
자원하리니… _ 시 110:3

세 번째 특징 : 공동체는 변화 받은 심령의 갈망으로부터 자라 납니다

다른 이를 향하여 지역교회에서 겪은 경험이 아무리 불쾌하거나 따분했다 할지라도 필히 출석해야 한다고 주장하는 사람보다 더 예수님께서 지으시는 교회의 실재를 오해하는 사람은 없습니다. 그리스도인은 "교제가 필요"하므로 "교회에 나가야 된다"는 말을 들을 때마다 이 생각이 스쳐갑니다. 나가야 되니까 간다는 말입니까? 그런 생각은 기독교계에서 너무나도 편만한 나머지 집회 참석이 누군가의 신앙을 측정하는 리트머스 검사지가 되어버렸습니다. 그렇지만 초기 신자들은 교회 생활을 모여야 할 의무로 보지 않았던 만큼, 우리는 그 점을 시험하고 입증하기 위하여 성경을 돌아봐야 합니다.

너희가 서로 사랑하면 세상 사람들이 그것을 보고 너희가 내 제자인 것을 알게 될 것이다. 성경은 교회라는 가정이 없는 그리스도인은 몸 없는 기관, 무리 없는 한 마리의 양 혹은 가족 없는 아이라고 말합니다. 이는 자연스럽지 못한 상태입니다. 성경에서 "교회"라는 말은 역사를 통틀어 모든 신자를 일컬은 몇몇 중요한 예를 제외하고는 거의 모든 때에 가시적인 지역 회중을 가리키는 데 썼습니다. 신약은 지역적 회중에 소속을 당연시 여겼습니다. 당신이 진정한 신자인지는 교회의 식구가 확인해 줍니다. (릭 워렌Rick Warren의 매일 수망 경건Daily Hope Devotional 2012년 8월 29일자 '교회 가족이 신자로서 당신을 확인해 줍니다')

여기서 워렌은 맞는 말로 시작을 합니다. 다른 이를 향한 우리 사랑은 세상에 예수님께서 우리 가운데 살고 계심을 나타냅니다. 그리고는 다른 사람을 사랑하라는 요청을 얼마나 미묘하게 지역 교회에 속하라는 말로 대체해버리는지 보십시오. 이는 상당한 비약입니다! 그리고 또 그는 성경에서 매번 "교회"라는 말을 쓸 때마다 그와 같은 기관을 의미한다고 무리한 주장을 전개합니다.

워렌과 같이 많은 이들은 예수님의 명령이 정말로 서로 사랑하라는 뜻이 아니라, 주일 아침에 "교회에 가라"고 말하기 위한 간접적 표현 방식일 뿐이라고 여깁니다. 당신은 사람들과 이야기하거나 관심을 표현할 수는 없고, 장의자 위에 나란히 말없이 앉아 있어야 합니다. 이런 식으로 말하면 좀 괴상한 소리 같지 않습니까? 정말로 사람들은 예수님께서 우리에게 서로 사랑하라고 하신 말씀이 그렇게 하려고 지역 회중으로 모여야 한다는 뜻이라고 생각할까요? 그들의 우선순위는 예수님께서 우리에게 요청하신 바와 판이하게 다른데도 말입니다. 여기서 내가 무언가 놓치고 있는 것입니까?

사실은 이 지점에서 나는 오랫동안 무언가를 놓쳤습니다. 나 역시 마찬가지로 그분의 교회에 일부가 되는 유일한 길은 공인받은 교회에 출석하는 것뿐이라며 터무니없는 소리를 가르치곤 했습니다. 나는 지역 교회의 교제에 속하지 않은 사람을 의심스럽게 여겼습니다. 우리 회중이 예수님에 관해 깊은 열정을 지닌 사람들을 향하여 무심할 수도 있다는 생각과 씨름하느니 그들이 상처받아서 쓴 뿌리가 있거나 독자적이라고 치부해버리는 편이 쉬웠습니다. 이후 나는 지역 회중에 출석 여부가 그분을 알아간다거나 교회와 관계하는 것과는 거의 무관함을 발견하게 됐습니다.

실은 출석을 의무화한 자체가 이미 진정한 공동체의 생명력을 잃고 일상적인 의식과 복종 요구 그리고 사람들을 소원하게 만드는 내부적 갈등 속에 빠져버린 현실을 나타내고 있는지도 모릅니다. 예수님은 그분의 왕국에 관하여 값진 진주라고 말씀하셨습니다. 만일 사람이 그 실재를 본다면 왕국에 속하기 위해 무엇이라도 포기하려고 합니다. 그분 안에 살며 다른 이와 그 생명을 나누는 삶은 고역이 아닙니다. 이는 인간 심령에 가장 깊은 갈망을 이뤄줍니다.

  당신이 예수님의 교회를 찾고 있다면 헌신과 책임에 관해 이야기하는 사람이 아닌 하나님과 서로를 향한 열정으로 함께 뭉친 사람들을 찾아보십시오. 누구인들 삭개오와의 점심 식사나 갈릴리해를 건너는 배 속의 대화 혹은 베다니에서 나사로, 마리아, 마르다와 함께 하는 식사 자리에 참석하고 싶지 않겠습니까? 사람들과 함께 모여 예수님께서 그들을 사랑하사 그분의 실재로 이끄시고, 그분의 지혜로 그들을 격려하시거나, 그들의 심령 속으로 신뢰의 문을 열어 가시는 모습을 지켜보면 기쁘겠지요. 다른 어떤 곳에서도 상상하지 못할 일이 아닙니까?

  제자들 중 두 사람이 수감된 뒤에도 다락방에서 함께 기도하거나, 루디아의 집에서 바울이 설파하는 복음을 듣던 오순절 당대도 마찬가지 아닌가요? 누군가 만약 그들에게 의무적으로

"교회에 나가야 된다"는 말을 했다면 그들은 너무나도 어리둥절한 나머지 말을 잇지 못했으리라고 나는 생각합니다. 사람들 가운데 펼쳐지는 하나님의 역사는 사모할만한 실재입니다. 우리는 왜 함께 생명을 일구어 세상 가운데 그분의 충만이 되는 교회의 약속을 이루기보다도 교회 출석을 의무로 바꾸려 드는 걸까요?

당신이 만약 지난 주일날 나의 집에 잠입했더라면 함께 모여 삶을 나누는 사람들을 보았겠지요. 그곳에는 풍성한 웃음과 먹을거리가 있었습니다. 두 살배기에서 예순의 나이에 이르기까지 다양한 연령대와 관심사 가운데 많은 어울림이 있었습니다. 우리는 절대 모두가 멈춰 한 사람에게 주목하는 모임을 열기 위해 관계의 흐름을 끊지 않았습니다. 대신 풍성한 대화가 있었고 개중에 깊은 기도와 탄식도 함께 나누었습니다. 그 날의 장면을 당신이 지켜봤더라면 우리 모두가 오랫동안 좋은 친구였으리라고 짐작했겠지만, 우리 중 일부는 6개월 전만 해도 아무도 아는 사람이 없었으며 어떤 사람은 그 날 처음 모임에 왔습니다.

그런 가족의 일원이 되고 싶지 않은 사람이 누가 있겠습니까? 만일 누군가 원하지 않을 때도, 함께 하는 우리의 시간에 가치를 저해하지 않으면서 그 사람에게 도움이 되도록 강제할 수 있는 방법이 있을까요? 그런 방도란 없다고 나는 생각합니다. 만약 나의 자녀가 그곳에 나오는 이유가 단지 내가 상처받을까봐서라면 나는 그들에게 오기를 바라지 않겠습니다. 만일 단지 의무감 때문에 가족의 역할을 수행하고 있다면 당신은 역기능 가족에 속한 줄로 알겠지요.

사랑을 의무로 바꿔버리면 가족의 본질을 잃게 됩니다. 우리가 원하는 행동을 얻기 위하여 두려움과 죄책을 이용하면 오직 사랑을 겉치레로 폄하할 뿐입니다. 초기의 신자들은 교제를 의무로 여기지 않았습니다. 그들은 교제에 관해 "마땅하다", "필수다", "해야만 된다"면서 필요로서 논하지 않았습니다. 그들은 함께 하는 삶이 애정 어린 실재임을 발견했습니다. 그들은 함께 해야만 했다기보다, 함께 하게 되었습니다.

회중의 중계 없이도 하나님과의 관계 및 깊은 교제를 누리는 신사늘이 얼마든지 많이 있습니다. 그들은 쓴 뿌리가 있거나 독자적이지 않습니다. 단지 그들이 회중에 출석했던 때 끌려 들어간 모든 모임과 정략보다도 삶을 관계적으로 나누는데 더욱 열정적일 따름입니다. 또한 내가 발견한 바에 따르면, 회중 체제 바깥에 거하는 사람은 다른 이들이 그들에게 속해서 축복받았다고 느끼는지에 연연하지 않습니다. 그러나 회중에 나가는 사람은 그렇지 못한 이를 자주 판단합니다.

불행하게도 대부분의 기독교 모임은 깊고 지속적인 관계를 어떻게 키워나가는지 모릅니다. 대개는 프로그램이 우정을 방해합니다. 어떤 모임에서 만남이 돌아가는 주기를 보면 보통 처음 몇 주는 흥분이 지속되다가 습관처럼 적응하게 됩니다. 그러나 결국에는 프로그램이 너무나도 일상화되어 가며 슬슬 지루해지게 됩니다. 급기야 사람들은 빠지게 되고 모임의 활기를 유지하기 위해 프로그램을 강화하고, 헌신하도록 사람들에게 도전을 제기하거나, 자체적으로 흥미의 시기를 가져다줄 새로운 사람을 찾아야 됩니다. 기대에서 습관으로 변해갈 때면 머지않아 당신은 모임 날이 다시 다가올수록 꺼리면서 빠질 핑계거리를 찾게 됩니다. 그러한 일이 벌어졌을 때 우리는 왜 모임이 상투적으로 되어 버렸는지 질문하면 더욱 유익을 찾을 수 있습니다. 이유는 사람들이 영적 열정을 잃었기 때문입니까, 아니면 더 이상 모임이 그 열정을 지지해주지 못하기 때문입니까?

나는 아이나 손자가 온다고 해서 안절부절못한 적은 단 하루도 없었으며, 어떤 좋은 친구에 관해서도 마찬가지입니다. 어느 때라도 나는 우리 모임을 기대하며, 함께 하는 시간을 음미하고, 그들이 떠난 오랜 뒤에도 회상합니다. 진정한 공동체가 그러합니다. 우정이야말로 진정한 공동체를 이끌어 내며 관계 맺도록 만듭니다. 그에 관한 나의 첫 깨달음은 아직 내가 목사였을 적 나의 아이들이 매우 어렸을 때 다가왔습니다. 그 지역의 메노파

(재세례파 교회의 한 파) 사역자와 점심을 나누는 자리에서 나는 그에게 사역 가운데 받은 최고의 조언이 무엇인지 물었습니다. "어떤 조언이었는지 나는 정확히 알고 있지요." 그는 주저 없이 바라보며 말했습니다. "누군가 내 아이가 열두 살이 되면 교회 출석을 요구하지 말라고 권유했습니다."

나는 놀랐습니다. 최고의 조언이라고 하면 사람들을 더욱 잘 가르치거나 상담하는 데 도움이 되는 뭔가 더 예리한 내용일 줄 알았습니다. 하지만 그는 계속해서 이어나가며 그 권유가 얼마나 아이들을 바꾸었는지 이야기했습니다. 엄마 아빠가 교회에 나가게 하기를 멈추자 그 아이들은 스스로 중요한 결정을 내려야만 했습니다. 내가 그 말을 들은 것은 새로운 회중을 꾸리는 일을 도운 지 몇 년밖에 되지 않았을 때였습니다. 당시 내 아이들은 네 살과 두 살이었습니다. 집으로 돌아가 나는 그 생각을 아내와 나누었고 우리 둘은 아주 훌륭한 조언이라는 데 동의하며 따르기로 했습니다. 그리하여 아이들은 여전히 몇 년 더 우리와 함께 나가야 했지만, 함께 무엇을 하든 그들의 관여를 확실하게 하고자 했습니다.

교회를 향한 이러한 관점은 일부 사람에게 거슬릴 수도 있음을 압니다. 그들은 교회에 관하여 출석할 모임으로밖에 생각해보지 못했으며 매주 정기적으로 나가는 훈련이 그들 신앙에 중대한 요소입니다. 하지만 그 일이 전부라면 교회는 삶의 도전에 맞설 수가 없습니다. 대규모 모임은 믿음의 삶을 떠받쳐 주는 기본 신학을 배우는 데는 도움이 될 수 있습니다. 그렇지만 큰 모임이 계속해서 사람들을 프로그램에 의존하도록 방치하고 그 너머에서 사는 법을 가르치지 않을 때 문제가 일어납니다. 만일 사람들이 어떻게 예수님과 친밀해지고 비슷한 여정 위에 있는 다른 이와 우정을 키우며 누리는지 배우지 못한다면 지루함에 빠져버립니다. 그렇기 때문에 프로그램을 계속해서 바꾸어야 하며 최신 유행을 따라잡기 위해 새로운 요소를 더해 나갑니다.

하지만 성경은 우리에게 함께 모이도록 요구하지 않습니까? 대부분이 그렇게 믿으며 그 근거로 히브리서 10장 25절을 인용합니다. "모이기를 폐하는 어떤 사람들의 습관과 같이 하지 말고 오직 권하여 그 날이 가까움을 볼수록 더욱 그리하자." 그들은 이 구절을 더욱 관계적인 교회 생활이 나타나기를 갈구하는 나머지 더 이상 지역 회중 모임에 출석할 필요성을 느끼지 못하는 사람에게 적용합니다. 그러나 이는 맥락에 맞지 않습니다. 이 구절은 더 이상 예배에 출석하기 원하지 않는 사람에게 쓴 글이 아닙니다. 이 글은 박해 아래에서 신자로 발각된 사람들과 교제하면 자칫 당국이 그들을 밝혀내어 핍박이 확대될까 두려워한 이들에게 쓴 편지입니다. 당시 히브리서 기자는 서로에게 얻는 격려가 그들이 무릅쓸 어떠한 핍박보다도 더 유익하다고 단언했습니다.

그러나 그들은 서로 격려하려고 모였지 예배에 관람객으로 앉아 있기 위해서가 아니라는 점에 주목하십시오. 사람들은 왜 그런 면은 빼버리고 저자가 모임 출석에 관해서만 이야기한다고 생각합니까? 함께 모이는 일이란 단지 집회에 앉아 있는데 그치지 않고, 그분을 따를 때에 다른 사람들도 함께 걸어 나아갈 수 있게끔 서로 나누는 격려를 의미합니다. 이는 회중 안에서 일어날 수 있지만, 회중 밖에서도 마찬가지로 일어날 수 있습니다.

일각에서는 예수님께서 회당에 참석하신 일을 두고 신자가 정례적인 환경 가운데 모이도록 모범을 보이셨다고 제시합니다. 이 비교에 관하여 나는 세 가지 측면에서 동의하지 않습니다. 첫째, 회당이란 오늘날 우리가 여는 바와 같이 단상에서 대규모로 주도하는 비인격적 의식은 아니었습니다. 둘째, 회당은 새로운 피조물과 그로 인해 변화 받은 삶 이전에 그친 예수님 당대 문화의 일부입니다. 마지막으로, 초대 교회 문화가 배출한 그 누구도 스스로 회당과 같이 정기적인 모임을 꾸리지는 않았습니다. 오히려 더욱 자연스럽게 배우고 기도하거나 교제할 기회가 풍족했습니다. 처음에 그들은 큰 모임에서 제자들이 증언하는 예수님의 말씀과 행하신 일을 듣기 위해 성전의 공터를 이용했습니다. 그리고 새로이 발견한 기쁨을 나누고 필요에 따라 서로를 보살피기 위하여 서로의 집으로 다녔습니다. 그들은 감옥에서 풀려난 베드로와 요한을 맞이하기 위해 모였으며 핍박을 마주하고 하나님의 담대함을 구하는 기도를 드렸습니다. 이들 모임은 정기적인 것이 아니라 그들 앞에 전개되는 삶을 따라서 일어났습니다.

성경의 다른 부분에서 교회 생활의 필요성을 이야기한 유일한 곳은 고린도전서 12장입니다. 그 장은 교회를 하나의 몸으로 묘사하며 우리 모두 그 몸의 일부라고 설명합니다. 눈이 손에게 나는 네가 필요 없다고 말하며 스스로 떨어져 나갈 수는 없습니다. 우리는 모두 더 큰 전체의 한 조각이며 고립되어 산다면 다른 사람의 은사로부터 나오는 너무나도 많은 지혜와 힘을 놓치게 됩니다. 그럼에도 이 장으로 몸의 일부가 되기 위해 회중에 속할 필요가 있다고 결론 짓기에는 곤란할 듯합니다. 실은 그들 회중이야말로 다른 이들 가운데 그분의 역사와 계시를 부정하면서 생각이 같은 사람끼리 모이도록 우리를 가장 자주 나누지 않습니까? 그들은 자기들만으로도 충분하다고 여기며 몸의 다른 부위로부터 스스로를 끊어내 버립니다.

성경은 모든 이에게 교회 출석을 강요해야 한다고 가르치지 않습니다. 그보다도 하나님께서 당신 주위에 두신 다른 은사와 통찰로부터 스스로를 분리하는 일은 현명하지 못하다고 알려줍니다. 예수님과 연결된 사람이라면 나홀로 가고자 하는 성향이 있을 수가 없습니다. 하나님께서는 공동체시며 그분을 아는 사람은 다른 이들과 진정한 교제를 나누는 한 기쁨을 누리게 됩니다.

어떤 모양의 교회에 관여하든지 지겹게 느껴진다면 당신이 하는 일에 관해 재고해 볼 수 있겠지요. 프로그램은 권태를 낳기 마련이지만 하나님 그리고 다른 사람들과 나누는 실질적 관계는 절대로 권태로워질 수가 없습니다. 그분의 사랑 가운데 살도록 함께 성장하는 신자들 가운데 삶은 마음을 끌고, 관계적이며, 애정이 가고, 매력적이며, 깊고, 의미가 있습니다. 그런 삶은 절대 식상해지지 않는 만큼 우리가 얼마나 실질적으로 함께 삶을 나누는지 가늠하는데 가장 좋은 척도인 듯합니다.

우리는 단순히 아침 예배순서에 "환영 시간"을 추가하는 것이 아니라 더욱 깊숙이 관계적인 관여로 되돌아가는 길을 찾아야 될지도 모릅니다. 그런 순간은 너무나도 인위적인 나머지 의미가 없을 지경입니다. 우정은 사람들이 서로를 알아갈 수 있는 시간을 갖고 그들의 영적 갈망과 분투에 관해 정직해질 수 있을 만큼 안전함을 발견하는 곳에서 생겨납니다. 관계에 문제가 있을 때에도 삶 가운데 직면한 실질적 도전을 통과하며 예수님으로 인해 변화 받은 사람에게는 잘 계획된 그 어떤 예배보다도 더 마음이 끌리게 됩니다. 우리는 단지 기뻐하는 자들과 기뻐하기 위해서 뿐만이 아니라 우는 이들과 함께 울기 위해서도 부름 받았습니다. 고통의 때에 이해해 주고 도와주기 위하여 기다리는 가까운 친구보다도 더 위로가 되는 존재란 없습니다. 또한 친구의 인생 가운데 어둠의 시기에 함께 걸어주는 것보다 더욱 값진 일은 드뭅니다.

아울러 여정을 함께 하는 친구들은 자신의 실패를 인정하고, 용서를 구하며, 갈등과 오해를 풀어나갈 길을 모색하는 가운데서도 기쁨을 발견하게 됩니다. 우리는 다 흠이 있어서 때론 서로 실망하기도 하고 혹은 누구도 의도하지 않았는데 기분이 상하기도 합니다. 그렇지만 그러한 순간이라도 우정은 우리가 성장할 수 있게끔 정직한 시각을 허락해줍니다. 나의 기대는 합당했던가? 내가 다른 누군가의 자유를 침해했는가? 그분의 제자가 되는 길을 배우는 핵심은 결함 있는 인간을 사랑하는 법을 익히는 데 있습니다. 만일 그분께 우리의 부족함을 뚫고 사랑하시도록 내어드릴 수 없다면, 우리도 다른 사람의 결점을 뚫어내면서 사랑하지 않을 테고, 어둠 가운데 잃어버린 자를 어떻게 사랑할지도 모르겠지요.

의무적인 삶의 기저에는 하나님께서는 사랑스럽지 않으시며 그분 안의 생명도 마음을 사로잡지 못한다는 생각이 흐르고 있습니다. 예수님께서는 그분 가르침의 목적은 "내 기쁨이 너희 안에 머물러 있어 너희 기쁨이 충만하게 하려 함이니라."(요 15:11)고 말씀하셨습니다. 예수님의 생명이야말로 지금까지 우리가 받은 중 가장 매혹적인 초대라는 사실을 알기 전까지는 그 기쁨으로 들어가는 길을 발견할 수 없겠지요. 그분을 알아갈 때 그분께서 우리에게 원하시는 모든 바는 불가항력적으로 실재가 됩니다. 그렇지 않다면 당신은 복음에서 중대한 무언가를 놓쳐버린 상태입니다.

모든 선한 것은 우리가 싫어하는데도 헌신을 요구하지 않습니다. 그보다도 우리가 진정 사랑하는 바를 순전한 기쁨으로 껴안도록 요구할 뿐입니다. 의무는 우리의 갈망이 하찮다고 여기며 자기 갈망을 포기하고 하나님을 위하여 고통스러운 임무를 택하는 사람을 칭송합니다. 그러나 만일 당신의 가장 깊은 갈망이 신성하다면 어떨까요? 그분께서 당신의 기쁨이 충만하길 바라신다면 어떻게 채워야 하는지도 가장 잘 아십니다. 하나님께서 죄라고 여기시는 갈망은 우리에게 속한 갈망이 아닙니다. 그러한 갈망은 당장 만족이나 거짓 안정감을 건네면서 가장하지만, 필시 파괴적인 길로 우리를 끌고 내려갑니다. 영적으로든, 관계적으로든, 심지어 육체적으로든지 말입니다.

순전하게 함께 하기를 기뻐하는 사람들을 발견할 때 당신은 교회의 생명을 찾은 것입니다. 만약 관계에 걸쳐서 싸움, 언쟁 그리고 긴장이 서려 있다면 주의하십시오. 모든 가족은 어려운 때가 있지만 순간일 뿐입니다. 사람을 지치게 하고 결국엔 황폐하도록 만드는 고통스럽고 압박 가득한 대화가 수개월 동안 이어지지는 않습니다. 믿음의 가족이 우리를 향하여 그분을 알도록 자유케 하기보다 삶을 복잡하게 만들기에는 인생은 너무 고통스럽고도 짧습니다.

하나님의 사랑과 지혜를 함께 나누는 법을 아는 다른 이들과 더불어 탐색하는 여정만큼 거절하기 힘든 초대는 없습니다. 나는 그들과 함께 하고 싶습니다. 나는 우리 여정을 함께 탐색하며 그분의 지혜와 서로를 향한 그분의 사랑을 나누고 싶습니다. 변화 받는 그들을 지켜보면서 그분의 사랑 안에 살아가는 자유를 점점 발견해나가는 기쁨이란 얼마나 큰지요!

그러한 교제를 다른 사람들과 함께 발견하십시오. 그러면 당신은 교회를 절대 집회라고 생각할 수 없을 테고 그보다는 친구들의 회합으로 여기게 됩니다.

14

집회가 아닌 모임입니다

… 오직 권하여
그 날이 가까움을 볼수록
더욱 그리하자. _ 히 10:25

네 번째 특징 : 미리 준비해 놓은 순서보다 관계의 깊이를 중시합니다

"만약에 집회가 하나님의 왕국으로 이끌어 줄 수 있었다면 지금쯤 우리는 왕국을 이루었겠지요."

이 말은 뉴질랜드 로토루아에 존 보먼트의 집에서 그와 마주앉았을 때 직접 들은 이야기입니다. 이 책을 쓸 준비를 하며 나는 더욱 관계적인 교회 생활을 탐색한 70~80대 지체들과 대화를 나누기 위해 세계를 돌면서 내가 친근하게 "괴짜 노인네 투어"

라고 명명한 여행을 다녔습니다. 존은 저자이자 목사이며 강연자로 당시 80세가 좀 못 됐는데, 그리스도 안에서 생생한 삶을 경험하도록 다른 이를 돕기 위해 열정적으로 세계를 다니면서 수천수만의 집회를 열고 참여했습니다. 그렇지만 그는 집회를 기획하고 여는데 드는 에너지가 하나님의 왕국을 나아가게 하는 데 영향이 미미하다는 깨달음을 얻게 됐습니다. 그가 단지 모임뿐만 아니라 "모임에 관한 모임"이라고 부르는데 들인 그 모든 헛된 시간에 관해 법석대며 떠벌릴 때 나는 배꼽을 잡았습니다. 그의 말에 따르면 진정한 교제는 항상 모임의 시작과 함께 끝나서 모임을 마치면 되돌아왔습니다. 그 박장대소를 통해 그는 방점을 찍었습니다. 새로운 피조물은 모임이 아니라 관계 가운데 번성합니다.

그의 말은 내가 한동안 인식한 그 무언가를 구체적으로 그려주었습니다. 나는 대규모의 사람들 앞에 서서 이야기하기를 즐기긴 했지만 정작 그러한 환경은 왕국의 생명을 전달하는 데 가장 효과적이지는 못했습니다. 오히려 나는 그 모임 전후로 나누는 대화에 훨씬 더 마음이 갔습니다. 사람들로 가득한 방에서 나는 온종일 워크숍을 열었습니다. 그런 모임이 도움 됐을 수도 있겠지만 가장 즐거운 때는 바로 그 다음 날이었습니다. 보통 내가 누군가의 집에서 시간을 보내면 그동안 끊임없이 사람들이 끼어 들어와 난해한 질문을 하고 또한 그들 자신의 삶 가운데 하나님의 손길을 깨닫는 기회를 가졌습니다. 첫날 워크숍에서 우리는 대부분 이슈와 개념에 관해 이야기한 반면, 다음 둘째 날에는 삶과 그 가운데 길을 찾는 사람들에 관해 나누었습니다. 첫째 날 사람들은 공적인 장에서 조심스러워 합니다. 그렇지만 둘째 날 그들은 자신과 스스로의 분투에 관해 더욱 자유롭게 이야기합니다.

이래서 예수님께서도 집회를 열지 않으신 걸까요? 심지어 그분께서 첫 성찬식을 하던 다락방에 계셨을 때도 제자들과 대화를 하셨지 예식이나 의제로 그들을 지도하지 않으셨습니다.

건강한 가족은 자주 함께 모여도 회의나 강론을 여는 일은 거의 없습니다. 가족들은 테이블이나 캠프파이어 혹은 여유로운 오후의 테라스에서 대화를 갖습니다. 우리는 불행이 닥치거나 기쁜 일을 축하할 때 모이지, 절대로 회의나 열려고 모이지는 않습니다. 만약 크리스마스 저녁에 내 아이들이 나타났는데 테이블에 둘러앉는 대신 그들을 줄지어 앉게 하고 의자마다 예배 순서지를 올려놓는 것을 상상이나 할 수 있겠습니까? 가족생활의 실재를 인위적인 형식에 내어주다니 우스꽝스럽겠지요.

그런 모임이 나쁘다는 말은 아닙니다. 만약 나의 가족이 사업이나 재단을 함께 운영한다면 그 업무에 필요한 회의를 열겠지만 그런 모임으로 우리 관계를 정의할 수는 없습니다. 정보를 나누기 위해, 프로젝트 작업을 위해 또는 이벤트를 조직하기 위해서 등등 다른 신자와 만날 이유는 많습니다. 그러나 이런 일은 특정한 때와 목적을 위함이지 우리 모두의 삶에서 정규적이지는 않습니다. 관계는 집회가 아닌 모임에서 자라납니다.

그 차이는 무엇입니까? 내가 뜻을 너무 시시콜콜 나누는 걸까요? 두 단어를 같은 의미로 쓸 수 있다는 사실을 압니다만 그렇게 하지 않으려고 합니다. 모임이란 사람들이 관계를 기뻐하고 축하하기 위해 모일 때를 말합니다. 여기서는 사람들이 대화에 열중하며 하나의 의제를 따르도록 강요받지 않는 만큼 종종 여러 대화가 일어납니다. 반면 집회는 어떠한 과업을 완수하기 위해 사람을 모읍니다. 설사 그 일이 어떤 종교적 의식을 수행하기 위함일지라도 말입니다. 그런 집회는 복종을 요구하며 사람들은 그 일이 돌아가게 만들기 위해 협력해야 합니다. 거기서 관계란 중요치 않으며 그래서 작은 모임이라 할지라도 수년이나 출석하면서 다른 사람을 보살핀다거나 알아가지 못하는 수도 있습니다.

그런 모임은 일단 그 과업을 완수하면 유효 기간이 제한적입니다. 그 기간이 넘으면 출석을 의무로 만들어 모임 스스로가 영속화를 꾀하며 종종 실질적인 인간관계로부터 숨는 장소가 됩니다. 그렇기 때문에 사람들은 자신의 배우자, 아이 혹은 이웃을 사랑하는 법조차도 배우지 못한 상태에서도 매일 24시 기도 찬양 모임을 선호하게 됩니다.

교회 생활의 표징은 마음이 같은 사람끼리 모이는 대규모 모임에서는 쉽사리 찾을 수 없는 대신, 우정이 맞물리며 자라나는 가운데서 발견할 수 있습니다. 성공은 모임 규모보다도 관계의 질을 통해 가늠할 수 있습니다. 모임과 책무로 사람들의 시간을 번잡하게 만들기보다도, 실질적인 교회 생활은 중앙 프로그램을 추진할 거대 자원이 필요 없는 비공식적 환경에서 진정한 우정을 통하여 쉽게 경험할 수가 있습니다.

당신은 관리하는 모임 중에 앉아 있는 수백 명의 사람들과 삶을 나눌 수는 없습니다. 대의와 과업은 공유할 수 있겠지만, 관계는 탐색할 시간과 에너지가 부족하기 때문에 자라나지 못합니다. 그 때문에 거대한 회중 가운데서 사람들은 너무나도 단절감을 느끼며 관계가 여전히 피상적이라고 불만을 토로하지 않습니까?

최근 모임에서 그분의 교회를 향한 우리 열정을 이야기하기 위해 모였을 때 나는 로넬을 만났습니다. 그녀의 이야기는 모임 중심에서 관계에 바탕을 두기로 전향하는 많은 이들의 이야기와 크게 다르지 않았습니다.

당신과 함께 한 시간은 하나님의 개입이었다고 말할 수밖에 없습니다. 그 만남은 내가 예상하지 못한 무언가를 보도록 눈을 열어주었습니다. 나는 최근 드디어 대형 교회에서 여성 사역을 사임하기로 결정했습니다. 내 앞에는 자유라는 당근이 계속해서 달랑거렸지만 조종과 복종으로 얼룩져 있었으니까요. 나는 거기에 내가 속하지 않았음을 이제 막 알았습니다. 그때 모임에 참석하기 전 나는 남편과 함께 가정 교회나 다른 어떤 새로운 아이디어에 관해 의논했습니다. 그러나 가정 교회에서도 통제 문제로 분투하는 사람들을 보니 인간이 규칙으로 만든 종교적 모임은 좌절에 이르기 마련이라는 현실에 눈뜨게 되었습니다.

그 모임을 떠나오면서 나는 '교회'에 출석하지 않고도 하나님 아버지와 함께 삶을 탐험하는데 평안을 느꼈습니다. 솔직히 처음에는 조금 외로움을 느꼈지만 몇 주가 흘러가면서 나의 핸드폰에는 수많은 전화번호가 있으며 부부들을 저녁에 초대하거나 친구들과 커피를 마시러 나갈 수도 있다는 사실을 깨달았습니다. 아버지께서 나와 함께 계시는 한 그분께서는 늘 대화 가운데 계셨습니다. 이와 같이 건물 안에서 만들어준 관계 대신에 내가 먼저 연계를 우선시할 필요가 있다는 것을 깨우친 일은 내 영혼에 요긴했습니다. 나는 하루하루 조금씩 이 여정을 나아가고 있지만, 정말이지 우리 가족에 있어서 이 길을 함께 찾아 나서는 모습보다도 더 아름다운 장면은 상상할 수가 없습니다. 우리가 아들과 함께 레슬링 매트 위에 있든지, 어린이 야구단의 대기석에 있든지, 아니면 모두가 침대 위에서 책을 보며 웅크리고 있든지 나는 새로운 눈으로 보고 있습니다. 나의 온갖 분주함이 이 소중한 순간들을 훔쳐가고 있었다는 것을 말입니다.

예수님께서는 로넬과 그녀의 가족이 교회에 관하여 스스로 찾거나 만들어야 하는 모임으로 생각하기보다는 이미 아는 사람들 곁에서 함께 걷도록 바꾸셨습니다. 그곳에서 바로 그분의 교회가 부화합니다. 이 이야기는 로넬과 그녀의 남편이 재능과 은사를 차라리 그들 기관에 투자하길 바라거나 적어도 다른 사람들도 나올 수 있는 모임이라도 열었으면 하는 이에게는 불안하게 들리겠지만, 그렇게 해봤자 그들의 고투만 길어질 뿐입니다. 예수님께서는 그들이 복종에 바탕을 둔 체제에 자신을 끼워 맞추기보다, 주변 관계 가운데서 어떻게 그분의 교회가 나타나는지 탐색하는데 더 넓은 문을 열어주고 계십니다.

설령 당신이 더욱 전통적인 회중의 일원일지라도 그 모임에 어떻게 관여할지 관계적으로 생각하면 도움이 됩니다. 모임에서 사람들과 함께 앉아 있는 정도만으로 충분하지 않겠지요. 당신도 그들과 더욱 깊은 수준으로 연결되기 원합니다. 농담이 아니라 누군가의 말마따나 교회 생활은 우리의 예배에서보다 사람들이 주차장을 드나들 때 더욱 잘 나타납니다.

  목사였던 당시 나는 모임에 헌신하지 않는 사람은 결국 자기 걱정만 하면서 고립 가운데 외로운 방랑자로 끝마칠까 우려했습니다. 뒤돌아보니 나는 아마도 나의 영역만 보호하려고 애쓴 듯합니다. 이제 나는 사람들이 예수님과 점점 더 가까워질수록 사랑이 그들을 공동체로 이끌게 됨을 깨닫습니다. 그들은 사전에 프로그램된 모임과는 멀어지고, 프로그램으로 모두가 바빴을 때는 찾을 수 없던 관계를 더욱 갈망하게 됩니다. 그런 관계 맺음으로부터 어떻게 교회가 자체적으로 드러날지 로넬과 그의 남편은 발견하게 되겠지요. 그렇습니다, 여기에는 상당한 주도성이 필요합니다. 당신에게 교제의 환상을 채워줄 모임을 계획하는 사람은 아무도 없습니다. 하나님께서 당신이 더욱 의식적으로 관계를 맺도록 초청하고 계신 사람을 발견하기 위하여 자신의 연계를 자세히 살필 필요가 있습니다. 그러한 우정이 깊어지고 사람들이 서로 이어지는 데는 시간이 걸리겠지만 관계로부터 자라나는 모임은 우리가 고안한 그 어떤 모임보다도 훨씬 더 마음을 삽니다.

  그럼에도 우리는 만나는 모든 사람과 깊고 개인적인 우정을 가질 수는 없습니다. 하지만 예수님께서 우리에게 청하시는 사람을 향하여 시간과 관심을 내어줄 수는 있으며 그로써 그분의 생명을 그들과 나눕니다. 당신은 곧 온전하고 적절한 관계를 맺고 있는 자신을 발견하게 됩니다. 그 영역의 가장자리에는 이제 막 당신이 알아가는 사람들이 있습니다. 그 지점에서 대화는 다소 어색한 경향이 있습니다. 왜냐하면 당신은 그들의 삶을 자세히 모르고 그들의 개인적인 경계가 어느 정도인지 아직 확신하지 못하기 때문입니다. 그러나 그 어색함을 뚫고 대화를 키워나가면 장차 어떤 일이 일어나게 될지 아무도 모릅니다. 현재 당신의 가까운 친구는 모두 다 어느 한 시점에서는 낯선 사람이었습니다.

그 지인 중 일부는 실제로 친구가 됩니다. 그들은 당신이 격려해주고 싶었거나 혹은 자신의 여정에 격려가 되었으므로 발견해낸 사람들입니다. 이러한 관계는 단지 하나님께서 당신에게 연결해주셨다는 사실을 감지함으로써 시작할 수 있습니다. 시간과 거리 때문에 자주 만날 수 없을지는 몰라도, 모이고 나면 삶을 함께 한다는 것에 감사하며 돌아오게 됩니다.

이들 중 일부는 더 가까운 친구가 됩니다. 어느 때라도 우리는 정기적으로 연락하는 이삼십 명의 사람이 있을 수 있습니다. 전부 다 세세하게 알지 못할 수는 있어도 큰 그림은 확실히 이해하는 사람들입니다. 우리는 그들 중 일부와 정기적인 모임을 나누거나,

함께 프로젝트 작업을 하거나, 혹은 단지 더욱 의식적으로 교통할 수 있습니다. 이러한 대화는 서로를 향하여 품은 관심과 안전감으로 인해 아주 빠르게 깊이 들어갈 수 있습니다.

가장 작은 구심에는 친밀한 친구가 있습니다. 그들과는 한 주에도 여러 번 마주치며 솔직한 이야기도 배려하며 말할 수 있을 만큼 잘 압니다. 우리는 일상적으로 격려를 나누며 서로의 여정 속에 존재합니다. 만약 이러한 친구가 두셋만 있어도 당신은 복 받은 사람이며, 아마도 한 번에 여섯 명 이상 사귈 만한 시간은 없을 것입니다.

관계가 깊어갈수록 예수님과 그분의 왕국을 향한 서로의 열정 또한 깊어지게 됩니다. 당신에게 소중한 지인 가운데도 아직 당신이 아는 하나님을 모르는 사람이 있을 수 있습니다. 그들에게 당신의 사랑만큼이나 그분을 만나기에 더 좋은 통로가 어디 있겠습니까? 이는 물론 대략적인 지침일 뿐이며 관계에 관해 세세한 정의를 두지 않도록 주의하기 바랍니다. 관계적 삶은 믿기 어려울 정도로 유동적입니다. 만약 우리가 너무나도 많은 세부사항으로 관계를 못 박거나 조직하려 든다면 스티로폼 조각에 나비를 꽂아 수집하는 일과 다를 게 없습니다. 일단 그렇게 하면 진정한 나비는 더 이상 존재하지 않게 됩니다. 고정불변은 아니지만 우정에도 밀물과 썰물이 있다는 생각을 나는 알려주고 싶습니다. 부탁컨대 이러한 관계의 영역 안으로 당신이 아는 모든 사람을 분류해 넣으려고 차트를 만들어 냉장고에 붙이지는 마십시오. 사람들은 필요나 인접도, 관심에 따라 드나들기 마련입니다. 어떤 이는 인생의 중요한 시기에 그 모임에 머물기도 하고, 어떤 사람들은 평생토록 함께 할 것입니다.

그렇습니다, 당신에게는 어느 때든지 어떤 사람보다 더 가까운 누군가가 있다는 뜻입니다. 어떤 사람은 이를 편 가르기로 볼지도 모르지만, 배타적이 되지 않는 한 그렇지는 않습니다. 새로운 피조물에 바탕을 둔 관계는 언제나 개방적입니다. 나에게 복이 된 동일한 우정으로 다른 이를 축복하는 데서 나는 그 가치를 봅니다. 이러한 관계를 내 스스로 다루기란 불가능함을 깨닫습니다. 그렇지만 어느 시기라도 예수님께서 나의 삶에 맞는 사람과 내가 투자하기를 바라시는 새로운 사람을 보여주신다고 나는 점점 더 신뢰하고 있습니다. 성령님께서 은근하게 개입해 들어오실 때 스스로 주도하려 들지 말고 함께 흘러가는 법을 배우십시오.

몇 년 전 하나님께서는 나를 아일랜드의 더블린 남쪽에 사는 한 신자들의 모임과 이어주셨습니다. 그들은 사십여 년 전 그들의 삶을 바꾸는 성령의 신선한 각성을 경험한 복음주의자 그룹이었습니다. 그 모임은 1970년대 성령 운동이 아일랜드의 카톨릭 교회를 사로잡으면서 성장했으며, 보다 조직적인 가정 교회의 특징을 취했습니다. 그런데 80년대 중반에 이르기까지 매주 하던 그들의 모임은 생기를 잃어버렸고 단조로움이 스며들었습니다. 어느 추운 겨울날 모이던 홀에 난방이 고장나자 그들은 몇몇 가정에서 비공식적으로 만나기로 정했습니다. 즉각적으로 그들의 교제는 다시금 생기를 얻었습니다.

더 기도한 뒤 그들은 하나님께서 그들의 매주 모임과 임명한 리더십을 내려놓도록 요구하고 계신다고 결론 내렸습니다. 그들은 앞으로 그분께서 특별한 목적을 주실 때만 함께 모이기로 작정했습니다. 그렇지 않으면 어떻게 함께 할지에 관해 주님께 듣도록 그들은 모든 이를 북돋아 주었습니다. 다음 삼십 년 동안 그들은 서로의 집을 드나드는 공동체로 살면서 함께 하나님께 기도하고 귀 기울이며 필요에 따라 서로를 도왔습니다. 그들은 그리스도 안에서 자라나며, 함께 휴가를 보내고, 공동체를 위해 뮤지컬 공연을 하고, 하나님에 관하여 배우면서 누구든지 연결되는 사람들과 함께 관계를 나누었습니다. 그들은 먼 나라의 사람들과도 이어지게 되었으며 그 관계를 나누기 위해 종종 여행을 다녔을 뿐만 아니라 다른 방문자들도 대접했습니다.

그들은 관리해야 하는 기관을 만들어내지 않았으므로 계속해서 좋은 친구로 잘 지냈습니다. 설령 누군가 기성 교회에 출석하고 싶어 한 경우라도 관계가 깨어진 적은 한 번도 없었습니다. 그들의 모임은 주일 예배라기보다 명절 또는 가족 모임에 더욱 가까웠지만, 사람들을 사랑하고 제자 삼으며 구비시키고 변화 받게 하면서 믿음과 공동체의 진정한 삶으로 이끌었습니다.

모임은 모든 사람에게 동 시간대 같은 활동을 강제하지 않으므로 훨씬 더 효율적일 수 있습니다. 그들의 삶에는 성령의 숨결과 서로의 생활 속에서 일어나는 일에 따라 함께 하는 흐름이 있습니다. 사람들이 맞춰야만 하는 인위적 환경을 만들어서가 아니라, 하나님께서 그들 각 사람 가운데 행하시는 역사로부터 그들의 삶이 함께 솟아오릅니다. 현재 자신의 여정에 맞지도 않을 수 있는 설교를 듣고 있는 대신, 그들은 스스로의 분투에 관해 이야기하면서 더욱 필요한 도움을 얻어나갑니다.

내가 아는 남아프리카의 한 모임에서는 주일 아침에 정기적으로 함께 하이킹을 하고 피크닉 구역에서 다시 만나 같이 아침식사를 준비합니다. 그날 아침 나는 손님으로 있었기 때문에 첫 번째 그룹과 함께 출발했으며 한 시간 반의 하이킹 코스 동안 전체 그룹을 다니면서 그들이 거는 대화에 나를 맡기며 다양한 이야기를 나누었습니다. 사람들은 내가 설교에서 나누었을 법한 내용이 아니라 그들에게 무엇이 가장 도움 됐는지 이야기했습니다. 갈급한 심령으로 대화하며 질문이나 권면을 통해 사람들

속에 하나님의 역사를 향한 마음의 문을 열어주는 가운데 펼쳐지는 최고의 가르침을 나는 발견하였습니다. 바로 그렇게 예수님께서도 우물가의 한 여인이나 왕국에서 첫째 자리를 두고 다투는 제자들에게 가르치셨습니다.

그 숲속의 하이킹은 사람들의 모임 가운데 몇 달이고 몇 년에 이르는 관계적 공동체의 밀물과 썰물을 비유하기에 적합합니다. 다음 장에서도 보겠지만 그러한 공간에는 가르침의 자리가 있고, 나이가 더 많은 사람들을 알아가며, 협력이 일어나고, 사람들은 보살핌을 받습니다. 교회에 관하여 성경이 제시하는 모든 바가 관계적인 삶과 모임 가운데서 이루어집니다. 그리하여 우리는 초대교회가 어떻게 사전 계획대로 모임을 수행했는지보다 어떻게 사랑하고, 투쟁하며, 가르치고, 책망하며, 섬기고, 세워주며 서로 복종했는지에 관하여 훨씬 더 많이 알게 됩니다.

그리고 당신이 일단 우정을 기르고 관계를 발견하는 놀라움이 어떠한지 발견하게 되면, 도대체 어떻게 교회의 생명을 경직된 모임에서 찾을 수 있다고 생각했는지 의아해지게 됩니다.

15

위계가 아닌 권위입니다

**돌아가며 양의 탈을 쓰고
목자 행세나 하니…** _ 시 53:3 MSG

다섯 번째 특징 : 권위는 잘 만든 조직이 아니라 예수님의 계시로부터 나옵니다

　네, 생각할 수조차 없는 일 같지요. 어떻게 위계도 없이 권위가 존재할 수 있습니까? 정부, 사업체 하물며 지역 봉사단체에 이르기까지 모든 사회는 위계 체계로 조직됐습니다. 명령 계통과 의사 결정권자를 명시하지 않고서 단체를 구성할 수 없습니다. 마치 물이 있어야 수영도 할 수 있듯 말입니다. 그러니 우리 믿음의 선조가 교회를 위계라는 덫에 빠뜨리게 될 기관으로 조직하려고 애쓴 바도 놀랄 일은 아닙니다.

교회는 분명 그런 식으로 출발하지 않았습니다. 예수님께서 그러한 계획을 드러내신 적이 없으며 초기 사도들도 교회의 생명을 관리하기 위해 옛 피조물의 체계를 도입할 의향을 나타내지 않았습니다. 내가 보기에는 일세기 예수님께서 그분의 교회에 실질적 머리시라는 믿음의 생기가 시간에 따라 시들해지며, 초기 성도들은 그들이 알던 유일한 체제로 퇴보한 듯합니다. 곧 의사결정을 내리고 신학을 인증하며 신자들이 따라야 할 규칙과 의식을 정하는 권위를 가질 사람을 지정하기 위해 세운 위계입니다. 그러한 수천의 체제를 우리는 지난 이천 년 동안 시도해 보았으나 그 무엇도 교회의 생명력을 유지하거나 연합을 가져오는데 유효하지 못함을 입증했습니다. 교회는 그리스도를 대변한다는 다수의 위계로 조각났고 그 복음 선포도 혼란에 빠졌으며 단지 또 다른 인간적 조직으로 전락하면서 그 능력을 잃어버렸습니다.

그 리더십의 최고위층에 오른 자들은 권력의 유혹에 거의 저항하지 못하며 동일하게 옛 피조물을 망치는 돈, 명예, 지배권을 좇아 교만, 정치적 내분, 경쟁으로 오도됩니다. 따르는 사람들은 그런 결과에 동의하지 않더라도 절차를 존중하고 그 리더십이 얼마나 잘못됐든지 그를 통한 하나님의 역사를 신뢰하도록 가르침 받습니다. 성경은 우리에게 정부 관리를 존중하며 그들이 하나님을 모를지라도 역사 배후에 그분의 손길을 신뢰하라고 가르치긴 하지만, '교회' 리더십 지위로 자기 스스로를 세우는 사람들에게까지 그렇게 하라고 요구하지는 않습니다.

대략 역사만 훑어보아도 인간 리더십의 위계는 교회를 보호하기보다는 더욱 훼손하였다는 점이 분명합니다. 그리하여 우리가 치른 가장 큰 대가는 아마도 더 이상은 예수님께 의거한 권위를 보지 못하고 스스로의 손으로 만든 기관을 의지한 권위만 보게 되었다는 점입니다. 어쩌면 고대 이스라엘에서 볼 수 없는 하나님을 대체하기 위하여 만든 우상과 별반 다를 바 없는지도 모릅니다.

기존보다 사람들이 예수님을 따르도록 더 잘 돕고, 더욱 관계적이며, 성경에 보다 충실하고자 하는 비전으로 새로운 모임을 만들겠다고 말하는 젊은 '교회 개척자'들과 나는 많은 이야기를 나눠봤습니다. 그러한 비전으로 여태껏 아무도 교회를 개척한 적이 없다고 그들은 생각하는데 실상은 거의 모두가 그런 비전을 품었어도 결국에는 그 비전을 지탱할 수 없는 조직의 무게로 인해 무너지고 말았을 뿐입니다. 체제의 유효성을 재고해보는 대신에 그들은 나쁜 사람이 맡아서 잘못됐다고 예단해 버립니다. 일단 올바른 사람이 맡으면 모두가 잘 돌아가게 된다면서 말입니다. 그들은 관리 체계 자체가 그 사람에게 악역을 담당하도록 조장한다는 사실을 깨닫지 못합니다.

조직의 이익을 위해서 행동해야만 될 때 성령의 호흡에 내어드리기보다도, 특권과 권력 그리고 우리의 관점을 왜곡하는 기만으로부터 피해갈 수 있는 사람은 그 누구도 없습니다. 인간을 제어할 유일한 방법은 조금이라도 보상과 처벌 체계를 규정하는 것입니다. 부와 권력이 이내 피라미드의 정점에 이르면 그 꼭대기가 무거워지면서 사람들을 섬기기보다 이용하게 됩니다. 모든 인간 체계가 그러합니다. 특히 하나님을 따른다고 주장할수록 말입니다. 설령 그들이 섬기는 리더십이라는 말을 끌어다 쓸지라도 단지 돈과 혜택은 위쪽으로, 통제는 아래쪽으로 흐른다는 단순한 사실만으로도 그 위장은 탄로 나고 맙니다.

하나님의 말씀을 취하여 그들 자신의 특권과 권력을 위한 기반으로 왜곡시킨 지도자 무리를 발견하는 것은 멀리 볼 필요도 없이 바리새인만 보아도 압니다. 하지만 사람들이 새로운 피조물의 실재 가운데 살게 되면 어떠한 위계 구조도 구속복과 같이 느끼게 됩니다. 예수님께서는 절대 새로운 피조물의 생명을 옛사람의 조직에 끼워 맞추려고 만들지 않으셨습니다. 그분께서는 기관을 열어 스스로 CEO 자리에 오르지 않으셨습니다. 그분께서는 자신의 왕국에서 가장 큰 자는 명령보다도 섬김이 더욱 중요함을 알게 되리라고 말씀하셨습니다. 그분께서는 사람들에게 할 일을 지시하시기보다, 사랑이 지배의 필요성을 무의미하게 만들어버리는 왕국으로 초청하셨습니다.

그럼에도 그분께서 주변 사람들을 놀라게 만든 한 가지는 바로 그 말씀에 권위가 있었다는 점이었습니다. 예수님께서는 어떠한 권위의 학위나 시민권 또는 종교적 지위도 일체 지니지 않으셨으며 정식적으로 랍비나 예언자라고 주장한 적도 전혀 없으셨습니다. 그분의 권위는 상호 보완적으로 세 가지 원천에서 유래했습니다. 첫째로 그분은 종교적 나팔수와 같이 말을 교묘하게 돌리지 않으시고 우주적 핵심 진리를 말씀하시며 듣는 사람에게 반향을 일으키셨습니다. 둘째로 파괴할 수 없는 생명의 능력으로 그 말씀을 뒷받침하셨습니다. 그분의 말씀은 진실로 믿고 그대로 살아내는 진정성으로 울려 퍼졌습니다. 최종적으로 그분께서는 사람들을 이용하려 들기보다 순수하게 섬기기 위하여 관심을 기울이셨으며 이 또한 명백했습니다.

예수님의 모범은 위계로부터 나오는 권위와는 구별됩니다. 초기에 사도들은 이 메시지를 이해한 듯했으며 급성장하는 교회를 관리하기 위해 예루살렘에 중앙 조직을 만들려는 어떤 시도도 하지 않았습니다. 이 일은 지리한 인간사 가운데 너무나도 독특한 나머지 심오하게 다가올 지경입니다. 일각에서는 예루살렘의

회의(사도행전 15장)를 가리켜 사도들이 회중을 다스린 증거라고도 주장하지만 사도행전을 읽으면 완전히 다른 결론에 도달하게 됩니다. 모든 형제들은 함께 모두의 유익을 위한 해법을 찾고 있었습니다. 사도들은 모든 이가 따라야 되는 어떠한 명령도 제시하지 않았습니다. 야고보가 제안한 한 견해가 다른 참석자들에게도 공감을 샀으므로 그들은 "성령님과 우리는 좋게 여겼나니"라고 말할 수 있었습니다. 게다가 그들은 그 틈을 타 조직적 위계를 세우고 교리적 성명을 통해 정통을 규정하거나 교회가 따라야 할 기다란 규칙 목록을 작성하지도 않았습니다. 그들은 오직 세 가지, 즉 음행을 멀리하고, 가난한 자를 기억하며, 우상에게 바친 음식을 먹지 말라고 당부했을 뿐입니다. 오늘날 이렇게나 다른 이에게 부담을 주지 않으려고 단순한 방안을 제시하는 그 어느 단체를 상상할 수나 있습니까? 아니면 미래의 갈등을 해결하려고 영구적인 위원회나 세우고 있습니까?

 그들의 지시는 가능한 단순했습니다. 게다가 그중 하나로 우상에게 바친 음식을 삼가라는 내용은 믿음으로부터 났다기보다 유대인의 정서에 순응한 규정으로 바울이 인식하면서 결국에는 허물어졌습니다. 후에 바울이 우상의 제물을 먹어도 된다고 결론을 지었을 때조차도 그는 이 견해에 동의하지 않는 사람을 위해 여지를 두었습니다. 바울은 그의 양심이 아니라 각자 스스로의 양심에 따라서 살도록 그들을 격려했습니다(고린도전서 8장). 만약 그들 생각에 거짓 신이 음식을 더럽게 만들 정도로 실질적이라면 바울은 그 양심을 존중해 주었겠지요. 그는 복종하라고 명령할 필요가 없었습니다. 왜냐하면 바울은 그들이 성령님의 지도에 민감하도록 세워주고 있었기 때문입니다.

권위를 위계 체계와 연결 지으며 사람을 다루기 위한 권력으로 바라보는 한 우리는 진정한 권위를 놓치고 그것을 받아들일 기회를 잃어버리게 됩니다.

진정한 권위는 예수님 안에 있습니다

예수님께서 승천하셨을 때 아버지께서 모든 권위를 그분에게 주셨습니다. 그 권위는 어떤 사람의 말, 행동, 태도가 하나님의 실재, 성품, 목적과 일치할 때만 나타납니다. 그 날 예루살렘에서 야고보가 주도한 이유는 하나님께서 주신 영예로운 직위를 가졌기 때문이 아니라, 다른 사람들이 그의 나눔 가운데 예수님을 인식한 까닭입니다. 예수님께서는 사람들이 진리를 들었을 때 그들이 진리를 인식하는 것만으로 만족하신 듯합니다. 이렇게 그분께서 정하신 바를 우리가 기관적 절차로 넘겨버린다면 그리스도를 향한 우리의 충실함을 교란하는 맹종을 용인하는 꼴입니다.

우리의 권위를 의인화된 하나님의 진리 외에 직함, 지위, 직업, 학위 혹은 사도직을 계승했다고 주장하는 자나 다른 어떤 곳에 두면, 사람들이 예수님을 따르도록 돕는 데서 비켜나 그분의 자리를 무언가 또는 누군가로 대체해버리게 됩니다.

하지만 그러면 모두가 자기 보기에 옳은 대로 자유롭게 행해도 된다는 뜻 아닙니까? 그렇습니다, 이는 그리스도 안에 있는 자유의 본질입니다. 그렇지 않으면 우리는 다른 모든 나라처럼 왕을 요구하며 하나님의 통치를 거부한 이스라엘 민족과 다를 바 없습니다. 만일 사람들이 실수를 저지르면 어떻게 하나요? 그들은 실수할 것입니다. 그러나 우리는 진리를 보는 데서 그 유익을 거두고 놓친 곳에서는 그 대가에 직면하며 진리와 오류를 분별하는 감각을 날카롭게 해 나갑니다. 그 사실과 더불어 그 누구도 거대한 중앙집권 체계를 지휘하지 않으므로 실패해도 비교적 제한적이며 광범위한 파급력은 갖지 못합니다.

기관적 필요나 권력을 잡게 해주는 현실에 따라서 너무나도 쉽게 관점이 쏠려버리는 어떠한 위계 계급을 믿느니 나는 예수님께 귀 기울이는 선량한 심령의 사람을 더욱 신뢰합니다. 역사적으로 이단은 예수님을 따르는 단순한 사람들로부터가 아닌, 거대한 추종자들을 얻으려고 꾀하는 누군가로부터 생겨났습니다. 나의 경험상 그런 식으로 사는 사람들은 치열하게 자립을 꾀하지 않으며 쉽사리 오류로 미혹 당합니다. 외려 그들은 예수님께서 그들의 심령에 두신 진리를 확인하는데 도움을 줄 다른 사람을 찾아 나섭니다.

진정한 권위는 진리를 빛나게 만듭니다

지식은 귀한 도구입니다. 새로운 피조물을 아우르는 법을 배워나갈 때 신학적 기본, 성경의 속죄 이야기, 하나님의 성품과 우리 가운데 그분의 목적을 이해하는 일은 매우 도움이 됩니다. 당신에게 이 여정이 처음이라면 이러한 맥락 가운데 얼마간 좋은 가르침을 주의 깊게 찾아내십시오. 그렇지만 바울은 "지식은 우쭐대게 하나 사랑은 세워주느니라"(고전 8;1)고 우리에게 경고했습니다. 변화 받지 않은 신학적 지식은 교만으로 이끌 뿐입니다.

그분의 권위는 진리와 사랑을 아우릅니다. 또한 누군가의 심령에 이미 하나님께서 넣어두신 진리를 조명해주는 권면, 질문 또는 행동 가운데 자명하게 드러납니다. 권위란 이미 심령 가운데 활동하는 새로운 피조물의 실재에 반응하도록 문을 열어주는 움직이는 진리라고 말할 수도 있겠지요. 그렇기 때문에 바울은 사도임에도 조종하는 수단에 기대기를 거부했습니다. 오히려 그는 "오직 진리를 나타냄으로써 하나님 앞에서 우리 스스로를 각 사람의 양심에 추천하노라."(고후 4:2)고 말했습니다.

권위에는 지식을 뛰어넘는 능력이 있습니다. 권위를 지닌 사람은 방어적이거나 논쟁적이지 않습니다. 왜냐하면 그들은 사람들이 준비됐을 때면 진리 자체만으로도 능력을 수반한다는 사실을 알기 때문입니다. 그리고 사람이 준비되지 못했을 때는 등떠밀어도 도움이 되지 못합니다. 권위는 어둠 속으로 빛이 비출 수 있는 틈을 모색합니다. 권위는 진리란 연약하지 않으며, 결국 의견이 소용 없고 속임수가 탄로 나며 거짓 가르침은 서지 못하는 지점에서 언제나 승리함을 인식합니다. 오직 진리만이 영속합니다.

진정한 권위는 명령을 내리는 권력이 아닙니다

옛 피조물의 권위란 온통 누가 주도하고 누가 추종할지에 관해 지배 위주로 돌아갑니다. 결혼에 있어서 복종하라는 바울의 요구를 얼마나 많이 힘겨루기로 가르쳤습니까? 남편은 책임을 지니까 아내는 복종해야 된다. 이는 전혀 바울의 요지가 아니었습니다. 새로운 피조물에 있어서 복종은 아내를 이등 시민으로 낮추는 권력이나 특권과 상관없습니다. 아내의 복종은 예수님께서 그녀에게 바라시는 모든 것을 얻게 하는 남편의 책임을 전제합니다. 권위란 명령하기보다는 섬기고 지지해주는 자리입니다.

그러므로 진정한 권위의 본질을 이해하는 사람은 선물로 부여받은 삶의 시간과 에너지를 인간을 관리하는 데 낭비하는 이사회나 위원회로부터 멀어집니다. 그런 부류는 사람을 온전히 사랑하는 대신에 율법을 따르도록 꾑니다. 당신이 만일 다른 이를 향하여 하나님의 기준에 부합하도록 만들 책임이 있다고 생각한다면 그들이 반항할 경우 어디에서 멈춥니까? 오늘날 우리는 그들을 가십, 비난, 따돌림으로 응징합니다. 그러나 과거의 처벌에는 고문과 사형도 있었습니다. 심지어 우리가 추앙하는 일부 종교 개혁가조차도 그들 자신이 보기에 하나님의 뜻대로 사람들이 굴복하도록 위협과 폭력을 사용했습니다.

우리는 인간 경험의 혼돈으로부터 사람들을 보호하고자 하는 희망으로 조직이든 철학이든 대부분의 인위적 체계를 만들어냅니다. 그러나 그렇게 할 수 있는 체계란 전무했으며 그래서 우리는 균형을 맞추고자 하는 기대로 끊임없이 체제를 개조합니다. 그런 식으로 혼돈을 다루려는 열심은 하나님 안에서는 볼 수 없는 모습이라는 사실을 알고 있습니까? 그분의 권위는 혼돈 가운데서 움직이시며 그분의 왕국을 펼치고 새로운 피조물로 사람들을 초대합니다. 혼돈을 막기 위해 체제를 개조하려고 무익하게 애쓰기보다, 나는 혼돈 속에 나타나는 그분의 임재에서 더욱 큰 기쁨을 발견합니다.

만일 권위가 단체를 감독하는 데서 나오지 않는다면 어떤 사람이 그리스도께 속했는지 아닌지 그 누구도 결정해선 안 됩니다. 교회는 하나님께서 자신의 백성을 아신다(딤후 2:19)는 한 가지 기초 위에 서 있습니다. 그분께서 아신다면 우리가 알 필요는 없습니다. 그렇기 때문에 예수님께서는 제자들에게 곡식과 가라지를 분리하려들지 말라고 경고하셨습니다. 그러다가는 결국 둘 다 파괴하게 되어 버리기 때문입니다. 새로운 피조물의 권위는 생명으로의 초대라는 당근이지, 채찍이 아닙니다. 만일 사람들이 원하지 않는다면 당신이 그들을 오도록 만들 수 있는 권위란 없습니다.

진정한 권위는 인정받을 뿐 요구하지 않습니다

아마도 지금껏 내가 받은 가장 우스운 전화는 어떤 한 아버지와의 통화였습니다. 그는 가정을 갈갈이 찢어놓은 한 이슈를 두고 자신과 아내와 딸이 싸우는 가운데 비통한 고뇌에 빠져 있었습니다. 자신이 옳다고 너무나도 확신한 그는 다른 가족의 견해를 무시했습니다. 전화를 받자마자 나는 그가 화난 사실을 알아차릴 수 있었습니다. 그는 고성을 지르며 광분했습니다. "웨인, 도대체 나는 언제쯤 아내와 애들한테 마땅한 존경을 받을 수 있을지 좀 말해주겠나?"

나는 웃음이 터지기 전에 가까스로 음소거 버튼을 눌렀습니다. 다행히도 그는 이십 분 동안 격노하며 나에게 스스로 가다듬을 시간을 주었습니다. 그는 내 친구였던 만큼 나는 그의 위기가 재미있었던 것은 아닙니다. 오히려 그 반대입니다. 그는 큰 고통 가운데 있었습니다. 단지 그의 질문이 너무나도 터무니없이 다가왔을 뿐입니다. 내가 그의 결론에 대해 생각할 필요조차 없다면서 아내와 아이들에게 무슨 말을 했는지 묻자 그는 침묵했습니다. 잠시 후 그는 눈이 열려 그가 가족을 무시한 만큼 그 역시 되받고 있었음을 보게 됐습니다.

당신이 권위를 요구해야 한다면, 실은 권위가 없기 때문입니다. 누군가가 더욱 엄숙하고 고압적인 목소리를 낸다거나, 사람들이 동의하지 않을 때 요동하거나 언짢아하면 그 사람은 하나님의 권위에 관한 이해가 없다고 분별할 수 있습니다. 그리스도의 음성은 그렇게 꾸밀 필요가 없습니다. 내가 지금껏 들은 중 가장 진실된 말씀은 강단으로부터 외친 소리가 아니라, 예수님에 관해 아는 사람과 나눈 소박한 대화 가운데서 내가 들어야 할 내용을 평이하게 얘기한 경우였습니다.

진정한 권위가 왕국을 세웁니다

　교회의 진정한 권위는 절대로 우리 기관을 관리하고 건전한 교리를 보존하기 위하여 존재하지 않습니다. 그보다는 "아버지의 왕국이 임하옵시며, 아버지의 뜻이 하늘에서 이루어짐 같이 땅에서도 이루어지이다"라는 예수님의 기도가 응답 받듯 권위는 예수님과 동역합니다. 형제자매의 공동체는 강력하며 그분께서는 우리가 그분의 생명을 나누면서 건강하게 자라나는 관계 가운데 기뻐하기 바라십니다. 따라서 그러한 공동체는 기도하고 왕국의 권능을 선포하며 하나님과 동행하여 그분의 뜻이 이루어지는 영역을 확대해나가는 열매를 맺습니다.

　예수님께서 베드로의 고백에 대해 교회를 세울 반석이라고 확언하셨을 때(마태복음 16장) 가리키신 그 열쇠가 이 땅 위에 하나님의 주권을 확장합니다. 이는 너무나도 자주 신비로 남는 영적 차원으로 우리를 초대합니다. 우리가 사건을 조종하거나 다른 사람이 그분의 명령을 따르도록 만들기 위해 하나님을 이용할 수 있다는 뜻이 아닙니다. 이 권위는 하나님 아버지께서 역사하시는 것에 합류하는 것이지, 그분을 우리 편으로 끼워 넣지 않습니다. 그분께 기도하고 순종하므로 우리가 사는 곳에 그분의 왕국의 국경을 확장해나갈 수 있습니다. 이에 관해서는 진정한 권위가 폭발적으로 증폭하는 교회의 연합을 이야기할 때 좀 더 상세하게 다시 다루겠습니다.

그분의 권위의 본질을 정의하면서 나는 옛 피조물 가운데 권위 구조를 무시하는 방향으로 나아가지 않습니다. 정부는 우리에게 하나님을 부인하도록 복종을 요구하지 않는 한 명백한 권위입니다. 직장 등 당신이 속한 어느 단체라도 거의 권위 조직이 있습니다. 다른 누군가의 존재에도 권위가 있어 그들을 존중하며 그들 양심에 자리를 내어줍니다. 이러한 구조는 사람들의 의견이 합치하지 않을 때도 사회를 보존하는 역할을 감당합니다. 하나님께서도 이를 존중하시는 까닭은 그 누구에게라도 그분 자신을 사랑하도록 강요하지 않으시는 분이기 때문입니다.

그리스도의 권위 안에 걷는 것은 다른 이에게 당신의 의지를 강요하지 않고도 당신이 다양한 환경 가운데 거하도록 해 줍니다. 우리가 어떠한 기관적 권위의 영향권에 속했을 때 거기 동의하지 않을지라도 사랑은 우리에게 존중을 요구하기 마련입니다. 내가 회중 가운데서 강연할 때에 하나님께 신호를 받지 않는 한 절대 요청받은 선을 넘지 않습니다. 나는 그들이 부여한 구역 내에서 하나님의 역사를 조성할 수 있습니다. 당신이 어떤 회중에 출석하고 있다면 그들의 삶을 함께 주관하는 조직을 존중하십시오. 그럴 수 없다면 당신이 떠날 시간입니다. 당신은 막판까지 저항하거나 다른 사람에게 불만을 품도록 만들지 않고도 조용히 떠날 수 있습니다.

나는 다른 사람들과 프로젝트 작업을 할 때면 합의에 이르지 못할 때라도 손 놓고 멈춰버리지 않도록 분명한 의사결정 과정을 마련해 둡니다. 진심으로 만장일치의 합의에 이르고자 분투하겠지만 모든 결정에 관해 그러기에는 시간이나 에너지가 허락지 않는 만큼, 우리는 합의에 도달하지 못할 때도 의사결정을 내릴 '적임자'를 항상 갖춥니다. 물론 단지 누군가 의사결정을 맡게 됐다고 해서 항상 바른 결정을 내릴 수 있다는 뜻은 아닙니다. 우리가 수단으로서의 조직을 최소한 그리고 임시적으로 유지하는 편이 가장 좋은 까닭은 시간이 지나고 보면 다 알게 됩니다.

이 장을 마치면서, 우리의 위계 체계를 제거하면 무질서만 야기할 뿐이라고 우려하는 이를 위한 멋진 소식이 여기 있습니다. 예수님께서 머리 되시는 곳에서 다른 사람의 통제로부터 자유롭게 되는 것은 혼돈으로 퇴보하게 만들지 않습니다. 오히려 오직 사랑만이 낳을 수 있는 새로운 종류의 질서를 향하여 문을 열어 줍니다.

16

통제가 아닌 질서입니다

서로 존중하기를
먼저 하라. _ 롬 12:10

여섯 번째 특징 : 질서는 정책과 규칙이 아닌 상호 존중과 애정으로부터 나옵니다

"당신과 줄리는 왜 그래요?" 우리 딸과 손녀들이 차를 몰고 나가는 모습을 함께 지켜보면서 아내가 쏘아붙인 말에 나는 뜨끔했습니다.

의아한 표정으로 나는 돌아섰습니다. "우리 무슨 이야기하는 거지요?"

"왜 둘이서 내 정원에 규칙을 만들어요?"

오 이런!

우리 손녀들은 방금 우리와 하루를 지냈는데 눈길을 사로잡는 사라의 영국식 정원에서 대부분을 보냈습니다. 사라는 이 동산을 짓는데 무수한 시간을 들였습니다. 정원을 들어서면 장미로 둘러싼 아치가 당신을 맞이하며 만발한 꽃밭 사이로 나뭇조각을 깔아 놓은 길이 굽이칩니다. 사라는 손녀들을 위해 플라스틱 갈퀴를 사두었는데 그중 한 명이 나무 조각들을 긁어모으는 모습을 보고 나는 어떻게 그 아이가 잘못했는지 설명하면서 나무조각들을 긁어 편평하게 만드는 방법을 알려주었습니다. 순식간에 그 아이는 슬픈 눈빛으로 변하더니 갈퀴질에 흥미를 잃었습니다. 다음에는 내 딸이 와서 아이들이 꽃 꺾는 모습을 보고선 멈추라고 말했습니다. "할머니의 꽃을 꺾기 전에는 할머니께 물어봐야지."

물론 우리 둘은 도와주고 있다고 생각했지만 사라에게 설명해도 소용없었습니다. 그녀는 내 팔을 잡고 눈을 바라보더니 미소 지었습니다. "내 손녀들이 그 정원에서 할 수 있는 일이 하나도 없잖아요. 애들이 떠나면 십 분 만에 내가 다 고칠 수 있는 일인데. 애들이 꽃을 얼마나 꺾든지 신경 안 써요. 그러라고 내가 꽃을 기르는걸요. 내가 원하는 건 걔들이 내 정원에서 즐기는 것뿐이에요." 그제야 나는 그 뜻을 알아챘습니다. 누군들 정원의 흥을 깨뜨리고 싶겠습니까? 그녀가 원하지도 않았는데 단지 그녀를 위해 기꺼이 내가 그리했다면 도리어 더 잘한 일이겠지요.

그러나 그녀의 말 가운데 나는 더욱 위대한 정원의 더 큰 음성을 들었습니다. 나는 얼마나 자주 하나님의 정원에 규칙을 만들어 그곳에서 자라나는 그분의 자녀의 기쁨을 깨뜨렸던가? 우리는 그분의 교회를 보호하기 위해 통제 체계를 사용하며 부지불식간 교회의 모든 기쁨을 앗아갑니다. 그러한 환경에 있는 '교회'만 아는 사람은 질서와 소통을 유지하는 인간적 리더십이 없는 사회를 그려내지 못합니다. 그들이 고려하지 못했으며 아마 볼 기회가 없었던 것은 하나의 관계망을 이룬 사람들이 목자장의 지시 아래 살 때 벌어지는 일입니다. 그들에게는 지배 체제가 필요치 않으며 사실상 그러한 시스템을 거추장스럽게 여깁니다. 사람들이 육신의 지배로부터 자유롭게 사는 법을 배우는데 어째서 옛 피조물을 위해 만든 보호 수단이 필요하겠습니까? 기관은 기능하기 위해 지배력이 필요하고, 사람은 성장하려면 사랑이 필요합니다.

예수님의 교회는 사람들이 감독을 머리에 맡겨 드리고 다른 이의 필요를 자기 필요보다도 더 앞에 두며 사랑과 신의로 서로 존중하는 곳에서 번성합니다. 교회는 그분의 몸이며 우리가 그분을 대신해 지배권을 취하는 것은 그분께서 자기 몸을 세우실 능력을 우리가 믿지 못한다는 가장 확실한 징표입니다. 우리는 이 불신앙을 '교회'의 역사 내내 드러냈습니다. 아마도 내 인생에서 대표적 사례는 1970년대 말부터 1980년대 초까지의 목양 운동이었을지도 모릅니다.

은사주의 갱신운동이 성장하면서 사람들은 일부 교파가 허용하는 정도보다도 더욱 역동적으로 역사하시는 하나님과 관계를 맺게 되었습니다. 많은 이들이 회중을 떠나 새로운 모임이나 가정 교회를 형성했지만 정체성을 확장하지 못하는 등 문제와 마주쳤고 플로리다에 기반을 둔 영향력 있는 교사 그룹에 도움을 청했습니다. 그들은 서로서로 관계적인 교제 가운데 협력하면서 기쁨을 발견했으며 그런 관계를 공식적인 언약으로 만들어내 다른 사람들에게도 하나의 모델이 되었습니다. 불행히도 이는 결국 제도화의 숙명적 전철을 밟고 말았습니다.

다른 이를 도우며 보호하고자 갈망하는 한편으로, 교회를 감당하는데 인간적 체계의 한계를 미처 의식하지 못한 채 그들은 포트 로더데일Ft. Lauderdale에서부터 리더십 위계를 구축했습니다. 전 세계적으로 생긴 그룹을 관리하기 위하여 그들은 다양한 수준으로 지역 단위에 진출하기까지 이르렀습니다. 인간이 만든 모든 체계와 마찬가지로 지배는 아래로 돈은 위쪽으로 이동하였습니다. 지역적 수준에서 그들은 리더에게 십일조를 냈고, 그 리더는 또한 상부에 십일조를 하는 등 근본적으로 부패하기 좋은 다단계 마케팅 조직을 만들어냈습니다. 그리고 곧이어

재정적 남용뿐만 아니라 압제적 권위도 뒤따랐습니다. 더 지혜로운 자가 다른 이를 돕고자 시작한 일이 곧 맹목적 복종을 요구하며 권위를 밀어붙이는 불안전한 리더십으로 변해버렸습니다. 그 운동은 너무나도 어두워져서 창시자들 스스로가 체제를 해산해야 할 지경이 되었습니다.

무엇이 잘못됐습니까? 지도해 달라는 추종자들의 외침에 부응한 결과 그들은 돈, 명성, 지배권을 향한 정욕에 저항할 수 없는 인간의 본성을 재발견하였습니다.

은사를 사용하여 다른 사람들이 그분을 신뢰하고 따르도록 갖춰주기보다도 그들은 자신의 추종 세력을 구축하고자 하는 유혹에 굴복했습니다. 세계를 다니면서 나는 그 운동에서 이용되고 혹사당한 사람들을 만나보았습니다. 다행히도 그들 중 많은 이는 지난 실수를 뒤로 하고 예수님을 더욱 성숙하게 의지해 나가며 성장하는 은혜를 발견하였습니다. 더 이상 그들은 오직 예수님만이 다스릴 수 있는 무언가를 인간 시스템이 관리해주기 기대하지 않습니다. 그 와중에 살아남은 톰 몬은 이제 그가 아는 교회에 관하여 이야기합니다. 그 교회는 "역사 밖에 근원을 두고 가시적인 지지 수단도 없지만" 그리스도의 능력으로 살아 있습니다. 그는 계속해서 말합니다. "교회는 우리가 세상 체계의 일부인 기관으로 볼 때 순결과 능력을 잃어버렸습니다.

교회를 순서도flow chart와 마찬가지로 취급하는 일은 적어도 신성모독이며 최악의 경우 악마적이기까지 합니다."

그와 같은 사람들은 상처 때문에 진저리쳤을까요, 아니면 그 상처가 인간적 통제에 때 묻지 않은 교회의 아름다움을 구하도록 그들의 눈을 열었을까요? 지난 이십 년의 세월 동안 나는 영적으로 중개하지 않고, 공동체를 관리하지 않으며, 세계에 걸친 네트워크를 거느리지 않고도 기능하는 교회의 진가를 알아보게 되었습니다. 그분 안에 신뢰가 자라나면 우리는 스스로 통제하고자 하는 욕구를 내려놓고 단지 그분의 영광이 펼쳐질 때 그분께 합류하게 됩니다.

영적으로 중개하지 않는다는 의미는 우리 모두가 아들이 이루신 일을 통해 직접 하나님께 접근할 권리가 있다는 뜻입니다. 하나님과 사람들 사이에 한 중재자가 계시니 곧 사람이신 그리스도 예수라(딤전 2:5). 이 말씀을 이해하는 그 누구도 자신을 예수님과 그분의 백성 사이에 끼워 넣으려 하지 않습니다. 그리고 이를 이해하는 누구라도 예수님 자체를 대신해 따라갈 리더를 찾으려 들지 않습니다. 새로운 언약으로의 초대란 "가장 작은 자로부터 가장 큰 자에 이르기까지 모두가 나를 알리라."(히 8:11) 입니다. 그 길을 당신보다 더욱 앞서간 다른 사람들이 있을 수 있으며, 그들은 당신이 하나님을 알고 따르는 의미를 배워나가도록 갖추는데 놀라울 정도로 도움 될 수도 있습니다. 하지만 예수님을 따르는 사람은 절대로 당신에게 그분 대신 그들 자신이나 프로그램을 따르라고 요구하지 않습니다.

공동체를 관리하지 않는다는 뜻은 우정으로부터 자라나는 공동체를 우리가 정규 모임으로 대체하지 않는다는 의미입니다. 우리 삶을 모임과 돌봄 기관으로 채우는 대신에, 삶 속으로 사람들을 초청하고 그분께서 알려주시는 대로 관계를 맺으며 그 우정의 열매를 누리는 데 시간을 보내게 됩니다. 공동체는 애정의 관계 속에서 그분의 생명을 나누며 그분께서 우리에게 요청하시는 무엇이든지 할 자유 가운데 발견할 수 있습니다.

네트워크를 운영하지 않으면 성령님께서 도시, 지역, 나라를 넘나드는 더욱 드넓은 연대를 주십니다. 사람들이 아낌없이 우정을 건넬 때 하나님께서 세계에 걸쳐 마음을 엮어 나가시는 방식에 나는 놀랐습니다. 모두가 여행 체질은 아니겠지만 내가 지역별로 아는 모든 사람은 다른 나라에서 맺은 나의 우정으로 인해 유익을 누립니다. 그들의 발견과 대화의 씨앗이 우리에게, 우리의 나눔이 그들에게 뿌리 내리게 됩니다. 그러한 관계를 통하여 지혜가 퍼지고 하나님을 보는 우리의 관점이 넓어지며 무수한 과업을 이룰 자원이 모입니다.

프로그램을 기반으로 한 우리의 활동에서 벗어나 다른 사람과

의 관계 구축이 우리 가운데 교회를 표현해준다고 실제로 생각하는 일이 얼마나 두려울지 압니다. 이는 우리가 배운 모든 내용을 거스르긴 합니다. 그러나 나는 수년 동안 그러한 일을 지켜보았으며, 우리가 더 이상 주관하지 않고 우리의 삶에 기적과 이사를 엮어 넣으시는 성령의 흐름을 좇을 때보다도 더욱 경이롭고 강력한 교회 생활의 사례를 발견한 적이 없었습니다.

몇 년 전 아일랜드의 어떤 친구가 세계에 걸쳐 아버지의 사랑 가운데 사는 법을 배우는 사람들을 일주일간 위클로주의 모임으로 초청했습니다. 그들은 나에게 오도록 청하면서 모임으로 인해 축복이 될 만하다고 여기는 다른 사람이 있으면 초청해 달라고 부탁했습니다. 나는 몇몇 사람을 초대했는데 아프리카의 한 형제는 우리가 정확히 무엇을 하는지 이해하기 어려워했습니다. 그것은 컨퍼런스인가요? 아니요, 그냥 사람들의 모임이에요. 거기 집회가 있나요? 아니요, 우린 단지 모여서 하나님께서 행하시는 일을 봅니다. 뭐라도 가르쳐 주나요? 정식적으로는 전혀요.

그는 그 모임에 시간을 쓸 만한 가치가 있을지 확신하지 못했으며 나는 그것을 이해할 수 있었습니다. 규정할 수 없는 그 무언가에 참석하려고 그는 직장도 포기하고 가족을 떠나 값비싼 티켓을 구매하려던 참이었습니다. 백 명 이상의 사람들이 일주일 동안 함께 모일 예정이었습니다. 사전에 준비한 이벤트는 첫 주일날 식사 나눔, 월요일에 주변 전원지역 투어 그리고 마지막 토요일에 바비큐뿐이었습니다. 그 모임에 관해 그는 무언가 영적으로 의미 있는 모임이라기보다 무슨 휴일을 즐기는 것처럼 느꼈기 때문에 몇 주간 고민했습니다. 나는 그를 밀어붙이지 않았습니다. 단지 초청을 했을 뿐입니다.

결국에 동참한 그는 들판에 친 커다란 천막 속에서 바비큐를 마치며 나와 함께 구석에 서 있었습니다. 그 친구는 너무나도 행복에 겨워했습니다. 그는 한 주를 그렇게 보내본 적이 없었고 만난 사람들로 인하여 영적으로 너무나도 풍성해졌다고 말했습니다. "지난 6일 동안 일어난 일을 믿을 수 없습니다. 내 인생에서 참여한 그 어떤 곳보다도 더 많은 가르침과 대언을 들었고 기도 받았으며 다른 사람들과 상당한 통찰을 나누었습니다."

닝석 여정 가운데서 사람들이 서로 가까워질 때 교회가 나타납니다. 함께 하는 데서 나오는 순전한 기쁨과 생명이 무엇인지, 그리고 새롭게 맺은 우정으로 인하여 단지 그 주뿐만이 아니라 앞으로 몇 년 동안 어떤 열매를 맺을지 그는 전혀 상상하지 못했습니다. 나는 전 세계에 걸쳐서 자라나는 관계망을 지켜보는 기쁨을 누려왔으며 그러한 연계가 어떻게 그리스도의 역사를 풍성하게 만들며 그분을 더 온전하게 바라볼 수 있도록 해주는지 보고 있습니다.

하지만 이를 이어나가기 위해서는 우리 모두가 관련 조직을 남발하며 다달이, 분기별 혹은 연례적 모임을 시작하고자 하는 유혹에 저항해야만 합니다. 모임을 만들어내면서 우리는 가족 안에 새로운 파벌의 씨앗을 심고 그분의 역사에 인간적인 의제를 집어넣음으로써 그 자발성에 중대한 손상을 가하게 됩니다. 몇 년 전 그 위클로의 모임에 참가하면서 끝마칠 때 그 누구도 연례행사나 정례적 네트워크로 만들자고 주장하지 않았다는 점에 나는 전율을 느꼈습니다. 사람들은 모임을 계획하고 열도록 영감을 받으면서 다른 장소에서 시도하고자 했지, 같은 곳에서 같은 사람들이 모이려고 하지는 않았습니다. 실은 이 여정 위에 있는 많은 이들은 무엇이든지 단지 처음에 좋았다는 이유만으로 같은 것을 되풀이하는 데는 주저하는 편입니다. 실재보다도 판에 박힌 일상을 중시하는 우리의 경향을 알기 때문입니다. 전통이란 동일한 결과를 얻으려고 하나님께서 한때 행하신 일을 되풀이하시도록 만들고자 하는 시도입니다. 하지만 그러기에는 성령님의 호흡이 너무나도 독특해서, 우리는 결국 그분께서 옮겨 가신 지 한참 뒤에도 스스로를 일상의 틀에 가두게 됩니다.

이 모든 일의 중점은 중개나 관리나 관계 유지가 없이 사는 삶이 아닙니다. 다만 예수님께서 중개하시고, 관리하시며, 유지해주심을 우리가 신뢰하는지가 중요할 따름입니다. 이와 같은 실재를 우리의 전통과 프로그램이 담아낼 방도는 없습니다.

몇 달 전 나는 만나본 적도 없는 어느 지역 교회 목사님에게 한 친구를 통해 원고를 청탁했습니다. 그는 전화로 다소 조심스럽게 들려도 괜찮은지 물었습니다. 그 왕래는 두 시간 동안의 대화로 이어졌습니다. 며칠 뒤 그는 나를 점심에 초청했으며 우리는 다시 한번 서로의 생각과 열정에 도전받았습니다. 몇 개월 후 나는 아침에 일어났는데 마음에 그가 떠올라 또다시 점심 약속을 잡았습니다. 식사를 마치며 그는 나에게 매달 모이자고 제안했습니다. 단지 그 생각만으로도 나는 속이 조금 거북해졌습니다. 그와 함께 하고 싶지 않아서가 아니라, 예수님께서 다음 만남을 기뻐하신다면 우리를 모아주시리라고 신뢰하는 대신에 정기석인 모임으로 바꾸어버리면 자라나는 우리의 우정이 변질될 수밖에 없다는 것을 알았기 때문입니다.

나는 그에게 다른 방안을 제안했습니다. "우리가 해온 대로 계속하면 어때요? 다음번에 당신 마음에 내가 떠오르면 나에게 연락하세요. 그리고 나도 당신이 생각나면 연락하지요." 이 말은 누군가에게는 가볍게 들릴 수 있다는 것을 압니다. 그런데 육 개월만 해보십시오. 당신은 일상적이고 습관적인 대화보다도 성령의 바람으로부터 떠오르는 대화가 맺는 수백 배의 결실을 발견하게 됩니다. 그러면 우리는 만나서 무언가 할 말을 찾으려고 애쓰는 대신 원하는 때나 어떤 대화거리가 있을 때 모이게 됩니다.

무엇이 이러한 더욱 관계적인 연계가 무질서로 빠지지 않도록 방지할까요? 지난 이십 년 동안 사람들이 맺어가는 관계를 지켜본 사람으로서 두 개의 성경 구절이 떠오릅니다. 이 구절들은 외부적으로 질서가 들어서기보다 관계적으로 싹틀 수 있게끔 지혜를 줍니다.

"형제의 사랑으로 서로 다정하게 대하며, 존경하기를 서로 먼저 하십시오"(롬 12:10 새번역) 바울은 로마의 성도들에게 무엇을 고려하든지 사랑의 관계를 그보다 위에 두도록 청하였습니다. 우리가 우정에 충분한 가치를 둘 때 자신의 갈망보다도 서로를 존중하게 됩니다. 관리하에 모임은 미숙하고 방종하는 자들이 그 환경을 부당하게 이용하지 못하도록 제지해야만 됩니다. 당신은 마음 가는 사람을 이용하지 않으며, 자신의 목적을 도모하기보다는 반드시 모두가 보살핌 받을 수 있도록 최선을 다하게 됩니다.

"오직 사랑 안에서 진리를 말하며 우리가 모든 일에 성장하여 그에게 이르니 그는 머리시며 곧 그리스도시니라."(엡 4:15) 사람들이 마음을 열고 정직하게 서로를 향한 애정에 깊이 뿌리

내린 관계를 나눌 때면 빛으로 나아와야 할 모든 것이 드러나게 됩니다. 이러한 과정은 이기심, 불화, 속임수, 가십이나 배신만큼 빨리 무너뜨리지 못합니다. 이 일이 일어나는 곳에서 사람들은 다정하게 문제를 대면하고 부정적일 필요조차 없어지는 더욱 큰 자유를 향해 초대받습니다. 애정에 바탕을 둔 정직함만이 모임을 보호하는 데 필요한 전부입니다. 이토록 은혜롭게 사람들이 변하기 원하거나 아니면 맞지 않음을 깨닫고 물러나면서 문제는 해소될 수 있습니다. 이는 누구도 자유를 억지로 침해받지 않게 건강한 경계를 제공합니다.

이러한 실재가 어우러지는 곳에서는 겸손과 관대함이 강력하게 결합하며 사람들을 지배 아래 두지 않고서도 질서를 유지하며 우리 삶을 함께 조정해 나가게 됩니다. 사람들은 매우 상이한 관점을 가지면서도 서로를 존중하며 자신의 득실을 위해 싸우기보다 양쪽의 관심사를 아우르는 지혜를 구할 수 있습니다. 우리가 함께 그분의 지혜를 알아가는 한 가능성은 무한합니다. 사람들과 애정을 기울여 나눌 수 없는 곳에서 교회의 발현은 쇠퇴하며 또한 죽어버린 조직을 뒤로 남기고 떠나지 않기 위해서도 그래야 마땅합니다.

관대함과 겸손이 넘치는 곳에서 교회는 더욱 눈에 띄게 됩니다. 그러한 교회는 다른 이를 돕거나 어떤 프로젝트를 완수하는데 더욱 쉽고, 적은 비용으로 고정 사역자라는 부담 없이도 매우 놀랍게 협력할 수 있도록 문을 열어줍니다.

  상호 존중과 배려의 문화로 사람들이 함께 삶을 나누는 곳에서 교회는 심령과 목적의 연합에 문을 열고 세상을 바꾸게 됩니다.

17

복종이 아닌 연합입니다

너희 선생은 하나요
너희는 다 형제니라 _ 마 23:8

일곱 번째 특징 : 연합은 외부적 강요에 복종하는 것이 아니라 전심으로 동의하는 데서 나옵니다

 거의 사십 년간 사라와의 결혼생활 가운데서도 최고의 순간은 우리 둘 다 완전히 헌신하고 전심으로 즐기는 어떤 일을 함께 할 때입니다. 아니, 우리가 항상 그렇게 살지는 않습니다. 모든 관심이 겹치진 않으므로 우리가 모든 일을 함께 하지는 않습니다. 어떤 날에 우리는 의견 대립이나 차이를 정리하기도 합니다. 때로 나는 그녀를 섬기기 위하여 내가 선호하는 바를 포기하게 됩니다. 다른 때는 그녀가 나와 무언가 함께하기 위해서 자기 생활을 내려놓습니다. 그런 날 역시 특별합니다. 왜냐하면 사랑은 자신의 것을 구하지 않을 때 깊이 흐르니까요.

그러나 우리의 갈망과 통찰 그리고 열정이 완전히 겹쳐서 한마음 한뜻이 될 때, 우리는 두 사람이 아니라 일치와 희락 가운데 하나됨이 어떤 뜻인지 누리게 됩니다. 이는 집안일, 중요한 의사결정, 도움이 필요한 누군가에 우리 삶을 내어줄 때, 여가, 우리 둘 다 사랑하는 친구와 함께 저녁을 보낼 때나 우리 결혼의 친밀함을 기뻐할 때에도 일어날 수 있습니다.

시편 기자는 하나님의 백성이 연합하여 동거함이 얼마나 선하고 아름다운지 경탄할 만큼 그 기쁨을 알았습니다(시편 133편). 정말이지 그와 같은 기쁨은 없습니다! 당신이 진정한 애정, 겸손, 관대함 가운데 길을 찾을 때 배우자와 깊은 연합을 경험하게 되며 모든 날이 즐거운 모험으로 변합니다. 서로가 자신을 내려놓음으로써 어떻게 하나가 되는지 발견하는 데는 결혼이 최고의 자산이긴 하지만 유일한 길은 아닙니다. 바울은 어린 교회를 향하여 비슷한 모험으로 초청했습니다. "화평의 띠 안에서 성령의 하나됨을 지키도록 열심히 노력하라."(엡 4:3)

이 책을 퍼 읽어나가면서 우리는 이 장에까지 이르렀습니다. 자신의 선호나 생각보다 그분 안에서 생명과 기쁨을 발견했기에 전심으로 동역하고 사랑하는 남녀들이 함께 찾아가는 연합 가운데 교회의 능력이 있습니다. 마음의 지경을 계속 넓혀가며 살기보다 다른 이의 기대에 부응하며 복종에 기반을 두는 체제 속에서 이러한 연합을 만들어낼 수가 있겠습니까? 그러한 삶 없이 실질적인 연합은 존재할 수가 없습니다.

나는 일찍이 마음이 하나인 교회에 참여했습니다. 오로지 한 마음만이 허용되었기 때문인데 바로 담임 목사의 마음이었습니다. 다른 모든 사람은 입 다물고 따라야만 했습니다. 만일 그의 모든 기분에 맞출 수 없다면 당신은 떠나주어야 합니다. 소위 부흥 운동이라고 부르는 일각에서는 최고위층 사람을 향한 무조건적인 복종의 수단으로 '기관의 비전을 지지한다'고 공공연히 말하기도 했습니다. 기관은 적극적인 프로그램을 위해 이러한 종류의 복종이 필요합니다. 그러나 여기서 나오는 연합은 인위적이고 억지스러우며 단명합니다.

예수님께서는 전혀 다른 방향으로 기도하셨습니다.

그러나 나는 이들만을 위하여 기도하는 것이 아니옵고 그들의 말을 통하여 나를 믿을 사람들도 위한 것이옵니다. 이는 그들 모두가 하나 되게 함이오니, 아버지시여, 아버지께서 내 안에 계시고 내가 아버지 안에 있는 것같이 그들도 우리 안에서 하나가 되게 하여서 세상으로 하여금 아버지께서 나를 보내신 것을 믿게 하여 주옵소서. 또 아버지께서 내게 주신 영광을 내가 그들에게 주었사옵니다. 그리하여 우리가 하나인 것같이 그들도 하나가 되게 하려는 것이옵니다. 내가 그들 안에, 또 아버지께서 내 안에 계심은 그들을 하나로 온전하게 하셔서 아버지께서 나를 보내신 것과 나를 사랑하신 것처럼 그들을 사랑하신 것을 세상으로 알게 하려 함이니이다.(요 17:20-23)

이 말씀의 위엄을 온전히 이해하도록 합시다. 예수님께서는 복종이 아닌 연합을 위하여 기도하셨습니다. 이는 오직 그분의 영광으로 변화 받은 삶에서부터 일어납니다. 이 기도의 응답은 지상에서 하나님의 열정을 성취하며 이로써 세상은 아버지께서 예수를 사랑하심 같이 우리도 사랑하심을 알게 됩니다. 다양한 배경으로부터 나온 사람들이 심령과 목적 그리고 초점에 완벽한 연합을 이루게 될 때, 다른 어떤 곳에서도 이룰 수 없는 방식으로 하나님께서 드러나십니다.

물론 이는 아버지께서 행하실 일입니다. 인간으로서는 이와 가까운 일조차 만들어내기란 불가능합니다. 그렇기 때문에 예수님께서는 제자들에게 그 일에 애쓰라고 요구하기보다 그분의 아버지께 간구하셨습니다. 이를 나는 인생에서 여러 번 맛보았습니다. 다른 문화로부터 온 사람들을 알아갈 때 우리가 그분에 관해 이야기하면 서로 무슨 말을 할지 미리 알 수 있었습니다. 그럴 때면 나는 이 연합이 얼마나 강력한지 깨닫습니다. 이는 우리가 같은 책을 읽거나 동일한 교리문답을 외워서가 아닙니다. 그보다 우리는 한 아버지를 알아가고 그분을 신뢰하는 법을 배워나가기 때문입니다. 그리하여 우리 자신의 의제를 버리고 그분의 노선을 따르게 될 정도로 말입니다.

하나님의 다면적 지혜는 온몸을 통하여 퍼져나갑니다. 그러므로 우리는 서로 사랑 가운데 사는 법을 배울 때라야 그 열매를 볼 수 있게 됩니다. 누구도 완벽하게 보지 못합니다. 아무도 모든 답을 갖고 있지 않습니다. 연합은 일치가 아닌 조화입니다. 하나님께서는 우리를 변화시키실 때 각자의 인격과 이야기 가운데 특유의 방식으로 나타나십니다. 그분께서 다양한 사람들을 함께 모으실수록 우리 모두는 하나님께서 누구시며 어떠한 분이신지를 우리 중 누구 한 사람이 볼 수 있는 것보다 더욱 온전하게 볼 수 있습니다. 교향악과 같이 우리 각자의 독특함이 조화롭게 어우러져 그분의 심령과 목적을 감싸고 있습니다. 모두가 그분의 주파수에 맞출수록 우리는 서로에게 맞추게 되고 그로 인해 생기는 합치와 협력은 세상에 지대한 영향력을 미칠 수 있습니다.

이렇게 커지는 연합의 춤은 한 심령, 한 목적, 한 마음을 보여주게 합니다. 예수님께서 요한복음 17장에서 기도하신 바에 관해 바울은 빌립보서 2장 1-4절에서 더욱 상세하게 설명했습니다.

여러분이 그리스도와 함께 연합함으로 어떤 격려라도 받았다면, 그분의 사랑으로 어떤 위안이라도 얻었다면, 성령님과 어떤 교제라도 있다면, 어떤 온유함이나 긍휼이 있다면 마음을 같이하여 같은 사랑을 가지고 성령과 목적에 있어서 하나가 되어 나의 기쁨을 이루어주십시오.

무엇이 바울의 기쁨을 이루어줍니까? 그것은 하나님을 위한 그의 크나큰 공적이 아니었습니다. 그보다는 사람들이 아버지께서 주시는 연합 가운데 그들의 길을 찾아가는 모습을 지켜보는 일이 그의 기쁨이었습니다. 그들은 하나님의 생명에 너무나도 빠져든 나머지 그들의 이기적인 야망(이익, 권력, 특권을 위해 하는 일)과 헛된 자만심(다른 사람보다 더 나아 보이도록 스스로 주목을 끄는 일)을 인식하고 돌아설 능력을 갖추었습니다. 그들은 자신에게 무엇이 좋은지를 넘어서 다른 이들의 유익에 마음을 씁니다. 이는 왕국을 펼치는 장을 만들어냅니다. 크게 필요한 사항은 없습니다. 바울이 말한 요건을 봅시다:

여러분이 그리스도와 연합함으로 어떤 격려라도 받았다면… 당신은 그분과 하나입니까? 그분께서 당신을 바꾸실 것을 믿습니까? 그렇다면 그분께서 당신 주변에 다른 사람도 빚어나가심을 신뢰하십시오.

그분의 사랑으로 어떤 위안이라도 얻었다면… 다른 사람이 당신을 실망시킬지라도 예수님께서는 당신을 지지해주심을 알고 있습니까? 당신은 배반당하기 마련입니다. 사람들이 고통을 회피하려 들면서 당신에게 거짓말을 하며 모함도 하겠지요. 하나님께서 당신을 돌보실 정도로 사랑하심을 알고 있습니까?

성령님과 어떠한 교제가 있다면… 내가 기대하는 유익을 얻기 위해 내가 하는 일을 합니까 아니면 최선을 다하여 그분을 따르고 있습니까? 그분께서는 더욱 큰 그분의 왕국을 위하여 나의 삶을 내려놓고 어떤 식으로든 내가 할 일을 날마다 알려주실 정도로 크신 분입니까?

어떤 온유함이나 긍휼이 있다면… 주변 사람들에게 조금이라도 애정이 있어서 그들과 관계 맺을 만한 부드러운 심령이 나에게 있습니까, 적어도 내가 나 자신을 신경 쓰듯 그들의 안녕을 보살핍니까?

바울은 이 가운데 많은 부분을 요구하지 않습니다. "조금이라도 여러분에게 있다면…" 이렇게 지극히 작은 부분이 연합의 삶을 향해 너른 문을 활짝 엽니다. 당신이 이러한 점을 사람들 가운데 인식할 때 실로 연합 가운데 걷는 일이 얼마나 쉬운지 보게 됩니다. 연합은 서로를 향한 당신의 사랑으로부터 자라납니다. 꼭 당신과 같은 방식으로 보고 같은 활동에 관여하지 않더라도 말입니다. 당신 주위에서 그리스도와 하나됨 가운데 자라나는 사람이 보입니까? 그들은 분투 가운데 있을 수 있고, 여정에 오른 지 얼마 안 됐을 수도 있으며, 심지어 때로는 다소 육신적인지도 모릅니다. 그래도 그들이 그분을 갈망하고 있습니까? 그들이 심령의 더 깊은 이끄심을 이루기 위해 자기 자신의 이익에 반하는 길로 나아가는 모습을 볼 때 나는 그러한 사람을 찾아냈음을 알아차립니다.

바로 이 지점에서 복종에 기반을 둔 체계는 실패하고 맙니다. 사람들은 교리나 의식을 지키느라 너무나도 바쁜 나머지 절대로 어려운 질문을 던질 자유나 새로운 피조물 안에서 스스로의 여정을 찾지 못합니다. 또한 그들은 변화를 받도록 하나님을 알아가지도 못합니다. 사람들은 그들을 안전하게 지키기 위해 고안한 체제 아래 부하로 남아 실제로는 성장에 지장을 받습니다.

나는 존 셸비 스퐁 주교의 글에 많은 부분 동의하지 않지만 그가 한 이 말은 전적으로 동의합니다. "종교는 죄의식을 만들어내고 조종하는 사업입니다. 교회는 사람들의 성장을 좋아하지 않습니다. 왜냐하면 어른을 조종할 수는 없기 때문입니다." 한 연구자는 많은 주일 아침 예배의 교수법이 유치원의 방식과 동일하다고도 말했습니다. 다른 어떤 곳에서 성인들이 들어와

줄지어 앉아서 노래를 부르고, 들은 대로 따라하며 앞에서 말하는 대로 수동적으로 듣고만 있겠습니까?

연합은 자신의 의제를 위해 사람들을 이용하거나 자기 뜻을 다른 이에게 강요하기를 거부하고 다만 그분 따르기를 배우는 자들로부터 나옵니다. 이는 예수님과 바울이 이야기한 내용이며 종종 "교회 권징"이라고도 불립니다. 권징은 누군가를 사랑받는 것으로부터 쫓아버리고 더 나은 선택을 하도록 부끄럽게 만드는 일이 아니었습니다. 단지 우리가 그분을 따르는 법을 배우지 않는다면 여정을 함께 할 수 없다는 사실에 관해 정직해졌을 따름입니다. 우리가 방종 가운데 헤매는 사람을 사랑할 수는 있지만, 그들과 연합하여 성장할 수는 없습니다.

이런 연합의 열매로 우리는 실제로 창조세계 가운데 하나님께서 펼치시는 목적의 일부가 됩니다.

"진실로 내가 너희에게 말하노니, 무엇이든지 너희가 땅에서 묶으면 하늘에서도 묶일 것이요, 또 무엇이든지 너희가 땅에서 풀면 하늘에서도 풀어지리라. 다시 내가 너희에게 말하노니, 만일 너희 중의 두 사람이 무엇이든지 구할 것을 두고 땅에서 합심하면, 하늘에 계신 내 아버지께서 그들에게 이루어주실 것이라. 두세 사람이 내 이름으로 함께 모이는 곳에는 나도 그들 가운데 있느니라."(마 18:18-20)

자라나는 연합의 능력을 이용하는 데는 대규모의 사람이 필요하지 않습니다. 예수님께서는 둘이나 셋이 동의하거나 단지 그분의 이름으로 모이는 곳에서 놀라운 일들이 일어날 수 있다고 말씀하셨습니다.

화합은 우리가 진리를 밝히는데 도움이 됩니다.

우리 모두 부분적으로 알고 부분적으로 보기에 그 부분들이 함께 조화를 이룰 때야 진리의 그림을 더욱 분명하게 얻을 수 있습니다. 우리 모두에게는 놀라운 자기기만 능력이 있으며 듣고 믿기 원하는 내용과 일치하는 정보를 수집하는데 뛰어납니다. 그러나 이 여정 위에서 다른 사람들과 함께 생각하고 탐색하면서 예수님의 관점이 더 뚜렷해집니다. 이는 하나님의 성품과 목적을 바로 알아가는데 가치 있을 뿐만 아니라, 그 진리 속에 사는 법을 익히며 구체적인 삶의 결정을 내리는데 또한 믿기 어려울 정도로 도움이 됩니다. 나는 그분과 변혁적인 관계에 동참하는가, 아니면 단지 스스로를 섬기면서 하나님께서 복 주시기를 바라는가? 진리는 우리를 자유케 하므로 우리는 진리를 기꺼이 받아들입니다. 심지어 우리가 애지중지하는 어떤 신학에 도전할지라도 말입니다. 그렇기 때문에 그리스도 안에서 성장하는 사람은 가능한 폭넓은 대화를 나누기 원하며 다른 관점으로 보는 사람이라도 관계 맺습니다. 여기에는 오랜 옛적 성도들의 글과 생각은 물론 주변에 다른 사람들도 포함됩니다. 그들은 다른 누군가의 생각을 상고해보길 거리끼지 않습니다. 왜냐하면 상반적 견해에 쉽게 속을 정도로 진리가 나약하다고 여기지 않기 때문입니다. 결국엔 진리가 이겨내기 마련이라고 그들은 확신합니다.

예수님 안에서 자라나는 누군가와 내가 일치에 이르지 못할 때면 셋 중 하나는 진실임을 나는 깨닫습니다. 그들이 옳고 내가 잘못돼서 하나님께서 내 안에 더 행하실 일이 있거나, 그들이 잘못되고 내가 옳으므로 그분께서 그들 가운데 무언가 하실 일이 있거나, 아니면 가장 가능성이 높은 것은 우리 둘 다 어긋나 그분께서 우리 모두에 더욱 역사하실 일이 있다는 것입니다. 그러나 우리가 계속해서 사랑하며 서로와 그분께 귀 기울이면 자기가 스스로 파악할 수 있는 정도에 비해서 더욱 많이 이해하게 됩니다. 일부는 더욱 확신하게 될 테고 다른 부분은 내가 계속 자라나면서 드러나고 뒤바뀌게 됩니다. 이는 민주주의에 의한 진리가 아닙니다. 우리는 각자가 심령 가운데 보는 대로 진리를 붙들어야 하며, 연합을 겉으로 보여주기 위해 그 누구에게도 자기 양심을 저버리도록 요구하지 않습니다. 대신 우리는 그분 안에서 성장하면서 또한 함께 자라나리라고 신뢰합니다.

강력해지는 단합으로 우리는 주님께서 주시는 어떠한 일이라도 협력할 수 있게 됩니다.

무언가에 관하여 우리의 마음이 합치하면 그 일을 함께 하도록 하나님께서 요청하심을 알아차립니다. 이는 바로 분권적 체계의 능력입니다. 단합하는 곳에서 사람들은 함께 행동할 수 있습니다. 설사 다른 이들이 반대하거나 지지하지 않더라도 말입니다. 때가 되면 그 수고의 열매로 거기에 하나님께서 계셨는가 아닌가가 드러나게 됩니다. 설령 사람들이 잘못 집었다 할지라도 그 여파는 큰 단체의 사람들이 마음도 없이 강제로 따랐을 때에 비하면 훨씬 덜 하기 마련입니다.

몇 년 전에 나온 경영학 서적 '불가사리와 거미'(부제: 리더 없는 조직의 멈출 수 없는 저력)는 분권적 구조의 강렬한 인상을 제시했습니다. 거미란 CEO가 존재하는 위계 구조와 하향식 관리 방식을 갖춘 기성 조직을 상징합니다. 머리를 잘라내면 거미는 죽습니다. 얼마나 많은 대규모의 회중이 카리스마적인 리더가 죽거나, 다른 곳으로 옮겨가거나 혹은 실패하면서 속절없이 무너져 내렸습니까? 그러나 불가사리는 잘라낼 머리가 없습니다. 만일 불가사리는 다리를 잃으면 새로운 다리가 나고, 또한 중추적인 뇌가 없으므로 다리 자체도 또 다른 불가사리로 자라납니다. 이는 자체적으로 쉽게 재생 가능한 신경망입니다.

저자는 분권적 네트워크가 훨씬 더 탄력적이고 엄청난 힘을 지녔다고 강조합니다. 왜냐하면 공동체의 가치를 저해하는 기반 구조의 요구가 발목을 잡지 않기 때문입니다. 사람들이 더욱 관여하며 공통적 열정을 공유한 이들의 조력은 기존의 기관적 모델보다도 훨씬 더 파급력이 큽니다. 이러한 공동체는 관계를 소중하게 여기고 신뢰를 낳으며 경제적 보상을 초월하는 목적을 추구합니다. 다음 장에서 보겠지만 이와 같은 종류의 네트워크는 리더십을 관리적 요구로부터 자유롭게 풀어주며 다른 이들이 더욱 잘 구비되어 기능하도록 돕는 자리로 투입합니다.

이러한 그림 안에서는 그리스도의 몸이 두 세계에 걸쳐 최적으로 기능한다는 점이 나는 너무나도 좋습니다. 우리에게는 머리 되시는 예수님이 계십니다. 그러나 그분께서는 기관이나 위계 체계를 통해 이끌지 않으시고, 모든 사람을 개인적으로 인도하십니다. 이러한 네트워크는 거대 조직의 부담이나 낭비 없이 빠르고 효과적으로 기능할 수 있습니다.

우리의 단합이 강해지면서 하늘과 땅을 움직입니다.

이전 장에서 우리가 이야기한 그런 권위는 하나님의 백성들이 합심하는 지점에서 현저히 높아지게 됩니다. 두세 사람이 하나님과 그리고 서로서로 합심하면 그 기도의 능력은 개별적으로 할 때는 볼 수 없을 정도로 강력해집니다.

내가 참석한 기도회 중에서도 가장 특이한 모임이 있었습니다. 백 명 이상의 사람이 모였는데 시작하기 전에 한 진행요원이 대다수가 동의하는 문제에 관해서만 기도하자고 제안했습니다. 누군가 기도를 원한다면 무엇을 기도하고 싶은지 모임 앞에서 말하도록 권했습니다. 어떤 기도 제목에 관해서는 모두가 확실하게 이해할 수 있도록 이야기 나누는 시간을 갖기까지 했습니다. 그리고 그들은 묻곤 했습니다. "여러분 중 얼마나 이 기도에 동의할 수 있겠습니까?" 그들은 90퍼센트 이상의 승낙을 구했습니다. 그런 식으로 동의를 얻지 못하면 다음 기도 제목으로 넘어갔습니다. 어떤 기도 제목은 사람들이 긍정해주고 또 다른 제목은 애정 어리게 고개를 갸웃하는 정직한 모습을 볼 수 있어서 내게는 축복이 되었습니다. 누군가 "당신이 옳을 수도 있겠지만 나머지 우리는 아직 거기까지 이르지 못했답니다."라는 말을 들어도 당혹해하지 않는 듯했습니다.

하나님의 뜻을 분별하기 위하여 다른 이들과 기도 요청을 점검하고 합심하여 열렬하게 하는 기도는 눈에 띄는 변화를 불러일으킵니다. 물론 우리에게는 예수님과 마음을 같이하여 그분께서 역사하시는 길에 동조하는 일이 가장 중요합니다. 이는 우리가 원하는 바를 하나님으로부터 얻어내는 방식이 아닙니다. 나는 하나님께서 캘리포니아에 절대로 다시는 어떠한 죄가 일어나지 못하게 해달라는 식의 억지스러운 기도 제목이 나오는 모임도 가보았습니다. 그렇습니다, 모두가 동의하긴 했지만 하나님의 역사에 맞추기보다는 단지 그들의 소망에 따라 기도했을 뿐입니다.

사랑의 관계는 예수님께서 초청하시는 공동 연합 가운데 우리를 성장하게 해줍니다. 다른 이들과 함께하는 여정을 받아들이면서 그들의 통찰이 우리의 심령을 빚어나갑니다. 화합하지 못하는 지점에서 우리는 하나님께서 우리에게 무엇을 나타내실지 계속해서 주시하며 조심스레 더듬어 나갈 수 있습니다. 그러나 우리의 심령을 그분과 또 다른 사람들과 합칠 때면 우리는 하나님 그분 자신이 영원토록 아신 동일한 놀라운 기쁨을 맛봅니다. 또한 우리 주변의 환경과 삶에서 믿기 어려울 정도로 변화를 일으키는 능력을 입습니다.

18

길들이기가 아닌 갖춰주기입니다

우리는 그분의 작품이니 그리스도 예수 안에서
선한 일들을 위하여 창조되었느니라.
이 일들은 하나님께서 미리 정하시어
우리로 그것들 가운데서
행하게 하려 하신 것이라. _ 엡 2:10

여덟 번째 특징 : 모든 이가 예수님을 따르도록 구비됩니다

"수확할 것은 많되 일꾼들이 적으니."(마 9:37) 제자는 고작 몇 명밖에 없는데 갈급하고 굶주린 무리를 보시면서 예수님께서는 분명 압박감을 느끼셨을 법합니다. 더 많은 일꾼이 필요하리라고 그분께서는 아셨습니다.

삼십 년 전 이 말씀을 읽었을 때를 기억하며 나는 생각합니다. 세월 참 얼마나 변했는지! 당시에는 수많은 기독교 단체나 기관에서 전임 사역자, 대형 교회 목사 혹은 차세대 기독교 베스트셀러 작가가 되고 싶어 하는 사람으로 넘쳐났습니다. 비좁아 보이는 우리 시대 정상의 위치 가운데 나도 자리를 찾으려고 애쓰면서 형세가 바뀌면 일꾼이 너무 많지 않은지 의아했습니다.

그러나 당시에 나는 옛 피조물 가운데 마치 경쟁하는 사람인 마냥 생각하고 있었습니다. 물론 사람들은 꼭대기 자리가 부여하는 영향력과 혜택을 향하여 올라가고 싶어 합니다. 왕을 요구한 이스라엘부터 시작해서 어제 내게 이메일로 사람들이 생각대로 따라주지 않는다며 불만을 토로한 어떤 목사에 이르기까지 우리는 권력과 그 배분 방식에 몰두하고 있습니다. 그곳은 언제나 그랬듯 북적이는 경기장입니다. 그러나 예수님께서는 다른 유형의 일꾼을 찾으셨습니다. 개인적인 추종자를 만들어 내는 데는 관심 없으며 단지 다른 사람들이 예수님 안에서 충만하고 자유로운 삶을 발견하도록 도우면서 정직하고 순수한 우정이 자라날 기회를 조성하기 바라는 사람 말입니다. 그러한 일꾼은 예수님 시대나 지금이나 드물지도 모릅니다.

후에 제자들이 예수님의 왕국에서 누가 우두머리가 될지를 두고 다툴 때 그분께서는 헛다리를 짚고 있었다고 알려주셨습니다. 그 대답으로 그분께서는 진정한 리더십에 관해 가르치셨습니다. 세상은 다른 이들 위에 군림하기 위해서 권력을 이용하며 그

지도자들도 더 얻어내려고 혜택과 처벌을 내립니다(막 10:42-43). "너희는 그렇지 않을지니." 예수님께서는 그와 같은 일을 금하시기보다는, 세상과 같이 휘두르는 권력은 그분의 왕국에서는 설 자리가 없다고 알려주셨습니다. 새로운 피조물 가운데 사는 사람은 다른 사람을 다루고 싶어 하지 않으며 그들 자신도 관리 받기를 원하지 않습니다. 그들은 그분으로부터 듣는 법을 배우고, 그분께 반응하며, 다른 사람들도 동일한 기쁨을 발견하도록 돕고 싶어 합니다.

그러므로 새로운 피조물 가운데 도전 과제는 어떻게 사람들을 길들이지 않고 구비시키느냐 입니다. 그들이 우리의 가르침이나 프로그램에 의존하도록 만들기보다 어떻게 그분을 따르는지 가르쳐주는 일입니다. 요한이 서신에서 언급한 적그리스도의 영적 특색 중 일부는 말세에 나타나는 악의 화신이 아니라 이미 세상에 많은 적그리스도가 있다는 것입니다. 곧 그리스도에 대적하는 자가 아니라, 사람들이 그분보다도 자신을 의지하도록 만들기 원하며 그리스도의 대리자를 제시하는 이를 가리켰습니다.

내가 목사였던 당시 우리 가운데 장로로서 가장 적합한 사람들은 왜 그 직분을 사양하고, 수락한 사람들은 왜 그리도 문제가 많았는지 이해할 수 없었습니다. 나는 매우 성숙하고 깊이 있는 어떤 형제에게 우리 장로 모임에 합류해 달라고 요청한 기억이 납니다. 그는 사람들의 영적 성장을 돕기보다 모임을 기획하는데 많은 시간을 쓰고 싶지 않다면서 거절했습니다. 우리가 제시한 직함과 지위는 물론 유인책으로 낸 미래의 간부 자리까지도 그는 이미 사람들의 삶 가운데 자리 잡은 그의 위치에 해가 된다고 여겼습니다.

지금도 나는 여전히 리더십 칭호를 존중합니다. 나는 종종 내가 사도인지, 교사인지 아니면 목사인지 질문을 받습니다. 그 질문에 나는 곧바로 대답하진 않습니다. 왜냐하면 그리스도의 몸 가운데서 어떤 은사를 지녔든지 내가 형제로서 그들 곁에 있을 때 가장 잘 기능하기 때문입니다. 일단 거기에 사람들이 직함을 붙여버리면 그들은 나의 효용이 떨어지게끔 나를 대하게 됩니다. 이는 예수님께서 마태복음 23장에서 의도하신 뜻입니다. "그러나 너희는 '랍비'라 칭함을 받지 말라. 너희 선생은 하나요 너희는 다 형제니라." 나는 교사나 장로로서 역할에는 신경 쓰지 않습니다. 그러나 대부분의 사람이 이런 호칭을 쓸 때면 나를 그들 위로 올려놓는 바람에 그들의 성장을 제한하거나 내가 그들에게 줄 수 있는 조력을 감소시킵니다. 그들은 그리스도를 따르는 법을 배우도록 내가 그들을 돕게 두는 대신에 나 자신이나 내 생각을 따르기를 원합니다.

그렇기 때문에 새로운 피조물 내부에서 리더십 호칭을 쓰기란 까다로운 일입니다. 사람들이 직분을 다른 이를 돕는 은사로 보기보다 관리자의 역할로서 인식하기 때문입니다. 그래서 바울도 장로, 감독이나 목양의 은사에 관하여 썼을 때 기관 관리자가 아니라 다른 이의 성숙을 돕는 사람에 관해 이야기했습니다. 또한 우리가 히브리서의 "너희를 다스리는 자들에게 순종하고 복종하라."(히 13:17)라는 말씀을 취하면서 옛 피조물의 구조에 적용할 때 리더십에 관해 왜곡된 견해를 갖게 되고 결국엔 부적합한 지도자를 찾아내고 맙니다. 얼마나 자주 소위 지도자라는 자들이 이 말씀을 이용하면서 크나큰 해악을 끼쳤습니까? 하나님의 허락이라는 구실로 다른 사람을 지배하고자 권력을 얻기 위해서 말입니다. 그러한 구실로써 무조건 복종을 요구하기보다, 바울은 단지 젊은이에게 나이든 형제자매가 그들이 성장하도록 도와줄 때 까다롭게 굴지 말라고 호소하고 있었을 뿐입니다.

신약에서 리더십의 언어가 너무 드물게 사용되어 수백 년 동안 우리가 구축한 기독교 체계를 정당화하기 위해 역자들은 그 용법을 각색해야만 됐습니다. '예수님 스타일'의 저자인 게일 어윈의 경우, 예수님께서 오천 명을 먹이실 때 제자들에게 그분의 웨이터와 하인이 되라고 요청하셨을 뿐이었다고 지적했습니다. 뒤에 예수님께서는 무리 위에 군림하여 명령을 내리기보다는 수건을 가져와 지친 나그네의 더러운 발을 닦아주는 진정한 리더의 모습을 몸소 보여주셨습니다. 그들 중 가장 큰 자는 주인이 아니라 종이 되려 합니다.

신약의 가르침과 예를 보면 리더라는 말보다도 촉진자라는 말이 더 어울립니다. 진정한 장로나 감독은 단상 위에 있거나 교단 사무실에서 다른 이에게 할 일을 말해주는 자가 아니라, 사람들 곁에 앉아서 그들 스스로가 구비하고 예수님과 관계 맺도록 격려하는 이입니다. 리더의 진정한 임무는 사람들이 자신을 따르게 하기보다는 예수님을 따르도록 갖춰주는 일입니다. 또한 진정한 위험은 사람들이 리더의 말을 듣지 않는 사태가 아니라, 그의 지혜에 지나치게 의지하게 되는 것입니다. 스스로 하나님과의 관계 가운데 자라나지 못하는 대가를 치르고서라도 말입니다.

옛 피조물과 같은 관리 체계가 불필요한 새로운 피조물 가운데 리더십에 관한 이해를 어떻게 바꾸어야 할지에 대한 기록은 의외로 적습니다. 이는 당신에게 사랑할 사람만 있을 뿐 운영할 기관은 없다고 생각해보면 확실히 더 쉽습니다. 양측은 우리가 인정하고자 하는 정도 이상으로 갈등에 처하기 마련인데, 사람들을 구비시키는 일보다는 복종하도록 요구하는 편이 더 쉽습니다.

사람을 돕기 위해 프로그램을 만들어 놓고선 그 원활한 진행을 위해서라면 거의 항상 사랑은 뒷전이 되어버리고 맙니다.

새로운 피조물의 촉진자가 되는 편이 옛 피조물의 관리인이 되는 것보다 어려운 이유는 바로 돈, 명성, 지배권을 향한 인간적 욕구 때문입니다. 우리 옛 피조물의 체계는 누군가 생계를 유지해야 할 필요성에 따라 이루어집니다. 신학교는 학생을 유치해야 된다거나, 누군가 특권을 소유하고자 하는 욕구가 그리스도의 몸에 한구석을 지배합니다. 유명세가 곧 문화를 정의하는 오늘날은 원하는 수익 흐름을 창출해줄 팔로워를 끌기 위해서 플랫폼과 브랜드를 만들어내는 데 중점을 둡니다. 그렇지만 돈을 향한 추구는 우리를 끊임없이 왕국으로부터 멀어지도록 끌어당기기 마련입니다. 예수님께서 하나님과 돈을 동시에 섬기려 하지 말라고 경고하신 당시와 마찬가지로 지금도 우리는 그 둘을 함께 섬길 수 없습니다. 공급하시는 하나님을 신뢰하는 법을 미처 배우지 못한 사람은 그리스도의 몸을 세우는 데 도움 되지 못합니다. 그들은 시장 점유율이 성공을 보장해주리라고 여기며 자기 몫을 차지합니다.

아마도 바로 이러한 이유 즉 돈, 명성, 지배권 등으로 인해 초대교회 2~3세대는 리더십을 보는 관점에 극심한 변화를 겪었는지도 모릅니다. 장로들은 사랑, 은혜, 자유의 환경을 조성하며 신자 가운데 생명의 선물을 수호하는 자로 스스로를 여기는 대신에 올바른 신학과 관례를 지키는 자가 되어버렸습니다. 예수님을 알고자 하는 이를 온유하게 가르치는 대신에, 사람들을 의로움으로 회유하며 몰아넣는 종교 체계의 조달 업자가 되고 말았습니다. 놀랄 필요 없이 그러한 기관 속에서 교회의 능력과 관계성은 침체에 빠져버립니다.

새로운 창조는 앞서 언급한 대로 교회 리더십에 관하여 우리 주변 사람 가운데서 하나님의 생명을 수호하는 사람의 관점으로 보도록 우리를 다시금 초청합니다. 그들은 교회를 세울 필요가 없습니다. 왜냐하면 몸소 교회를 세우시는 예수님을 신뢰하기 때문입니다. 그러므로 그들은 사람들이 그분과 동행하며 변화 받는 관계로 들어가도록 돕는데 기꺼이 시간을 씁니다. 예수님의 성품이 배어 든 이 사람들은 앞에 나서거나 추종 세력을 기를 욕구도 없습니다. 그렇기 때문에 그분의 교회에 리더십은 옛 피조물 가운데 인간이 기관을 세우기 위해 이용하는 관리 기술과는 매우 다르게 보입니다. 사람들의 심령 가운데 왕국을 증진시키는 데는 보통 또 다른 조합이 필요한데, 그것들은 갖춰주기, 촉진하기, 감독하기입니다.

갖춰주기 – 그들은 사람들이 그분과 관계 맺고 자유와 새로운 피조물의 생명 가운데 사는 법을 발견하도록 도와줌으로써 갖춰줍니다. 비록 세미나와 강의가 어떤 중요한 배경을 제공해 줄 수도 있겠지만, 보통 갖춰주기란 예수님께서 행하신 바와 동일한 방식으로 일어납니다. 곧 개인적으로 또 소그룹의 사람들과 시간을 보내며 하나님께서 그들에게 자신을 어떻게 알리시는지 발견하게 해주는 대화 속으로 엮어 나갑니다. 당신은 항공 교실에 출석해 온갖 비행에 관해 배울 수는 있어도, 비행기 안에서 조교 옆에 앉아보지도 않고서 실제 비행 법을 익힐 수는 없습니다.

촉진하기 – 그들은 공동체를 하나님께서 주시는 선물로 알기에 새로운 피조물 가운데 사는 법을 배우는 사람들 사이에서 촉진자로 우정, 연계, 모임이 용이하게 일어나게 하며 단순히 공동체가 자라날 환경에 씨를 뿌립니다. 공동체를 만들어내려고 애쓰는 대신에 그들은 삶 속으로 사람들을 초청하고 관대하게 우정을 나누며 주변으로 퍼트립니다. 이는 정기적인 모임을 계획하거나 단체를 세우는 일이라기보다는 단지 관계가 자라날 기회를 제공하는 것입니다. 어떤 그룹을 에워싸며 오직 그리스도의 몸을 조각낼 뿐인 울타리를 치고자 하는 바람은 거기에는 없습니다. 대신 예수님을 알아가는 사람들을 서로 가까이에 두면서 바로 그들이 있는 곳에서 교회가 이루어지도록 기반을 마련합니다.

감독하기 – 마지막으로, 그들은 그리스도의 몸에 감독자로서 모두가 할 일을 제대로 하고 있는지 확인하는 경찰관이 아니라 작물이 자라려면 무엇이 필요한지 들판을 살피는 농부처럼 자신을 여깁니다. 어디에 물이 필요할까? 어느 곳에서 잡초가 성장을 막는가? 그들은 생명의 선물을 망치려 드는 파괴적인 영향력을 알아차립니다. 누군가 거짓 가르침을 신봉하는 자, 사람들을 서로 대적하게 만들며 불화를 초래하는 자, 단지 자신의 의제를 위해 다른 사람을 이용하는 자가 있는가 점검합니다. 그들은 사람들을 더욱 뛰어난 길로 안내하고자 하는 소망을 품고 개인적으로 정직하고 온유하게 다가설 용기가 있습니다. 그래도 소용이 없을 때만 그들은 다른 사람에게 아직 새로운 피조물의 실재를 이해하지 못한 이를 조심하도록 경고합니다. 관계적인 네트워크에서 사람들은 있는 모습 그대로 솔직하게 대해 주며, 만일 파괴적인 자일지라도 사람들은 계속해서 사랑하려 합니다. 비록 이용당하기는 거부하겠지만 말입니다.

나의 경험상 진정한 감독자는 직무로서가 아니라, 단지 교회의 생명이 그들 주변에서 자유로이 다스리는지에 깊은 관심을 기울이기 때문에 이런 일을 완수해냅니다. 그들의 행동은 성품과 은사의 나타남 그리고 그분의 왕국을 전파하고자 하는 열정으로부터 자연스럽게 흘러나옵니다. 이는 그들이 이루려고 애쓰는 역할이 아니라 좋은 삶에 따르는 열매입니다. 자신의 삶 속에서 하나님께서 어떻게 일하시는지 배운 사람은 다른 사람들도 삶 가운데 배워나가도록 격려해줄 수가 있습니다. 이는 프로그램을 관리하거나 성경을 강의하는 일보다는 스스로 어떠한 이익이 없이도 다른 이를 도울 수 있도록 관계적으로 자유로운 사람이 되는 것과 관련 있습니다. 이런 사람은 어떤 사람일까요?

첫 번째, 그들은 사람들 위로 군림하고자 하는 욕구 없이 그들 곁에서 함께 걷습니다. 예수님께서 우리 가운데 거하실 하나님의 영을 보내셨을 때 그분은 우리의 위로자 즉, 곁에서 돕기 위하여 부르심 받은 분이 될 것이라고 말씀하셨습니다. 성령님께서 우리가 내어드리는 곳에서 도우시기 위해 몸소 우리에게 오신다면 어떻게 감히 우리가 다른 어떤 이보다도 더 높은 계급이라고 간주할 수 있습니까? 그들은 전문가와 같이 사람들을 아래로 내려다보지 않고, 단지 조금 앞서 보는 형제자매로서 이야기합니다.

두 번째, 그들은 다른 사람에게 이루게 할 비전 없이 스스로 안식 가운데 거합니다. 그들은 그리스도의 정직성과 온유함 모두를 투영하며 다른 사람들이 그분을 더욱 명확하게 볼 수 있도록 돕습니다. 의문을 제기하더라도 그들은 방어적이 되거나 화내지 않습니다. 그들은 사람들의 등을 떠밀거나 재촉하지 않고 단지 보다 나은 삶의 방식으로 초청합니다. 당신이 조언을 받아들이지 않는다 해도 그들은 쉽게 상처받지 않습니다. 왜냐하면 그들은 당신이 여정 가운데 있으며 시험과 실수 역시 중요한 부분임을 익히 알기 때문입니다.

세 번째, 그들은 당신이 가장 힘들 때 잡아주었으면 하는 사람입니다. 실족한 사람이라도 그들은 부드럽게 붙들어줄 수 있기 때문입니다. 넘치는 위로로 그들은 당신이 수치심을 떨치고 다시 예수님께로 돌아가는 길을 찾도록 도와줍니다. 그들은 당신을 자유롭게 풀어주는 데 도움 되는 변화를 주기 위하여 예수님을 의지하며 친숙하게 진리를 가리킵니다. 그들은 가장 진정한 의미의 장로이자 그리스도의 성숙한 제자로서 관계 맺으며 당신 속에 하나님의 역사와 함께 다가오는 지혜를 건넵니다.

네 번째, 그들은 성경 이야기뿐 아니라 성령의 음성을 듣는데도 능숙합니다. 그 가운데 얼마나 자유로이 사는지가 얼마나 많이 아는지보다 더욱 중요합니다.

다섯 번째, 그들은 대접하는 데 능숙합니다. 그들은 무리 앞에서 말하거나 모임을 만들어 의무적으로 유지하는 일보다도 우정, 대화, 본보기를 통하여 배울 수 있는 삶 속으로 초대하는 데 더욱 관심 있습니다. 그렇기 때문에 바울은 감독을 세우는 모든 요건 중에서도 대접을 잘하는가를 매우 중요하게 꼽았습니다. 예수님께서도 경기장에서 여는 치유집회 같은 모임보다 세리와 함께 하는 점심 식사 가운데 더욱 가치를 발견하셨습니다. 그들은 팟캐스트를 열거나 예배를 가르치는 일보다 삶과 가정 그리고 심령이야말로 가장 영향력 있는 현장임을 압니다.

여섯 번째, 그들은 매우 협동적입니다. 그들은 한 사람만의 통찰을 신뢰하는 것보다 몇몇의 분별이 거의 항상 더 뛰어남을 인식합니다.

일곱 번째, 그들은 안주하는 사람을 다루기보다 주린 자에게 양식을 공급합니다. 그들은 절대 진리를 강요하지 않고, 그 가운데로 초청합니다. 그리하여 그들은 이미 성장을 원하고 있는 사람을 향하여 기울어집니다. 그들은 아흔아홉을 즐겁게 해주기보다는 잃어버린 하나를 찾아서 생명을 발견하도록 돕는데 더욱 관심을 기울입니다. 그들은 강요로써 성장할 수 없음을 알며, 결국에는 시간과 환경이 우리 모두가 필요로 하는 하나님께 심령을 돌이키도록 이끈다고 확신합니다.

장로와 목사, 사도 그리고 교사는 그들 스스로가 그리스도의 몸에 중심이 아닐 때라야 놀라운 섬김을 제공할 수 있습니다. 관리 체계로부터 정박을 풀 때라야 그들은 사람들이 예수님 안에서 깊이 사는 법을 배우도록 돕는데 스스로를 자유로이 내어줄 수가 있습니다. 교회를 지역적, 국제적인 네트워크로 보는 관점은 우리 성장을 돕는 은사에 관한 성경 내용을 전혀 부정하지 않습니다. 어떠한 지역에서 연결된 사람들은 더블린 교회 혹은 멜번이나 새크라멘토 교회 등으로 쉽게 부를 수 있습니다. 그들 중 일부는 지위나 직함이 아닌 은사와 역량에 따라서 장로, 대언자 또는 사도로 인정받겠지요. 누군가가 삶과 그 심령의 지혜로 사람들을 끌어당길 때 그가 은사 가운데 살고 있음을 알 수 있습니다. 그 은사로 사람들을 위한 자리를 내어줄지라도 그들은 절대 다른 사람이 은사에 의존하도록 허락지 않습니다. 마치 비행 조교가 학생이 그를 항상 필요로 하지 않기를 바라는 경우처럼 말입니다.

공동체를 이루는 과정에서 촉진자는 불이 붙는데 도움을 주지만, 거기로부터 공동체가 스스로 자라납니다. 스스로의 열정과 동기로부터 공동체가 일어날 때 사람들은 훨씬 더 관여하게 되며, 아울러 그 결실은 다른 누군가의 지시를 따를 때보다도 훨씬 더 지속적임을 그들은 깨닫게 됩니다.

19

새로운 피조물과 전통적인 회중

그로부터 온몸이 각 부분의 분량 안에서의
효과적인 역사를 따라 각 마디를 통하여
공급을 받아 알맞게 결합되고
체격이 형성되어 몸을 성장시키며
사랑 안에서 몸 자체를 세워 나가느니라 _ 엡 4:16

전통적인 회중을 넘어서 그분의 교회가 발현하도록 여지를 두자는데 관하여 많은 이들은 내가 전통적인 회중을 향해 적대적이리라고 넘겨짚습니다. 그렇지 않습니다. 나에게는 지역 교회에 크나큰 열정으로 동참하는 좋은 친구들이 있으며 그들 중 많은 이가 목사나 장로로 섬깁니다. 나는 더욱 관계적인 연계를 추구하는 회중 배경에서도 내 심령을 나누도록 종종 초대받습니다. 그러한 환경에서도 예수님께서 지으시는 교회를 반영하는 일들이 얼마든지 일어날 수 있습니다만 기관 자체만으로 그 일이 일어나는 것은 아닙니다. 이를 인식할 때 시스템을 개조하는데 빠져들기보다 우리 머리이신 예수님께 듣는 법을 배우고 마음으로부터 서로를 사랑하게 됩니다.

그러므로 지역 회중 그 자체만으로 예수님께서 지으시는 교회에 관한 바울의 모든 약속을 성취할 수는 없어도, 사람들이 그분의 실재를 발견하고 그분의 교회가 나타나는 어떤 관계를 맺는 장소가 될 수는 있습니다. 지역 회중은 종종 사람들이 처음으로 하나님께 마음을 열었을 때 가장 먼저 가는 곳이며 그 가르침이 건전하다면 영적 여정의 기반을 마련해줄 수 있습니다. 함께 드리는 찬양과 경배는 사람들이 초월적인 하나님과 만나는 장을 제공할 수 있으며 평생의 우정에 문을 열어줄 수 있는 교제의 기회도 부여합니다.

하지만 지역 회중의 제도적 틀은 옛 피조물의 잔재로서 종종 그 우선순위가 새로운 피조물과 배치되는 현실을 놓고 씨름하지 않는다면 우리는 정직하다고 볼 수 없겠지요. 그러므로 지역 회중은 능숙하게 교리를 기술하며 신학적 경계를 잘 규정할 수 있는 한편, 너무 의존하게 되면 하나님께서 사람들의 일상 가운데 자신을 알리실 때 그분의 신비에 참여할 기회를 쉽사리 박탈하기도 합니다. 지역 회중이 사람들을 향해 하나님 은혜의 자유 가운데로 초청하긴 하지만 너무나도 자주 '좋은 기독교인'이라는 기대로 부담 지우며 그 은혜를 흩어버립니다.

우리가 이 책을 통해 보아왔듯이 새로운 피조물은 자유와 사랑의 환경 가운데 번성하며 외부에서 부과하는 복종 요구가 아닌 안으로부터 나오는 변화에 의지합니다. 그러나 여기에는 시간이 걸리며, 사랑의 아버지와 변혁적인 관계를 발견하도록 돕기보다 사람들에게 따라야 할 규칙을 부과하고 싶은 욕구를 오랫동안 억누를 수 있는 기관이나 사람들은 드뭅니다. 일치를 원하는 기관과 종교적 요구는 잘 들어맞아 떨어지므로 사실상 인간적 노력에 길을 터주는데 저항하지 못합니다. 이는 겉으로는 빠르게 결과를 낼 수 있지만, 복음의 생명력을 앗아갑니다.

그러므로 기성 회중 가운데서도 새로운 피조물이 존재하겠지만 그 모임이 오래 갈수록 그리스도를 향한 단순하고도 순수한 헌신에서 멀어지면서 복종에 기반을 둔 경직된 프로그램으로 쉽사리 빠져듭니다. 일단 사람들이 사랑 가운데 왕국을 풀어놓기보다도 회중의 성공에 더욱 몰두하게 되면 그 생명은 침체를 겪게 됩니다. 모든 회중은 새로운 피조물의 씨앗을 심는 성령의 역사와 각자 나름의 이유로 사람들을 통제할 인간적 필요 사이에서 갈등할 수밖에 없습니다.

나는 존경하는 목사님들에게 주일 아침 회중 가운데 바라는 만큼 하나님과 관계 맺는 사람들이 얼마나 되는지 종종 물어

봤습니다. 결코 10퍼센트 이상 넘는다는 답을 들어본 적이 없습니다. 대부분의 출석자들은 일주일에 한 번 하나님과 가볍게 인사하는데 만족하는 듯하고 그분의 생명 속으로 깊이 들어가는 데는 관심이 없습니다. 그 큰 모임에는 안타까운 결론이긴 하지만, 거의 모든 모임마다 예수님과 그분의 생명에 활동적으로 관계하는 적은 무리가 있다는 뜻이기도 합니다. 내가 거기에 있다면 그들을 찾아보고 싶습니다.

그런 회중의 어두운 면은, 불안정한 리더가 두려움과 죄책감을 통해 사람들을 조종하며 자기 뜻 가운데 잡아 가두려 할 때 그 회중들은 지지 기반이 된다는 것입니다. 그로 인해 깊이 상처 입은 영혼의 회복을 돕기 위해 나는 그와 같은 모임의 흔적을 밟아 보았습니다. 이들 모임은 종종 급진적인 기독교 용어를 쓰며 열정적인 사람들을 끌어당깁니다. 그러나 따라오지 않는 사람을 공공연하게 혹은 은연중에 지목해 무안을 주며 부당하게 대하고, 다른 무리를 폄훼하며, 모두 전적으로 리더의 비전만 따르라는 소리에 그 열정은 곧 율법주의로 변질됩니다. 안타깝게도 어떤 사람은 이런 가혹한 교회를 좋아하기까지 합니다. 그들이 덜 헌신적인 신자에 비해 우월하다는 느낌을 주거나 혹은 자기가 영적으로 부족하기 때문에 매주 강단으로부터 질책받아 마땅하다고 생각하기 때문입니다. 정교회나 카톨릭 등

전례 교회는 보통은 덜 간섭적인 경향이 있어서 스스로 더 자유롭게 여정을 탐색하도록 허락해주지만, 하나님에 관해서는 대부분 멀리 계시며 우리 일상 가운데 한마디도 없으신 분인 것처럼 이야기합니다. 더욱 새롭고 보수적이며 영적인 열정을 일으키는 자들은 쉽게 율법주의에 빠져들며 그리스도를 따르는 대신에 강인한 사람들을 추구하며 변동성이 훨씬 더 심합니다.

　이 논의를 혼란스럽게 만드는 원인은 바로 용어입니다. 이러한 기관들을 가리켜 우리는 너무나도 오랫동안 '교회'라고 불러왔습니다. 그리하여 이런 기관만이 세상에서 유일하게 하나님의 교회를 나타낸다고 많은 이들이 믿게 되었습니다. 새로운 피조물의 생명이 표출되는 것과 무관하게 말입니다. 적어도 우리는 단지 회중에 출석하거나 합류한다고 해서 그리스도의 교회에 일원이 되는 것이 아니라는 말에 사실이라고 동의할 수 있습니다. 골프 클럽에 나간다고 해서 다 골퍼가 되지는 못하듯이 말입니다. 당신은 골프에 관심이 있을 수 있고, 골프 토너먼트 시청을 좋아할 수도 있으며, 골프 치는 사람들과 시간을 보낼지도 모릅니다. 그러나 이 중 무엇도 당신을 골퍼로 만들어 주지는 못합니다. 왜냐하면 당신이 직접 어떤 골프 클럽으로 들어가 코스를 나서고, 그 작은 공을 시작점의 받침대에서부터 필드의 구멍 속으로 넣어야 하기 때문입니다. 예수님을 따른다는 뜻은 단지 회중 가운데 앉아서 그 교리에 동조하는 일 이상이며 양심적인 목사라면 대부분 동의하리라고 생각합니다. 그저 당신이 지역 공동체에 헌신적인 회원이라고 해서 하나님과 변화하는 관계를 맺으며 그분의 실재를 나타낼 수 있는 깊고 정직한 우정 가운데 성장한다고 말할 수는 없습니다.

  완벽한 모임을 찾으려고 나서서는 안 됩니다. 결국 홀로 남게 될 테니까요. 전통적인 회중 가운데서 새로운 피조물을 찾든지 아니면 그 너머를 보든지, 앞서 읽은 아날로그 라디오의 신호를 맞출 때 잡음 비율의 비유로 돌아가 봅시다. 예수님을 따르는 법을 배우고 새로운 피조물의 실재 가운데 살아가면서 당신은 잡음과 인간 공학의 훼방보다도 그분 마음의 신호가 더욱 강력한 지점을 분별할 수 있게 됩니다. 예수님께서 그분의 교회를 빚어나가시기 위하여 어떻게 역사하시는지 확실한 이해를 돕기 위해 지난 여덟 장에 걸쳐 전개해온 주제를 되짚어 봅시다.

  첫 번째, 당신 주위에서 카리스마적 리더나 저자 혹은 혁신적인 프로그램이 아니라 예수님께 집중하며 사랑하는 사람은 누구입니까? 사람들에게 그들의 회중에서 어떤 점이 좋은지 질문하십시오. 그리고 목사님, 찬양팀, 어린이 사역이 좋다고 에두르는 대신에 '예수님을 따르는 법을 배우도록 도와준다'는 점이 가장 좋다고 말하는지 보십시오.

두 번째, 자신의 노력이나 성취보다도 점점 더 하나님을 의지하면서 살아가는 법을 배우고 있는 사람은 누구입니까? 초점이 외적인 복종에 있습니까 아니면 예수님과 사랑에 바탕을 둔 관계의 내적 변화에 있습니까? 당신은 하나님을 신뢰하는 가운데 성장하도록 격려받습니까, 아니면 회중의 리더십이나 프로그램을 신뢰하도록 훈련받고 있습니까?

세 번째, 순수하게 다른 이에게 마음을 쓰는 사람은 누구이며, 또한 의무나 책무나 계약에 따라 살아가지 않는 사람은 누구입니까? 책임은 외부로부터 사람을 변화시키려는 시도이며 만일 당신이 죄책감과 두려움으로 압박받는다면 그분을 알도록 자라가지 못하게 됩니다. 우리 안에 역사하는 은혜로부터 생겨나 다른 사람을 향하는 순전한 긍휼이 가장 결실 있는 관계로 우리를 초청합니다.

네 번째, 단지 모임으로 초대하지 않고 우정을 쌓기 위하여 여지를 두는 사람은 누구입니까? 어떤 모임은 실질적인 우정이 자라날 기회를 주기에 너무 크거나 너무 바쁩니다. 다른 모임은 이미 우정이 확고해져서 끼어들기 힘들 수도 있습니다. 참가할 수 있는 온갖 모임이 나온 주보 한 장을 받느니 식사에 한 번 초대 받는 쪽이 훨씬 더 낫습니다. 마음을 열어 서로 보살피는 애정 가운데 자라나는 친밀하고 정직한 우정을 소중히 여기는 사람을 당신은 원합니다. 이는 그런 사람이 당신에게 관심을 가질 때 깨닫게 됩니다.

다섯 번째, 어떤 그룹을 보든지 모든 이가 존중받습니까, 아니면 누군가를 다른 이 위로 떠받드는 영적 위계가 있습니까? 사람들이 전문가 마냥 당신을 내려다보며 말합니까, 아니면 믿음의 여정 위에 동료 여행자로서 동등하게 대합니까?

여섯 번째, 상호 존중과 사랑 가운데 자유와 질서에 이릅니까, 아니면 리더십의 요구에 따릅니까? 당신이 다른 이들과는 다른 식으로 볼 때 그들은 당신을 어떻게 대합니까? 깨어진 리더십의 한 특성은 당신이 우려를 표하거나 질문을 한다면 복종을 요구하며 개인적 충성에 호소한다는 점입니다. 그들이 화를 낼 때는 "사실이라면 하나님께서 내게 먼저 알려주시지 않겠나?"라며 당신을 폄하하거나 헐뜯습니다. 혹은 당신이 조용히 굴복하지 않는다면 하찮은 존재라는 느낌이 들도록 따돌립니다. 도망치십시오! 성장하기 위해서 당신은 사랑의 분위기 가운데 하고 싶은 질문을 할 수 있어야 하고, 싸워야 되는 곳에서 싸워야만 합니다. 이는 물론 당신이 우려를 표현하기 위해 분열을 초래하거나 다른 이의 자유 역시 해치지 않고 존중하면서 적합한 방식을 찾아야 한다는 뜻이기도 합니다.

일곱 번째, 하나님께서 당신을 이끄실 때 전심으로 반응하고 그 그룹 밖의 다른 신자와 관계를 맺도록 격려받습니까? 성령님께 듣는 법을 배우면서 실수를 저지를 자유도 용납하는 환경을 찾으십시오. 그리고 다른 이의 기대를 맞추기보다 당신의 심령을 따르도록 격려해주는 사람들과 시간을 보내십시오.

여덟 번째, 사람들이 자신의 영적 여정을 위해 구비합니까, 아니면 리더에게 의존하도록 권유받습니까? 만약 그들이 불편하게 느끼는 책을 읽지 못하도록 금하거나 모임에서 정기적으로 공급받지 않으면 영적으로 시들게 된다고 말한다면, 이미 당신은 예수님을 따르기보다 인간적 리더십 아래가 더욱 안전하다는 가르침을 받고 있는 것입니다.

아마도 당신이 건강한 환경 가운데 있는지 분별하는 최고의 방법은 몇 개월마다 스스로 내적 온도를 재보면 되겠지요. 당신의 심령이 점점 더 차오르며 하나님께서 더욱 분명해지고 계십니까? 아니면 탈진 상태로 몇 달 전보다도 하나님과 더 가까워지지 못한 모습입니까? 가능한 최선을 다하여 조직의 잡음을 무시하십시오. 특히 그 소리가 죄책과 책무로 가득하다면 말입니다.

내가 보았던 회중 가운데 가장 효과적인 관계는 리더십 팀과 기획 그룹이 정책을 피하는 경향이 있었습니다. 왜냐하면 모임을 계속 관리하기 위한 조종과 의무가 가장 먼저 제기되는 곳이 바로 그곳이기 때문입니다. 결국 우리 각각은 회중 생활의 제도적 측면이 관계적 측면을 침해하는 시점에 도달했을 때는 결단을 내려야만 됩니다. 어떠한 섬김을 준비하는데 걸리는 시간보다도 그 뒤로 회복되기까지 시간이 더 들어가는 시점에 이르면 당신은 그 체계와 결별할 때인지도 모릅니다. 수치심을 기반으로 사람을 조종하기로 악명 높은 종교적 덫에 빠지지 않고 예수님 및 다른 사람들과 관계를 얼마나 즐길 수 있는지는 오직 당신만이 결정할 수 있습니다.

나는 전통적인 회중에 참여하는 사람들에 관하여 하나님의 사랑을 향한 열정이 덜하다거나 진정성이 떨어지는 왕국을 용인했다는 식으로 내려다보지 않습니다. 회중에 동참함으로써 그들이 하나님의 실재 가운데 더욱 깊이 들어가도록 초청받고 다른 사람들과 실질적이고도 정직한 연대를 이루게 된다면, 나는 하나님의 생명을 공동으로 상속받은 동료로서 그들과 함께 설 수 있음을 영광으로 여깁니다. 예를 들면 나는 카톨릭 체제에 여러 가지 문제가 있다고 생각하지만 두 명의 신부가 나 자신의 여정에 크나큰 영감을 주었습니다. 리처드 로어의 관점에 나는 깊은 감명을 받았으며 로스앤젤레스의 중심부에서 소년 갱단을 사랑한 그레고리 보일의 본보기에 탄복했습니다. 보일의 저서인 '덜 소중한 삶은 없다 Tattoos on the Heart'는 복음

이래로 가장 열악한 환경 가운데 사랑과 나눔에 관한 이야기 중에서도 가장 고무적입니다.

아버지의 애정을 쉽사리 뒤덮어버리는 체제 속에서도 그 사랑의 실재에 너무나도 푹 젖어 든 사람을 찾는 일은 언제나 나의 기쁨입니다. 하나님께서 어디서나 자신을 드러내심에 나는 감사드리며, 이는 우리가 그분께서는 그분을 가두려 하는 종교 체제보다도 훨씬 더 크신 분이심을 깨닫게 해줍니다. 자세히 살펴보면 전통적인 회중 교회 안팎 거의 어디서나 그분 교회의 실재를 나타내는 사람들을 발견할 수 있습니다. 그러므로 당신이 건강한 모임을 발견할 수 없다면 그들 중에 좀 더 나은 여정 위에 있는 개인들을 찾으십시오. 특히 그가 모든 조직에서 다소 어색한 듯한 분위기라면 말입니다. 여유를 가지십시오. 그런 곳에 하나님을 갈망하는 진심 어린 사람이 있다고 해도 항상 발견하기란 쉬운 일은 아니며 역동적으로 움직이는 환경에서 관계를 쌓는 데는 오랜 시간이 걸립니다.

우리 각 사람은 그분과 관계를 맺고 어떻게 말씀하시든지 그대로 그분을 나타내는 일이 중요합니다. 은혜롭고 관대하게 살아가는 사람들 가운데 그 어디라도 교회의 생명을 발견하거든 우리는 축하해주도록 합시다. 어떤 이는 종교적 행위로 가득한 지역 회중 저 너머의 실재를 갈망해도 가족, 습관 혹은 문화로 인해 그 가운데 충실한 채 머무릅니다. 그들은 주변 종교 체계의 결점을 꿰뚫어 보지만 하나님을 신실하게 따르면서 그분의 백성을 사랑합니다. 그들은 종종 변방에 머무르며 그 자유로운 영혼에 위협을 느끼는 사람에게 의심도 사지만 아버지의 가족 가운데 보석입니다.

물론 당신에게 모임의 생명을 빚어내고 새로운 피조물과 더욱 일치하는 원동력으로 다시금 초청하는 데 도움 될 만한 영향력이 있다면 모든 방법으로 시도해 보십시오. 그러나 원하지 않는 사람에게는 강제하지 마십시오. 그 왕국은 강요한다고 오지 않습니다. 나는 이 책에 나온 실재를 받아들이기 위하여 조직의 많은 부분을 해체하고 싶어 하는 목사와 장로들을 압니다. 그 일은 쉽지 않으며 오직 진심 어린 대화를 통해서만 이룰 수 있습니다. 그런 대화는 드물게 통하지만, 판단하지 않고 수월하게 나눌 수 있는 사람은 삶과 열정을 새롭게 할 기회를 부여합니다.

당신에게 그러한 발언권이 없을지라도 권한 있는 사람에게 그 갈망을 표출할 수는 있습니다. 다시 말하지만, 당신의 방식을 강요하거나 너무 화가 날 때까지 기다리지는 마십시오. 그들을 방어적으로 만들 뿐입니다. 개혁을 향한 소망은 종종 묵살당하는 현실을 인지하십시오. 사람들이 그런 방식을 좋아했으니 남아있지, 아니었으면 거기 있지도 않았겠지요.

더 이상 맞지 않는 자신을 확인한다면 마음 편히 옮겨 가도 괜찮습니다. 어떤 한 회중을 향한 헌신이 종신 선고는 아닙니다. 그 회중이 예수님 가운데서 당신의 삶에 더 이상 영감을 불어넣어주지 못하면 다음 단계로 옮겨가 하나님께서 당신을 위해 다른 무엇을 예비하셨는지 볼 때입니다. 그 시간은 하나님께서 주시는 감동이 속한 모임과 맞지 않음을 깨닫게 되면서 크나큰 고통의 시기 가운데 다가올 수 있습니다. 반대로 하나님께서 당신 가운데 그분의 역사와 더욱 일치하는 다른 기회로 이끌어 주시면서 큰 기쁨과 더불어 올 수도 있습니다. 정죄를 퍼붓고 떠나거나 함께 다른 사람도 끌고 나가려 하지 않는 편이 가장 좋습니다. 그저 그분께서 당신을 인도하시는 대로 따라가십시오.

그리스도의 몸 전체를 세우기보다 자기 모임의 성공에 관해서만 걱정하는 사람에게는 이런 논의가 위협적으로 다가오기 마련입니다. 그들은 사람들이 자기 모임을 떠나려는 고민을 저지하려고 '교회 투어church hopping; 이 교회 저 교회를 자주 옮겨 다니는 것을 일컫는 말'와 같은 죄목까지 만들어냈습니다. 몇 년 전 나는 시카고 외곽의 윌로우 크릭 커뮤니티 처치에서 더욱 성숙한 출석자 중 많은 사람이 더 이상 주일 아침 성수에 예전만큼 충실하지 않음을 발견했을 때 흥미로웠습니다. 그들은 이 현상에 관해 여느 대학처럼 그 '졸업'을 축하해주는 대신에 문제로 여기고 더욱 꾸준한 출석으로 돌이키도록 고삐를 당길 프로그램을 고안하는데 착수했습니다.

어쩌면 우리가 평생토록 같은 모임에 있으라는 법은 절대 없는지도 모릅니다. 전체로서의 교회에 가장 관심을 기울이는 이들은 교회 생활의 유동성에 중대한 가치를 이해합니다. 즉 생애의 다른 시기에 다른 사람들과 함께 걷는 것입니다. 어느 지역에서 한 회중이 예수님의 생명을 완전하게 나타낼 수 있다는 생각은 터무니없습니다. 어떠한 모임의 경계를 넘어 서로 사랑하고 그분의 생명과 지혜를 함께 나누는 길을 찾는 데는 우리 모두가 필요합니다. 다른 배경과 네트워크를 잇는 사람들 사이에 교류는 하나님의 다채로운 본성과 인간으로서는 만들어낼 수 없는 연합을 나타내리라는 교회의 약속을 성취할 수 있습니다.

만일 우리가 이에 관하여 더욱 관심을 기울이고 누가 어떤 기관에 출석을 하든 하지 않든 덜 신경 쓴다면 우리 주위에서 형성되는 그분의 교회에 더욱 자유롭게 동참할 수 있겠지요. 우리 모두는 이 여정을 살아내기 위하여 도전과 씨름하며 세상, 종교 그리고 심지어 하나님을 향한 스스로의 신실한 노력마저도 끊임없이 우리 주의를 산만하게 만듭니다. 그 왕국을 향한 충실함은 우리 모두에게 도전 과제입니다.

만일 당신이 아는 회중 가운데 그분의 교회를 찾을 수 없다면, 이제는 그 너머로 보고 그분의 교회에 속할 수 있는 너무나도 많은 길이 있음을 발견할 때인지도 모릅니다.

20

회중을 넘어서

이제 너희는 그리스도의 몸이요
개별적으로는 그 지체들이라. _ 고전 12:27

전통적인 회중을 찾기란 맥도널드 햄버거를 찾는 일만큼이나 어렵지 않습니다. 그들은 어디에나 있으며 찾기 쉽게 첨탑과 종탑을 높이 쌓아가며 도시 전경에 끼어듭니다. 그런데 복종에 바탕을 둔 그 조직에 더 이상 당신이 맞지 않는다면 어떡하지요? 입구 표시도 없는 예수님께서 지으시는 교회를 어떻게 찾을 수 있을까요?

내가 어떤 지역의 회중에 일원으로 활동하지 않게 되는 날이 올 줄은 절대 예견하지 못했으며 여기까지 오기란 쉽지 않았습니다. 지역적 회중이 여전히 영적 생활에 있어서 중요한 부분이라고 여기는 사람들을 내가 존중함에도, 나에게 있어서는 더 이상 중요하지 않습니다. 내가 성인이 되어 속했던 두 회중 모두 기관의 필요가 추구하던 예수님의 생명과 충돌하게 되면서 유리 천장에 부딪치고 말았습니다. 세상 가운데 역사를 펼치시는 하나님과 동역하는 친구들의 생생한 공동체로서 그분의 교회에 동참하고자 하는 갈망을 나는 포기할 준비가 되어 있지 않았었습니다. 또한 우리 기관이 교제를 위해 강요하는 그 모든 복식과 정략 및 틀 없이도 사람들과 더욱 결실 있는 연계를 맺고 예수님의 생명을 더욱 자유롭게 나눌 수 있음을 나는 발견했습니다.

떠난 사람 대부분은 나와 같이 잃어버린 우정과 주일 아침 공백을 메울 또 다른 모임을 결국엔 찾게 됩니다. 지난 수십 년 동안 많은 이들이 가정 모임이나 다른 더 비격식적인 모임 가운데서 길을 발견했습니다. 그들이 함께 모여 주위 사람들에게 예수님의 생명과 마음을 나누는 친구의 공동체를 세울 때 교회의 모습을 나타내는 놀라운 장이 될 수 있습니다. 가정이나 식사 나눔은 우리가 모임 자체보다도 그분과 우리 가운데 그분의 역사에 더욱 집중하면서 그분의 가족을 경험하는 가장 자연스러운 환경입니다.

하지만 유감스럽게, 여기에도 교계 전체가 나서서 또 다른 시스템으로 만들려는 시도를 하고 있습니다. 이를 가리켜 책과 기사에서는 때때로 가정 교회, 단순한 교회 또는 유기적 교회라고 명명하며 일세기의 초대교회와 가장 일치한다고 추켜세웁니다. 이들 모임은 가정에서 매주 만나 종종 식사로 시작하며 여러 회중과 비슷하게 찬양, 성경 공부, 기도, 활동 계획 등의 의식을 함께 나눕니다. 그러한 모임은 더욱 깊은 관계 형성에 가능성을 제공하지만 항상 생각대로 흘러가지는 않습니다.

나는 여느 회중보다도 더욱 많은 일거리로 뛰어다니느라 분주한 가정 모임에도 있어 봤습니다. 심지어 한 모임은 접이식 의자의 행렬 한가운데로 통로를 내고 벽에 단 십자가 조명 앞에 강대상과 피아노까지 갖추었습니다. 말 그대로 가정 교회입니다! 대부분 이렇지는 않지만 사람들을 통제하기 위해 동일하게 복종이라는 동력을 이용하는 많은 가정 교회에 관한 은유이기도 했습니다. 통제란 작은 모임에서 더욱 파괴적입니다. 사람들이 더 작은 그룹으로 집에서 모인다고 해서 전통적인 회중에 관하여 지난 장에서 나눈 우려를 면하게 해주지는 않습니다. 가정 교회 역시 종교적 행위를 수행하며 그리스도 안에 있는 생명을 놓치고, 불안한 리더가 사로잡아 주님을 따르는 대신 어떤 모델을 따라가며 결국 인간적 노력으로 그치는 수도 있습니다.

마지막 시대에 교회를 회복하고자 하는 소망으로 가정 교회를 전파하기 위한 대회를 열어서 국제적인 운동으로 만들려고 강사를 섭외하며 프로그램을 다듬는데 수많은 돈과 시간이 투입되었습니다. 나는 그러한 대화 가운데 만난 사람들이 기쁘고 사랑스러운 만큼이나, 애당초 그들을 가정 교회로 향하도록 몰아간 동일한 함정에 다시금 빠져들까 봐 두렵습니다. 그 사람들이 지명도와 영향력을 놓고 경쟁하며 애착하는 프로그램과 책을 독려하면서 리더십에 의존적인 인프라를 만들려고 하는 모습을 나는 목격했습니다.

문제는 그러한 집회 현장이 아니라, 바로 그분 외에 다른 무엇을 향한 우리의 몰두입니다. 우리가 인간의 체계를 재현하려 하면 결국에는 언제나 사람들을 새로운 피조물로부터 이탈하도록 끌어냅니다. 심지어 은혜와 자유로 시작한 일이라 할지라도 재빠르게 의무와 기대의 압박으로 가득 차버리게 됩니다. 그런 일은 진정한 관계에 필요하지 않으며, 적용한다해도 거의 문제를 해결하지 못합니다. 어떤 교회의 모습일지라도 그분의 왕국을 표출하는 한 누리십시오. 그리고 더 이상 그러지 못할 때는 멀찍감치 거리를 두십시오.

"우리는 교회 출석을 관뒀고 이번 주부터 집에서 뭔가 시작하려 합니다. 우리가 무엇을 하고 또 무엇은 피하면 좋을지 조언을 좀 줄 수 있습니까?" 이런 이메일을 나는 거의 매주 받습니다. 내 충고는 항상 동일합니다. 무언가를 시작하려고 하지 마십시오. 일단 어떤 '일'을 시작하면 당신의 초점은 사람들과 관계 맺는 데서부터 '일'이 잘 돌아가는지 확인하는 방향으로 옮겨가게 됩니다. 무언가 다른 바를 추구하는 사람들을 중심으로 가정 모임을 시작하기는 쉽지만, 모임 자체에 중점을 두었을 때 그것을 유지하기는 어렵습니다. 사람들은 결국 가정 모임이 점점 더 지루해지겠지만 만일 우정을 맺게 된다면 그렇지 않겠지요.

당신이 교회를 찾아 헤매는 일을 멈추고 단지 하나님께서 주위에 두신 사람들을 사랑하기만 한다면 가장 쉽게 교회를 발견하게 됩니다. 합류할 모임을 찾으려고 애쓰기보다 먼저 우정을 기르십시오. 교회가 어떠한 모습일지에 관한 선입견이나 아무런 전략 없이 오순절 날 교회가 시작된 것은 우연이 아닙니다. 그들은 주일 예배를 시작하자거나 주중 가정 모임을 갖자고 말하지 않았습니다. 단순히 그들은 새롭게 경험하는 복음과 성령님의 개입대로 따르며 행했을 뿐입니다. 그분을 따르는 법을 배우고 그 왕국의 실재로 주변의 다른 사람들과 관계를 맺으면서 어떻게 열매가 맺히는지 지켜보십시오.

적어도 누가의 기록에 따르면 초대 교회가 교회를 개척하러 나서지는 않았습니다. 그들의 열정은 더욱 명확한 복음으로 사람들이 성장하도록 도와 예수님께서 주시는 생명을 깨닫게 하는 데 있었습니다. 그분을 따르는 법을 배우는 사람들은 지극히 자연스럽게 우정으로 함께 귀결합니다. 초대 사도들은 몇 년이 지나 돌아보고 나서야 그들 가운데 교회의 모습이 나타났음을 깨닫게 되었습니다. 당신이 예수님의 교회를 심을 수는 없습니다. 그분께서 이미 심어두셨습니다.

그렇다면 당신의 삶에서 관계적으로 나타나는 교회를 찾고 싶다면 무엇을 해야 할까요? 흥미롭게도 여기에서 나누는 내용은 회중 생활 바깥에 있는 사람이나 안에 있는 사람 모두 적용할 수 있습니다.

첫 번째로, 교회가 어디서 시작하는지 기억하십시오. 바로 당신 속입니다. 우리는 교회가 어떤 장소라는 개념에 익숙한 상태입니다. 종종 당신이 나오면 참석할 수 있도록 항시 대기 중인 프로그램이 있는 곳 말입니다. 교회가 사랑받는 자의 공동체라면 우리 자신의 심령에서부터 발원할 수밖에 없습니다. 그 안에서 우리는 사랑으로부터 예수님과 관계 맺고 그 사랑을 다른 사람들에게 전하는 의미가 무엇인지 익히 알게 됩니다. 그래서 그분께서는 우리에게 사람들을 제자 삼도록 도우라고 요청하셨지 그들을 떼로 몰라고 하지 않으셨습니다. 당신은 이미 지역에서 더욱 관계적인 모임을 알고 있을 수도 있고 혹은 우연히 하나를 발견하게 될지도 모릅니다. 하지만 지나치게 열심히 찾아보지는 마십시오. 하나님께서는 당신을 어떻게 가장 잘 보살필지 아십니다. 우리는 먼저 그분을 찾음으로써 그분의 교회를 발견합니다.

많은 이들이 이전 회중을 떠난 뒤 그 우정으로부터도 끊어지게 되어 놀랍니다. 모임이 얼마나 종교적인지 또는 리더십이 얼마나 불안정한지에 따라 그들은 당신을 의심하거나 독단적인 사람으로 여기도록 혹은 심지어 당신이 회개하고 돌아오기를 바라면서 우정을 거두어들여 징계하도록 가르침 받았을 수도 있습니다. 다른 모임의 경우 그렇게 보복적이진 않지만, 모임에도 없는 누군가를 위해 여지를 두기엔 너무나 바쁩니다. 일단 당신이 시야 밖으로 사라지면 역시 마음 밖으로도 밀려납니다.

그래서 이 여정의 초입에서 많은 이들이 외로움과 싸웁니다. 특히 그들이 새로운 피조물을 위하여 싸워나갈 우정을 처음부터 다시 쌓아야 한다면 말입니다. 그것은 시간이 걸리는 일입니다. 다행히도 외로움에 관한 해답은 주위에 많은 사람을 두는 데 있지 않고 하나님께서 당신 심령의 빈 공간을 채워주시도록 내어 드리는 데 있습니다. 우리가 마음을 사람들로 채우려 들면 관계는 자신의 필요에 따르게 되므로 시작하기도 전에 틀어져 버립니다. 종종 하나님께서는 당분간 사람들을 그분께로 이끄실 때가 유익하다고 여기시는 때가 있습니다. 그 기간 동안 그들은 종교적 행위나 다른 이의 인정을 구하는 폐단에서 벗어나게 됩니다. 그분께서 함께 삶을 지어가실 때 당신은 다른 사람들을 사랑할 수 있도록 자유로워지고 그렇게 건강한 우정은 자라납니다.

그러한 관계를 향하여 나아가도록 종교적 왜곡을 덧붙이지 않고서도 당신을 격려해줄 수 있는 나이든 형제나 자매를 찾아보면 자주 도움이 됩니다. 하나님께서 이를 우리의 심령 가운데 행하실 수도 있지만 다른 누군가와 대화를 나누는 일은 훨씬 더 즐겁습니다. 그분과의 관계 가운데 성장해가면서 당신의 등 뒤에 우정과 도움으로 축복해줄 수 있는 다른 사람들이 있다는 사실을 항상 염두에 두십시오. 예수님께서는 그분의 생명을 수업이나 교과 과정이 아닌 사람 대 사람으로 전하도록 정하셨습니다.

두 번째, 그분께서 지으시는 공동체와 관계하고자 하는 갈망을 품으십시오. 당신이 점차 그분의 사랑을 받아들이는 법을 익히면서 곧 다른 사람들을 향하여 기우는 당신의 심령을 발견하게 됩니다. 외로운 방랑자가 될까 봐 두려워하지 마십시오. 하나님께서는 공동체이시며, 그분을 알아가면서 당신 역시 그분의 공동체를 갈망하게 됩니다. '교회'라고 부르는 무언가를 향한 상호적인 필요에 바탕을 두지 않아도 그분께서 펼치시는 왕국과 그분을 향한 당신의 열정이 맺는 열매로서 지극히 자연스럽게 다른 사람들과 이어지는 자신을 보게 됩니다. 그러할 때 당신은 이미 자신 주변을 에워싸고 있는 그분의 교회를 발견하게 됩니다.

멀리 바라볼 필요도 없이 익히 알고 있는 사람 곧 가족, 친구, 동료, 이웃 심지어 버스나 시장에서 잠시 마주할지도 모르는 사람 가운데 발견할 것입니다. 날마다 하나님께서 당신 앞에 누구를 두시든지 사랑하십시오. 그리고 그 사랑이 어디로 이끄는지 보십시오. 필요에 처한 사람을 돕고, 누군가 외로운 이의 친구가 되며, 모두를 은혜롭게 대하십시오. 가끔은 간단한 인사말이 대화를 엽니다.

당신이 더욱 진정으로 사는 법을 익힐수록 이런 대화를 주도할 필요성도 적어집니다. 당신은 주위 사람들을 순수하게 보살피고 사랑이 이끄는 대로 행하고 있는 더 자유로운 자신의 모습을 발견하게 됩니다. 수많은 대화 가운데 당신은 다른 무엇보다도 더욱 끌리는 어떤 이야기를 발견하기 마련입니다. 당신은 커피를 마시거나 식사를 통해 그들과 관계 맺을 시간을 잡고 싶겠지요. 거기로부터 심령을 따라가며 그들을 위하여 당신의 삶에 공간을 마련해두십시오. 이를 위해 특정 시간을 마련할 필요는 없습니다. 이러한 일은 일상생활의 일부 곧 먹고, 일을 보고, 집안

일을 꾸리거나 스포츠나 다른 여가 활동 등과 함께 할 수 있습니다. 이들 관계 중 일부는 계속해서 자라가게 되고, 또 다른 관계는 잠시 머물기도 합니다.

세 번째, 종교적으로 인위적인 느낌은 피하십시오. 사라와 내가 회중 생활과 동떨어져 있다 보니 우리가 하지 못하게 된 일을 대체하기 위하여 무언가를 조직해야겠다는 압박도 느꼈습니다. 심지어 우리는 더욱 관계적인 우선순위를 포용하는 또 다른 회중을 열어야 할지에 대해 의논해봤습니다. 그러나 우리의 모든 시도는 조금 어색하고 인위적인 감이 있었습니다. 친구들의 대화가 자유로이 흐르는 식사에서 같이 모임을 시작하려고 격식만 조금 차려도 분위기에 변화를 감지할 수 있었습니다. 우리의 영적 여정에 관해 엄청난 대화를 나누다가도 이를 모임으로 끼워 맞추려 들면 그 이야기는 딱딱하게 굳어졌습니다.

그분께서 삶을 변화시키신 대화 속으로 점점 더 빠져들면서 우리는 결국 모임을 포기하고 우정을 이어갔습니다. 그러한 관계가 뭉쳐 각자의 필요와 자원에 따라 다른 사람을 보살피고, 교회의 모습이 어떠한지 탐색하며, 예수님 안에서 계속 자라나가는데 필요한 모든 기회를 제공합니다. 그런 친구 모임이 지역에서 우리와 열정을 나눈 새로운 사람들뿐 아니라 세계에 걸쳐서 자라가는 모습을 나는 지켜보았습니다.

오 년 뒤 우리는 다시 처음부터 시작할 기회가 있었습니다. 우리는 아래쪽으로 이백 마일 더 내려가 아는 이 하나 없는 캘리포니아 남부 지역으로 이사를 갔습니다. 전통적인 회중 밖에서 이 여정을 지속하고 싶었던 우리에게는 새로운 도전이었습니다. 우리가 지역 모임에 출석하지 않으면 어떻게 다른 예수님의 제자들을 만날 것인지 말입니다. 계속해서 우리는 그분을 따라가며 다만 하나님께서 주위에 두시는 사람들을 사랑했습니다. 우리는 이웃을 알게 됐는데 비록 당시에 그들 중 누구도 예수님의 열정적인 제자는 아니었지만 모두가 어느 정도 영적인 호기심이 있어서 우리의 자라나는 우정 속으로 들어오게 되었습니다. 우리는 예수님과 더 깊이 관계 맺기 원하는 사람들을 향하여 항상 귀를 열어두었습니다. 또한 그 도시에서 기회가 생기는 대로 우리가 관여하기 원하시는 하나님의 눈짓도 살폈습니다. 나는 지역 사역을 돕는데 자원했으며 어느 시점에 자그마한 교회 모임에 연결되도록 인도받았는데, 그들의 목사가 도덕적 실패를 겪은 뒤 흩어지게 된 곳이었습니다. 그들은 우리에게 사랑스러웠으며 그들이 예수님 안에서 진정한 삶을 탐색하도록 도와 달라고 요청해오면서 한동안 그들과 머물렀습니다.

그분의 교회와 우리의 연계는 매주 같은 모임에 출석했을 때에 비해 더욱 풍성해졌습니다. 성령님께서는 당신이 알기 바라시는 사람들을 주위에 두심으로 당신의 가족을 만들어주실 수 있습니다. 혹은 그분께서는 당신에게 다른 사람에게 관여하도록 넌지시 비추실 수도 있습니다. 우리가 그랬듯이 말입니다. 당신은 마음을 끄는 소그룹 교제, 아침 기도 모임 혹은 봉사활동에 관하여 들을지도 모릅니다. 이는 모임에 관해서가 아닌 사람에 관한 문제입니다.

이는 여러 가지 방식으로 일어날 수 있습니다. 나는 한 남자를 만났는데 외딴 곳에 살았으며 삶에서 예수님을 나눌 수 있는 지인이 아무도 없었습니다. 어느 날 그는 수백 마일 밖의 어느 쇼핑몰에서 지갑을 잃어버렸습니다. 집에 도착할 때까지도 그는 지갑을 잃어버린 것을 알아차리지 못했습니다. 그는 몰에 전화를 걸었는데 아무도 지갑을 찾지 못했다고 했습니다. 두 시간 뒤 그는 한 가정으로부터 전화를 받았습니다. 그들은 그 지갑을 발견했는데 같은 동네에 산다는 사실을 알고 직접 돌려주기로 결정했습니다. 지갑을 돌려주면서 그들은 서로가 같은 종류의 연결을 놓고 기도하고 있었음을 발견하고 함께 하는 여정을 열었습니다.

몰에 지갑을 던져두고 무슨 일이 일어나는지 지켜보라는 뜻은 아닙니다. 그보다도 하나님께서는 그분의 백성을 이어줄 무한한 경우의 수가 있음을 보여 주는 사례입니다. 내가 아는 한 젊은 엄마는 식료품점 줄에서 두 여자가 하는 말을 우연히 듣고 엄마와 아이의 정기적 모임에 속할 길을 발견했습니다. 그녀는 그 도시가 처음이어서 누군가 다른 엄마를 만나고 싶었습니다. 그녀가 더 물어보자 그들은 그녀에게 아이를 데려오도록 초청했습니다. 기독교 모임은 아니었지만 이 젊은 엄마는 거기서 좋은 우정을 찾아냈고, 이제는 그 엄마들 중 일부가 하나님과 관계 가운데 길을 발견하면서 그녀에게 중요한 교제의 원천이 되었습니다.

나는 세계를 반 바퀴 돌아 초청해준 사람들에게 내 여정의 일부를 나누었을 뿐인데, 내가 떠난 뒤 그들은 그 도시에서 몰랐던 다른 사람과 빠르게 친구가 되었습니다. 삶의 길을 찾아 나설 때 당신의 눈과 귀를 열어 두십시오. 무언가 당신을 이끈다면 시도해 보고 거기서 무엇을 발견하는지 보십시오. 작은 스터디 그룹, 여가 동아리, 아침식사 모임 또는 선교단체 현장은 함께 활동하며 사람들을 만나고 알아가기에 매우 좋은 장소입니다. 나는 일정 기간 몇몇 친구와 함께 집에서 성경 공부를 연적도 있었는데 이를 듣고 우리와 합류하기 원하는 다른 사람도 있었습니다.

네 번째, 관계를 지향하십시오. 우리가 할 일이란 다만 주위 사람들 가운데 그분의 움직임을 의식하며 실질적이고 관계적인 순간을 따라서 움직일 따름입니다. 어떤 대화가 당신이 그분의 사랑 안에서 더욱 깊이 살도록 힘을 실어주고, 더욱 큰 믿음으로 고취하며, 그분의 역사 가운데 평안한 마음으로 세워줍니까?

가능성은 말 그대로 무한합니다.

누가 그리스도 안에서 당신의 여정을 북돋아줍니까?

그들과 함께 시간을 보내십시오.

(신자든 불신자든) 친구가 필요한 사람은 누구입니까?

그들과 친구가 되십시오.

하나님과 연결되도록 도움이 필요한 사람은 누구입니까?

그들을 도우십시오.

몇 년 전 나는 '교회 개척팀'의 일원인 삼십 명의 그룹과 함께 자리했습니다. 그들은 커피점 하나를 인수해서 그 수익으로 가난한 사람을 돕도록 하고 그곳에서 매주 예배를 위해 만났습니다. 여름마다 1개월 동안 그들은 주일 모임을 쉬는데 마침 끝맺는 달이어서 우리와 만났습니다. 그들은 어찌할 바를 몰랐습니다. 그들은 지난달이 얼마나 대단했는지 그리고 그들 모두가 얼마나 많은 성장을 했는지 이야기했습니다. 그들은 매주 모임을 어떻게 더욱 관여하고 관계적으로 만들 수 있을지 모색하기 위해 나에게 도움을 바랐습니다.

"내가 여러분이었다면," 나는 대답했습니다. "그런 시도는 하지 않겠습니다. 여러분이 매주 모임 속으로 구겨 놓을 방법은 생각도 하지 않겠지만 교회의 생명이 지난달 여러분이 걸어온 그 경로 위에 있다고 봅니다." 나는 그들에게 예수님께서는 사전에 계획한 모임에 많은 삶을 보내지 않으셨으며 그분 주위로 펼쳐지는 삶 가운데서 사람들에게 가장 깊은 감동을 끼치셨음을 다시금 일깨워주었습니다.

교회는 목적을 위한 수단이 아니라, 그분 안에서 번성하는 사람들의 열매입니다. 그 길로 따라 내려가십시오. 그렇습니다, 모임을 계획하는 편이 친구 만들기보다 더욱 쉽습니다. 친구를 만들려면 다른 사람들이 있는 곳으로 가서, 대화를 개시하고, 하나님께서 더욱 깊숙이 초청하시는 관계를 인식하기 위하여 우리 쪽에서 상당한 의도성이 필요합니다. 그분의 사랑 안에 점차 확고해질수록 우리는 더욱 더 자유롭게 다른 이들과 관계를 맺을 수 있게 됩니다. 관계로부터 무언가 얻어내기 위해서가 아니라, 단지 그들에게 축복이 되기 위해서 말입니다. 여기에서 최고의 우정이 시작됩니다. 당신이 강제로 밀고 들어갈 필요는 없습니다. 만일 하나님께서 이어주신다면 그들 역시 우정을 바라게 됩니다.

이 모든 곳과 또 다른 많은 곳에서 우리는 예수님 안의 생명에 관하여 폭넓은 대화를 나누면서 점점 더 커지는 친구의 모임을 누립니다. 우리 가운데 누구도 매주 어떤 종류의 모임을 조직할 필요성을 느끼지 않습니다. 단지 우리는 그리스도와 서로간의 우정 가운데 계속 자라갈 따름입니다. 그분께서 우리에게 과업을 함께 하자고 요청하시는 때가 있으며 우리는 한 지역을 감동케 하고 세계에 걸쳐 다른 이들을 감동케 하는 방식으로 우리 가운데 나타나는 교회를 목격했습니다.

다섯 번째, 당신의 우정을 관대하게 건네십시오. 겹치는 모든 관계마다 교회가 자라납니다. 내가 사랑하는 누군가와 나눌 수 있는 가장 큰 보물은 나의 다른 친구와 접촉하는 것입니다. 이는 성전이 올라가는 마지막 단계입니다. 성령님께서는 서로 맺은 관계를 통하여 예수님의 역사를 보여주는 사람들의 국제적 네트워크를 함께 엮어 나가시며 세상 가운데 빛과 생명의 장대한 태피스트리를 지어가십니다. 사람들이 자신의 모임 안에 틀어박혀 있기보다 관대하게 우정을 나누면서 교회는 모습을 갖추어갑니다.

나에게는 예수님의 몸 가운데 지역적, 국가적, 국제적으로 다양한 영역에 걸쳐서 좋은 친구들이 있어 축복이 되었습니다. 나는 전통적인 회중을 다니거나 이끄는 사람, 가정 교회 운동에 헌신한 사람, 또 그리스도의 몸과 관계 맺으면서 살아내는 사람들과 시간을 보냈습니다. 그러한 다양한 그룹의 지혜를 통하여 나는 축복 받았을 뿐만 아니라 어떤 한 단체를 향한 우리의 일치 여부보다도 더욱 중대한 심령의 연합이 자라가며 그리스도의 몸에 대한 계시가 높아졌습니다.

그분의 교회는 점점 더 확장되어 가는 친구와 친구의 친구 네트워크로 이뤄집니다.

거기에 예수님께서는 세상에 변화를 가져다 주시기 위해 지혜와 자원 그리고 그분의 왕국을 배치하십니다. 그분의 요청에 따라 우리가 동역할 수 있는 유연성과 시간이 있었으므로 그분의 더 높은 목적이 드러나도록 내어드린 놀라운 관계 가운데 나는 선봉에 자리할 수 있는 축복을 받았습니다.

이제 우리는 그분의 교회에 동참하기 위하여 단지 매주 마다 "우리가 누구와 함께 하기 원하십니까"라고 여쭐 따름입니다. 그분께서 품으신 어떠한 목적을 위해서든 우리는 마음에 떠오르는 사람과 함께 할 시간을 냅니다. 우리는 사람들이 어둠의 위치에서 벗어나도록 돕고, 그분과의 관계를 깨닫게끔 갖춰주며, 광대한 왕국을 개척하는 사람들과 더불어 간증과 소망을 나누는 교제를 누리고, 무언가 알아야 할 바를 함께 배우며, 우리가 아는 사람과 다른 사람이 연결되도록 돕고, 하나님의 뜻이 하늘에서 이뤄진 것 같이 이 땅 위에서도 이뤄지도록 해주는 일치를 도모할 수 있습니다.

이렇게 교회는 그 모습을 찾아갑니다. 사랑받기를 구하지 말고, 사랑하십시오! 마음이 같은 사람만 찾지 말고, 그분께서 함께 걷도록 청하시는 사람을 찾으십시오. 그렇게 살아가다 보면 당신은 주위에서 이루어지는 교회를 발견하게 됩니다.

진실로 이토록 단순하면서도 실질적일 수가 있습니다!

21

어려운 질문들

오직 사랑으로 표현되는 믿음만이 중요합니다.
(The only thing that counts is faith
expressing itself through love.) _ 갈 5:6

이 책을 통하여 그분의 공동체가 어떻게 이루어질 수 있는지 많은 사례를 나누었습니다. 두세 명이 모인 식사모임의 대화로부터, 후하게 대접하는 가정을 중심으로 모이는 사람들, 우리 주변 세상을 돕기 위해 하나님께서 청하시는 프로젝트, 새로운 우정을 쌓기 위한 국제적 모임, 사람들이 스스로 영적 여정에 올라 성장할 수 있도록 배움 등의 기회를 제공하는 일, 더욱 전통적인 회중 가운데서 탄생한 관계에 이르기까지 다양합니다. 그들은 매주 혹은 더욱 즉흥적으로 모일 수 있습니다.

그분의 교회는 우리가 하는 활동으로 이루어지지 않습니다.

가장 중요한 문제는 우리가 서로를 어떻게 대하느냐 입니다. 교회는 사람들이 사랑과 진심으로 지혜롭고 관대하게 관계 맺는 곳에서 나타납니다. 그분을 위하여 우리가 그분의 교회를 지을 수는 없어도, 그분의 사랑 안에 사는 법을 배우고 그 사랑을 다른 사람과 자유롭게 나누면서 교회 가운데 우리의 자리를 잡아갑니다. 당신의 기대를 어떤 특정한 결과에 맞추지 않도록 하십시오. 그렇지 않으면 당신은 교회가 바로 앞에 있는데도 놓쳐버릴지 모릅니다. 그분의 교회는 천 가지라도 다른 모습을 취할 수 있습니다. 그렇기 때문에 다른 누군가의 모델을 복제하는 일이란 소용이 없습니다.

이십여 년 전 한 회중의 목사로서 나는 나만의 교회를 넘어서 그분의 교회라는 광대하고도 아름다운 태피스트리가 믿을 수 없을 만큼 확장되리라고는 그릴 수 없었습니다. 나는 '찬양' 예배, 주일 학교, 헌금, 정규직원 없는 교회란 상상할 수도 없었습니다. 어떻게 사람들을 가르치거나 이끌어야 할까? 교제는 어떻게 일어날까? 어린이들은 하나님에 관해 어떻게 배울까? 누가 장로인지 어떻게 알 수 있나? 우리가 회중 체제의 필수 요소에 관해 묻는 순간 얼마나 많은 의문이 떠오르는지 보십시오.

이러한 질문 자체로 우리가 영적 생존을 위해 그런 기관에 얼마나 의존하게 되었는지를 보여줍니다. 예수님께서는 그러한 체계를 초월하여 우리의 삶과 아이들 또는 세상에 다다를 수 있는 분이라고 우리는 생각지 못합니다. 우리가 신뢰하도록 배워 온 인간 체제를 향한 의존을 놓기란 처음에는 두렵습니다. 나는 내가 잘못돼서 나의 여정을 나누며 다른 사람도 잘못 이끌까 봐 걱정하기까지 했습니다. 그런 최후의 충동을 삼가고 내가 벌집을 들쑤시지 않기 바라는 많은 사람이 있다는 사실을 압니다. 그러나 솔직히 당신은 복종에 근거를 둔 체제를 벗어나 몇 년이 지나면 예수님과 그분의 교회에 관해 무엇을 발견하게 될지 전혀 알지 못합니다.

거의 이십 년 가까이 더욱 관계적으로 사는 법을 익히면서 나의 관점은 완전히 변했습니다. 이제 나는 우리 기관이 어떻게 교회가 번성할 수 있는 관계적 실재를 낳을 수 있을지 납득하는 편이 더 어렵습니다. 어떻게 일주일에 한 번 성경 강의만으로 사람들이 하나님과 관계 맺도록 돕는 일이 가능한지 이제는 의아합니다. 모든 성경 이야기를 도덕극으로 바꾸어 하나님께 그들의 존재 자체보다도 행위가 더 중요하다는 믿음을 심어주는 주일학교 커리큘럼에서 어떻게 아이들이 그분에 관해 배울 수 있겠습니까? 그리고 장로들은 기관을 관리하느라 너무나도 바쁜데 사람들이 어떻게 곁에서 함께 하는 장로의 은사를 누릴 수 있을지 나는 모르겠습니다.

그분의 교회에 관한 성경의 모든 가르침은 우리가 관계적일 때 훨씬 더 생생하게 살아납니다. 종교 체제에 신뢰를 잃어가는 사람들로부터 수백의 질문을 들었어도 이 밖에는 그분의 교회와 어떻게 관계를 맺을지 조금도 실마리를 찾지 못했습니다. 가장 많이 하는 질문으로부터 파생되는 내용을 장마다 풀어낼 수도 있겠지만 그렇게 하면 하나의 방법을 설명한 책이 되어버려서 아무런 유익도 없겠지요. 그래서 속속들이 답을 주기보다는 당신 스스로 그분과 다른 사람들 사이의 관계 가운데 탐색할 수 있게끔 더욱 넓은 세계를 들여다보는 데 도움 되길 바라며 각 질문에 관하여 몇몇 코멘트를 달려고 합니다.

내가 가르침을 받을 필요는 없나요? 한마디로 없습니다! 새로운 언약의 목적은 우리 각자가 다른 사람으로부터 가르침 받을 필요가 없도록 예수님과의 자라나는 관계 가운데 초청하기 위함입니다. 그분께서는 당신을 하나님의 진리 속으로 이끌기 원하십니다. 이를 또 다른 인간에게 절대 넘겨주지 마십시오. 즉 우리 각 사람이 스스로 진리와 오류를 분별해야 한다는 뜻입니다. 우리는 아버지의 내음을 인식하도록 배우면서 귀를 즐겁게 할지는 몰라도 그분을 의지하지 못하도록 잡아끌 뿐인 잡음으로부터 돌아설 필요가 있습니다. 하지만 단지 가르침이 필요 없다고 해서, 그것이 곧 가르침이 성령의 인도에 가치 있는 보조 자료가 되지 않는다는 뜻은 아닙니다. 하나님과 성경 그리고 그분의 목적에 관하여 당신의 이해를 더욱 도와줄 가르침을 찾을 수 있는 방법이 많이 있습니다. 수업을 받는다든가, 성경 공부에 참여하거나, 책을 읽거나, 피정을 열거나 혹은 온라인 코스를 수강하는 등 말입니다. 나 자신도 교사로서 가르침이 일어날 수 있는 다양한 현장을 누립니다. 그러나 누군가 진정으로 그분께 듣지 않는다면 어떠한 가르침도 단지 정보의 전달일 뿐 삶의 열매는 맺지 못합니다.

우리 아이들은 어떻게 하나님에 관해 배울까요? 언제나 그랬듯 아이들은 부모님을 본보기로 배우기 마련입니다. 주일 학교는 제자 양육의 도구로서 항상 과대평가 받아왔습니다. 여러분의 아이에게 예수님을 소개해주는 일은 할머니를 소개하는 경우와 마찬가지입니다. 당신은 아이들에게 먼저 약력을 읊어주지 않습니다. 단지 서로 소개해줄 뿐입니다. 아이들에게 좋은 기독교인이 되라고 가르치지 말고, 당신이 하는 대로 어떻게 하나님과 함께 걷는지 보여주십시오. 가족이 기도하고, 나누며 하나님을 따르는 삶이란 어떤 의미인지 함께 배워나가면서 아이들은 어렸을 때부터 하나님을 가족의 일원으로 볼 수가 있습니다. 아이들은 나이 먹어 가며 다른 어른과 언니오빠와 상호 관계를 통하여 자유롭게 질문하고 그분과의 관계를 스스로 발견하면서 자기 여정을 또한 보충해 나갈 수도 있습니다.

다른 사람들과 함께 경배해야 하지 않나요? 의례를 갖춘 주일 아침 예배가 영적으로 북돋아 줄 수는 있지만 필수이거나 은혜의 수단은 아닙니다. 예배란 결국 노래 부르기나 공동 기도회가 아니라, 아버지의 보살핌 아래 사는 삶입니다. 단지 주일뿐만 아니라 매일같이 예배는 이어집니다. 만약 당신이 노래하고 경배하기를 즐긴다면 그런 기회에 유익을 누리십시오. 그러나 그 행위가 당신을 그렇게 하지 않는 사람보다도 더욱 영적으로 만들어주지는 않습니다. 무대로부터 오는 희열은 미흡할지라도 영적으로 훨씬 더 관계적인 배경에서도 우리는 주일의 모든 귀한 경험을 살아낼 수 있습니다.

성찬식은 어떡하지요? 교회가 존재한 처음 삼백 년 동안은 가정 식탁 외에 주님의 만찬을 나눌 다른 장소는 생각할 수도 없었습니다. 가정 식탁은 그들이 만나는 유일한 장소로서 식사를 나누며 빵과 포도주로 그들 가운데 그분의 임재를 기뻐했습니다. 당신은 그리스도의 몸이 모이는 어디든지 격식 없이 함께 성찬을 나눌 수 있습니다.

십일조와 헌물은 어떡하지요? 예수님을 따르는 사람은 십일조에 관해 어떠한 의무도 없습니다. 십일조는 유대인의 민족적 삶을 영위하기 위한 구약의 구조였습니다. 십일조가 옛 언약보다 앞서 존재하긴 했지만 아브라함에게는 의무가 아니었고 감사함로 인한 드림이었습니다. 그렇다 하더라도 히브리서 말씀에 의하면 구약의 행위는 더욱 위대한 실체의 그림자입니다. 고린도후서 8~9장에서 바울은 드림에 관하여 그림자 너머 하나님의 마음을 조명했습니다. 의무로 드리면 무익합니다. 나눔은 하나님의 관대하심 안에 사는 삶이 맺는 열매입니다. 하나님께서 당신을 향하여 얼마나 관대하신지 알 때, 당신은 다른 이에게도 관대하게 주기 마련이며 10퍼센트는 아주 가볍게 줄 수 있습니다.

그럼에도 당신이 만약 전통적인 회중에 출석하며 유익을 얻는다면 그 지출을 충당하기 위해서 십일조를 내는 사람이 상당수 필요하다는 사실을 인식하십시오. 당신이 그 혜택을 누린다면 그 비용도 보조함이 온당합니다. 나는 이를 십일조라든가 심지어 하나님께 드리는 몫이라고 여기지도 않습니다. 단지 당신이 함께 누린 것에 대한 비용을 나누어 내는 것입니다.

당신이 관대하게 살아갈 때 필요에 처한 사람을 돕고 우리 가운데 나타나는 그분의 왕국을 지원할 풍성한 기회를 찾을 수 있습니다. 이런 일은 미혼모를 위해 자동차 기름을 채워주거나, 해외의 고아원에 기부를 하거나, 이웃을 저녁식사에 초청하거나, 다른 사람들이 그리스도 안에서 살아나도록 은사를 통해 돕는 누군가를 후원하는 등 예수님께서 당신을 통해 그분의 관대하심을 나타내고자 하시는 다른 수많은 방식일 수 있습니다. 내가 아는 한 남성은 매달 지갑에 상당 액수의 돈을 넣고 그달 내내 나누어줄 사람을 찾습니다. 그 금액에 관해 세금 공제도 받지 않는데 그는 세상에서 후하게 나누어 주며 살아갑니다.

나의 가르침 혹은 음악의 은사를 어디서 쓸 수 있습니까? 많은 이들이 자신을 인정해 주는 청중 앞의 연단 위에서 가르치거나 찬양 인도하기를 즐겨합니다. 무대는 누군가에게 포기하기란 쉽지 않지만 그런 은사와 열정을 발휘할 유일한 장소는 아닙니다. 많은 이들이 그들의 은사를 길거리, 공원, 양로원, 카페 등으로 가져가면서 그것이 훨씬 더 효과적으로 하나님의 생명을 육체에 나타내는 삶이라는 것을 발견했습니다. 하나님께서는 당신의 은사가 공동체의 주목을 받도록 하는 것이 아니라 어떻게든 나눌 수 있도록 놀라운 길을 찾으실 수 있습니다.

우리에게 장로를 둘 필요는 없나요? 장로는 필수 사안이 아닙니다. 그리스도의 가족에 장로는 있습니다. 그들은 조금 더 앞서 길을 나아간 자들로 다른 사람을 도와 하나님과 동행하는 법을 배우도록 쓰임 받습니다. 그들은 모임에서 공식적으로 임명받을 필요가 없습니다. 그들의 지혜와 성품이 그들을 지명해냅니다. 그들은 기관의 장로가 아니라, 그분의 백성들 가운데 섬기는 자입니다. 때론 바울이 디모데에게 청했듯이 공동체에서 새로 따라오는 사람들이 진리와 오류를 분별하는 법을 배울 수 있도록 진정한 장로를 임명하는 일이 도움 되는 수도 있습니다.

전임사역은 어떡하지요? 이상한 직분이지 않습니까? 우리 모두가 예수님의 전임 제자입니다. 생계를 위하여 하는 일이란 단지 하나님께서 함께 하기 바라시는 사람들 곁에 우리를 두시는 방편이자 매일의 필요를 공급받기 위한 것입니다. 관계적 공동체에서는 유급 직원을 둘 만한 정도의 일은 없습니다.

그러나 한편으로는 다른 사람을 갖춰주고 그분의 교회를 굳세게 해줄 은사가 있는 누군가에게는 직업이 있는 편보다 전임사역이 더욱 섬길 기회를 허락해주기도 하며 예수님께서는 공동체의 관대함이나 다른 많은 방법으로 그들을 보살피실 수 있습니다. 그들이 공급원으로 예수님을 신뢰하며 다른 이에게 죄책감이나 의무로 부담지우지 않도록 합시다.

어떻게 사람들을 보살피나요? 만일 우리 모두가 하나님께서 곁에 두시는 사람들에게 관심을 품는다면 가난한 사람이나 노인 그리고 상처입은 사람을 찾아다닐 사역은 얼마든지 있습니다. 문제는 그들을 모임에 초대하는 일이 아니라 그들이 있는 곳으로 나아가느냐 입니다. 오늘 당신의 길 위에 격려나 사랑 혹은 혹독한 삶으로 인해 도움이 필요한 사람은 누구입니까? 그들에게서 단지 당신을 위하여 할 사역을 찾지 말고, 관여해 들어가십시오. 우리가 닿는 범위에 비해 더 많은 자원을 보유했다면, 가진 데 비해 더욱 널리 뻗어가는 다른 이들에게 우리의 관대함을 통하여 축복이 될 수 있습니다.

교회의 제자 양육은 어떻게 합니까? 마태복음 18장과 같은 제자훈련 과정은 절대로 기관적인 환경에서 적용할 성질이 아니라고 나는 확신합니다. 나는 제자훈련이 변화와 자유 가운데 그들을 초청하기보다는 두려움으로부터 사람들의 반응을 조종하려는 남용을 낳지 않고서 이뤄지는 경우를 본 적이 없습니다. 목사로서 내가 그 환경을 보호하기 위해 해야만 됐던 일들은 이제 나를 후회로 부끄럽게 만듭니다. 마태복음 18장과 고린도전서 5장의 의사전달은 친구의 공동체 안에서 훨씬 더 힘을 얻습니다. 만일 함께 걷는 누군가가 더 이상 예수님을 따르는 환경을 존중하지 않는다면 사랑 안에서 개인적으로 이야기하는 편이 합당합니다. 만약 그가 듣기 거절한다면 몇몇 다른 사람들이 관여할 수 있습니다. 혹시 그들이 계속해서 부정적인 방향으로 나아간다면 거절을 통해 수치를 주지 않고 그 영향을 제한하기 위하여 다른 사람들에게 그에 관해 말해줄 수 있습니다.

무언가 관리할 대상이 없기에 더 이상 모임을 감찰하는데 시간을 쓸 필요가 없습니다. 이는 내가 용인하지 않을 행위에 가담하는 사람이라도 가식 없이 사랑할 수 있게 해 주었습니다.

내 삶 가운데 가장 망가진 사람이라도 나는 사랑하며 그 결과로서 하나님께서 그들 가운데 하실 일을 바라볼 수가 있습니다. 동시에 나는 예수님과 더욱 가까이 걸으며 그분에 의해 변화 받는 사람들과 더 깊은 교제를 나눌 수 있습니다.

어떤 사람이 인정받은 단체에 속하지 않았다면 누가 그리스도인인지 어떻게 아나요? 그러면 나의 질문은 그들이 단체에 속했다고 해서 그리스도인인줄 어떻게 아느냐 입니다. 사회, 종교 혹은 문화적 이유로 회중에 속하지만 예수님을 따르고자 하는 열망이 없는 사람들이 많습니다. 누군가 그분께 속했는지는 그의 귀속 단체에 따라서가 아니라, 그로부터 발하는 예수님의 사랑과 생명으로 인하여 알게 됩니다. 대부분의 경우 분별하기 그리 어렵지 않습니다.

전도와 선교는 어떡하나요? 조직적인 선교여행에서 그리스도께 나아오는 대다수 사람은 필요나 위기의 절실한 순간에 그들과 함께한 어떤 친구의 영향으로 인해 나오게 됩니다. 잃어버린 자들이 다닐 교회를 찾는다고 생각하기보다, 우리는 세상 가운데서 그들에게 그리스도를 나타내며 곁에서 함께 합니다. 이 편이 훨씬 더 강력합니다. 지난 이십 년 동안 나는 다양한 선교에 나서는 많은 사람을 돕는 데 참여해왔습니다. 그뿐 아니라 현지에서도 사람들이 스스로 공동체에 축복이 되는데 필요한 도구를 갖추도록 도왔습니다. 아무런 운영비용 없이도 예수님과 동역하는 사람들은 인도를 받으며 다양한 시도로 지원을 얻게 됩니다.

결혼, 침례, 장례식은 어떻게 하지요? 침례와 장례는 어떠한 성직자도 필요하지 않습니다. 예수님을 아는 사람은 누구나 침례를 베풀 수 있으며 누구라도 장례식을 인도할 수 있습니다. 결혼식은 당신이 사는 곳의 법에 따라 약간 애매합니다. 만약 젊은 커플이 결혼식 주례를 설 만한 공인 받은 이를 아무도 모른다면, 나는 그들이 그 지역의 요구에 부응해 법원에서 혼인신고와 약식 결혼식을 마치고 나서, 실제 결혼 축하연을 가족과 친구와 함께 그들이 가장 원하는 사람의 주례로 열기를 권면합니다.

단체를 조직하지 않고도 우리가 어떻게 함께 일하나요? 예수님께서는 기이한 일들을 성취할 수 있는 은사와 자원을 나누도록 그분의 백성을 적시에 함께 엮으시는 놀라운 능력이 있습니다. 지난 이십 년 내내 나는 최전선에서 그 누구도 예상하거나 가져올 수 없었던 조화와 협력이 실제로 나타나는 것을 지켜보았습니다. 지난 육 개월 전만 해도 나는 하나님께서 서구에 있는 내 친구들의 자원을 모아다가 아프리카 동부에 있던 친구들의 어떤 필요를 채우심을 목격했습니다. 즉, 심각한 가뭄 가운데 기아와 질병으로 죽어가는 12만 명을 구하기 위해 25만 달러 이상을 모아주었습니다. 우리는 자원봉사자가 아프리카의 친구들에게 식품과 의약품을 전달할 수 있도록 공급하였으며 한 회사를 고용해 우물이 없던 곳에 우물 세 개를 뚫어 주었습니다.

　이 모든 일은 환멸에 빠진 한 전도사가 지금껏 알아온 이상의 무언가를 간절히 원하여 인터넷을 뒤지다가 '날 사랑하심'의 무료 복사본을 다운받아 보고 심령이 다시금 살아나면서 시작됐습니다. 그는 나를 케냐로 초청했으며 그 일이 아버지의 마음에 있는지 살피기 위해 삼 년간의 교류가 시작됐습니다. 함께 그 문제를 가늠하던 중 우연히 만난 케냐의 한 선교사는 그 전도사에 관해 정금과 같은 마음을 지녔으며 신뢰할 수 있는 사람이라면서 나에게 추천해 주었습니다. 결국 나는 케냐로 가서 많은 사람을 만났으며 그들의 심령과 살아가는 절박한 환경이 나를 사로잡았습니다. 우리는 쓰레기 더미 가운데 자라는 아이들을 위하여 고아원을 시작했으며 무언가 작은 일에서부터 동역하는 법을 배웠습니다. 그리고 그해 초, 케냐에 우리 친구 중 일부가 북부의 많은 사람들이 정부의 복지나 NGO의 도움도 받지 못한 채 죽어가고 있다는 이야기를 들었습니다. 우리는 그들에게 물, 식량, 의약품을 위해 6만 2천 달러를 보냈고 케냐의 봉사자들이 그들에게 전달하겠다고 자원했습니다. 그 정도로는 충분하지 못했으므로 그들은 자원봉사로 되돌아가 학교, 우물 그리고 진료소를 짓고 그들의 경제가 돌아가 삶을 보전하도록 돕기 원했습니다. 그들이 건축을 할 수 있도록 우리가 물질을 공급할 수 있었을까요? 한편, 내가 모르는 사이 텍사스의 어느 부부는 하나님의 인도로 이유도 모른 채 몇 년 동안 계좌에 돈을 모으고 있었습니다. 그들은 케냐의 필요에 관하여 듣고 나에게 전화를 걸어 그곳 사역을 위해 15만 5천 달러를 기부하기로 했습니다.

하나님께서 필요와 자원 그리고 일손을 순식간에 함께 모을 수 있는 세계적 네트워크를 만드시기 위해 몇 년에 걸쳐 풀어내시는 실마리를 보십시오. 사람들은 조금이라도 영향력 있으려면 커다란 기관이 필요하다고 말하지만, 이처럼 단순한 순종을 통하여 하나님께서는 그분의 백성을 엮으시는 일이 얼마나 간단한 일인지 보여주는 이야기를 나는 너무나도 많이 알고 있습니다. 행정 비용이나 모금 계획도 없이 그분께서는 자원을 함께 모으사 케냐 평원에서 죽어가는 12만 명의 사람들을 구하시고 복음을 향하여 그들의 마음을 여셨습니다.

만일 모든 사람이 기관을 떠나버리면 기독교는 어떻게 될까요? 좋은 질문이긴 한데, 거의 일어나기 힘든 가정입니다. 인구 구조가 전도유망하지 않긴 해도 기관은 언제나 생존할 길을 찾아냅니다. 추측건대 기관에 만족하는 사람이라면 대부분 구태여 이런 책을 읽는 모험도 하지 않겠지요.

그렇습니다, 하나님의 생명과 공급에 있어서 우리 기관을 향한 일치를 뛰어넘어 탐험해 나갈 광활한 초원이 있습니다. 그곳에는 확실히 위험도 있지만 믿기 어려울 만큼 보상이 있습니다. 어쩌면 가장 큰 변화는 사람들을 다른 누군가의 기구에서 수동적인 부속품이 되는 것으로부터 전환하여 그분께서 풀어내시는 왕국의 적극적인 동참자가 되게 하는 것입니다. 더 이상 당신은 다른 누군가의 지시를 따르지 않게 되지만, 대신 그분과 그분의 교회와 접하는 모든 면에서 더욱 의도적이어야 합니다.

그러나 그들이야말로 아버지의 보살핌 속에서 내가 함께 뛰놀기 원하는 양무리입니다. 이 단순한 실재로부터 일어날 수 있는 일이 세상에 불을 놓을 수 있습니다. 처음에 그랬듯이 말입니다.

22

이어서 계속됩니다

나는 내가 붙잡은 것으로 여기지 아니하노라.
다만 한 가지 일, 즉 뒤에 있는 것은 잊어버리고
앞에 있는 것들에 손을 뻗쳐 _ 빌 3:13

이 제목은 '교회 찾는 방법'이라는 속편을 약속하는 말이 아닙니다. 다만 이 책은 아직 끝나려면 머나먼 이야기를 지향해 썼다는 점을 인정하는 것입니다. 예수님께서 그분의 교회를 짓고 계시긴 하지만, 교회는 아직도 되어야 할 모습 곧 이 세대를 끝마치고 흠 없는 신부로서 그분께 자신을 드리는 데까지 다 이르지 못했습니다. 그리고 다가올 앞길에 무엇을 예비하셨을지 나는 기대에 차 있지만, 더욱 많은 사람들이 종교적 의무로부터 풀려나 그분의 사랑의 실재 가운데 사는 법을 배워나가면서 이 영광스러운 세계적 가족이 궁극적으로 어떤 모습으로 드러날지는 알지 못합니다.

나는 이러한 교회를 지역적으로 또한 국제적으로 맛보았고, 사람들이 그분을 따라가며 서로가 너그럽게 살아나갈 때 성경에 관한 나의 이해와 그 갈망을 채워주었습니다. 내일 죽더라도 나는 그분의 교회의 믿을 수 없을 정도의 아름다움과 능력을 보았노라고, 그리고 내가 항상 소망하던 일은 가능했다고 진실로 고백할 수 있습니다. 이제 나의 심령은 더욱 많은 그분의 자녀들이 그 실재 속으로 길을 찾는 모습을 보길 갈망합니다. 그리고 그들이 그 길을 찾을 때 교회가 어떻게 온갖 모습으로 나타날지 나는 상상조차 할 수 없습니다.

앞서 나는 모든 답을 갖춘 전문가는 아니라고 말했고 이제 우리는 마지막 장에 이르렀으니 여러분도 납득했기를 바랍니다. 나는 단지 내 여정의 이 시점에서 지금껏 발견한 바를 기록하기 위해 잠시 멈추었습니다. 당신에게 해답보다도 많은 질문이 남아있다면, 당신만 그런 것이 아닙니다. 나 역시 그렇습니다. 그래서 나는 계속해서 예수님께서 지으시는 이 교회와 어떻게 하면 더욱 효과적으로 관계 맺을 수 있을지 발견해 나가려 합니다. 나는 이 땅에서 내 주위로 뻗어 나가는 그분의 교회를 보며 평생토록 모험을 즐깁니다.

당신의 여정에서도 역시 교회가 계속해서 펼쳐나가기를 나는 기도합니다. 이 책의 막바지에 도달한 많은 이들도 지금보다 더욱 생생한 교회의 경험을 발견할 가능성으로 인해 나와 같이 환희에 찼기를 소망합니다. 우리가 만들어낸 인간적 모델이 왜 당신과 절대 맞지 않는 듯했는지 궁금했다면 아마도 이제는 이해하겠지요. 당신은 반항적이거나 독단적이지 않았습니다. 다만 당신 심령 속에 생명의 씨앗이 있어서 무언가 실재가 당신을 향하여 나오라 손짓했을 때 허울만으로 만족하기를 거부했을 따름입니다.

여러분 중 일부는 그분의 교회를 누리기 위해 취해야 하는 분명한 조치를 내가 알려주지 않았다고 해서 불만스러울 수도 있음을 압니다. 매 장을 넘길 때마다 드디어 내가 따라할 수 있는 방법이 나오겠지 하며 기대했을 테지요. 솔직하게 나에게 그런 목록이 있었더라면 진작에 나누었습니다. 채워지지 않은 갈망을 지닌 사람을 실망시키는 일이 나도 즐겁지 않습니다. 그렇다고 어떠한 리스트라도 내가 내어준다면 기만인 것을 나 자신이 압니다. 이지적 용어로써 교회를 도표로 정리하고 스스로 전략을 시행하며 교회가 나타나도록 만들 수는 없는 일입니다. 우리는 그분 대신 우리의 일에 초점을 두게 되고 결국에는 충분히 잘 해내지 못했다며 자책에 빠져버리고 맙니다.

교회를 찾는 것은 당신이 즐거이 합류할 기독교인 모임이 어디에 있는지 알아내는 문제가 아닙니다. 나는 줄곧 그분의 교회에 관해 그분의 사랑 안에 살면서 그 음성을 따르는 법을 배우는 사람이 삶 가운데 맺는 열매라고 말해왔습니다. 교회를 찾기 위하여 당신은 그분을 받아들이고 새로운 피조물 가운데서 다른 사람과 더불어 어떻게 살며 생각할지 발견해나가야 합니다. 이 과정은 우리의 소관이 아닙니다. 다만 우리는 점과 점을 이어주시는 그분을 신뢰하며 날마다 따라갈 수 있을 따름입니다.

 그렇기 때문에 그분의 왕국을 향해 열정적이며 단지 같은 아버지의 자녀라는 이유만으로 기꺼이 우리 차이를 넘어 공통적 연합을 바라보고자 하는 사람들 가운데 이 책이 더욱 폭넓은 대화를 불러일으키길 나는 기대합니다. 이 대화에 다음 세대의 사람들이 동참하고 이를 기반 삼아 내 세대보다도 더욱 진전하게 되길 소망합니다. 실제를 향하여 다시 돌아가는 길을 찾기 위해 나는 그동안 익힌 바를 너무나도 많이 부정해야만 했습니다. 그래서 훨씬 더 어린 나이부터 관여했더라면 좋았을 거라고 느낍니다. 이제 그분의 사랑과 그분의 역사를 점점 더 신뢰하는 가운데 사는 법을 배우고 있는 이삼십 대를 보노라면 앞으로 최고의 발견이 여전히 남아있다는 크나큰 희망을 갖게 됩니다.

 이 대화는 교회를 운영하는 가장 좋은 방법이나 당신이 어디 속했는지에 관해서가 아닙니다. 그보다 어떻게 우리가 더욱 완전하게 예수님께 속하고 그분 왕국의 실재를 나타낼 수 있을지에 관한 나눔입니다. 그분께서는 어떻게 우리 각자와 무리의 목자가 되사 우리도 아버지, 아들, 성령께서 영원토록 누리신 연합을 진정으로 나눌 수 있을까요? 그 길에서 우리는 어떻게 서로를 격려할 수 있으며, 그분을 나타내는 너그럽고 은혜로운 대화와 협력 가운데 또 그분은 어떻게 우리를 이어주실까요?

    그러나 이러한 대화를 갖기 위해서는 우리 자신의 왕국 그리고 다른 이를 향해 견지하는 아젠다를 내려놓아야만 됩니다. 그렇게 하지 못하는 사람도 다수 있기 마련이며, 그들은 위협을 느껴서 그 대화에 합류하기보다는 스스로 거리를 두겠지요. 그들은 교회에 관해 자신이 한정한 견해를 방어하려고 나의 말을 왜곡하고 조롱하겠고 설정한 경계를 넘어 꿈꾸고자 하는 사람을 따돌리려 들 테지요. 그들로부터 거리를 두고 당신 심령 속의 열정을 따르는 데 방해하지 못하도록 하십시오. 기독교는 회중, 신학대학원, 출판, 교파 등 그들의 생존을 위한 터전을 닦았습니다. 사람들이 그들을 의지하게 함으로 말미암아 잘못된 교회에 속해 있거나 잘못된 교리를 믿음으로 하나님으로부터 거절당하는 데 대한 두려움에 근거한 기독교를 전파하고 있습니다.

    교회와 교리에 관한 대립은 하나님의 백성을 이천 년 동안 갈라놓았습니다. 많은 이들이 교회 생활에 비결을 발견했다고 주장했지만 그들의 결론은 우리를 더 많은 조각으로 나누었을 뿐입니다. 만약에 당신이 말세를 맞이하여 앞서 그렇게도 많은 이들이 실패한 일을 성취할 궁극의 메커니즘, 조직 혹은 지도자의 출현을 기다린다면 이제는 포기해도 좋습니다. 그분의 교회는 시스템이 아니라 관계로부터 자라납니다. 그분의 교회는 이미 일어나고 있으며 교회를 규정짓거나 관리하려는 우리의 모든 인간적 시도를 초월하는 가족을 하나님께서 만들고 계심을 인정하는 편이 낫지 않을까요? 교회를 우리 모임에 일부로 만들려고 애쓰기보다는 우리 모두가 그분의 일부가 되기를 결단하며 모두 다 안다고 넘겨짚지 않는다면 어떨까요? 우리의 프로그램을 끊임없이 고치기보다는 그분을 알고 다른 사람을 사랑하는데 우리 주의를 기울일 수 있습니다.

우리와 동의하지 않는 누구라도 율법주의자라고 힐난하면서 우리 시대의 종교기관을 비난하며 여기서 혁명을 시작할 필요는 없습니다. 이 책에서 내가 한 말이 당신을 더욱 고요한 공간으로 이끌었기를 바랍니다. 그곳에서 당신은 우리의 기관 또는 관리하는 사람이 문제가 아니라, 단지 우리가 새로운 창조의 거주민으로 살아가지 못하기 때문임을 깨닫게 됩니다. 그분을 반영하지 않는다고 해서 굳이 대적해 싸울 필요는 없습니다. 그러기보다 그분을 나타내는 다른 사람들과 함께 걸어갈 길을 찾으십시오. 우리가 일단 교회를 우리 열매라기보다 그분의 역사에 따른 열매로 보면, 그분을 더욱 알아가며 우리 주변에 사랑하는 사람들 가운데 그분의 교회가 펼쳐지도록 내어드리는 데 더 집중할 수가 있습니다. 지금은 비록 우리가 서로를 거의 인정하지 않는 방대하고도 다양한 모임 가운데 잠시 흩어져 있는지 모르지만, 그러한 구분보다도 그분 안에서 우리의 성장하는 삶의 동료애가 훨씬 더 중요해지는 때가 옵니다.

합류할 모임 찾기를 멈추고 우리 심령을 그 원천으로 돌이키도록 이 책은 초청합니다. 교회에 관한 한 우리는 이루어지는 과정보다도 그 결과물에 더욱 몰두합니다. 아마도 이는 예수님께서 왕국은 항상 가장 단순한 일로부터 자라난다고 말씀하셨을 때 지목하신 바인지도 모릅니다. 친절하게 건네는 냉수 한 잔일 수도 있습니다. 그분께서는 왕국을 심고 가꾸면 거대한 덤불로 자라나는 겨자씨에 비유하셨습니다.

우리가 하는 가장 작은 선택이 지대한 결과를 낳습니다. 당신이 이기적이고 거짓말하며 신뢰를 저버리거나 누군가를 이용할 때 세상은 조금 더 어두워지고 더욱 일그러집니다. 그러나 당신을 통하여 그분의 사랑을 흘려보내는 순간마다 세상은 더 밝아집니다. 당신이 누군가를 보살필 때, 그들의 허물을 용서할 때, 필요를 채워줄 때 혹은 단지 누군가의 얼굴에 미소를 가져다줄 때 이 땅에서 하나님의 왕국이 자라납니다. 우리가 작은 일에 그분을 따르면, 그분께서 큰일을 감당하십니다.

교회를 깨어진 이 세대 사이로 흐르는 강으로 보자면, 대부분의 사람은 그 강이 발원하는 상류에 주목하기보다는 중류에서 뛰어들고 싶어 합니다. 실제로 강은 물방울이 처음 땅에 떨어지는 곳에서 시작해 서로를 이어 갑니다. 그 물방울들이 계속해서 골짜기 아래로 흐르면서 다른 물방울과 물방울 무리가 서로를 찾아갑니다. 곧 시내가 생기고 다음번에는 계곡 그리고 궁극적으로 그 줄기들이 강으로 흘러 들어갑니다. 이 길이 강으로 합류하는 최고의 방식입니다. 당신 주변에 다른 사람과 아무런 연결도 없이 강으로 떨어지는 것이 아닙니다. 이 왕국에서 모든 일은 보살피는 관계 속에서 얼굴을 마주해야 더욱 잘 이뤄지며 대량으로 생산을 꾀하는 시스템 속에서는 잘 되지 않습니다.

교회를 찾고 싶다면 당신의 심령을 여정이 끝나는 곳이 아니라 시작하는 지점으로 돌리십시오. 교회에 관한 책이 사람들에게 각자의 여정에 주된 관심을 기울이도록 권면한다는 것이 이상하게 느껴질 수도 있습니다. 그러나 자기 자신의 여정 없이는 그러한 교회의 일원이 되지 못합니다. 사람들이 아버지의 애정을 점점 더 신뢰해나가는 여정을 걸어갈 때 그분의 교회에 관한 모든 일은 잘 돌아갑니다. 사람들은 연결되고 관대하게 나누면서 실질적으로 교회가 나타나도록 협력하는 자들이 됩니다. 따라서 운동을 조직하려 애쓰며 기관을 개조하는데 우리 시간을 쓰기보다는 그분께 가까이 나아가며 그러기 원하는 다른 사람들을 돕는 편이 더 낫습니다. 그런 사람들이 그분의 교회가 발현하는 강의 상류입니다.

몇 년 전에 나는 인근의 한 가정 교제에서 나눔을 갖도록 초청받아 한동안 참여했습니다. 내가 참석한 모임 중 가장 어색했는데 심지어 식사 시간마저도 대화가 억지스럽고 딱딱했습니다. 그들이 이야기할 때면 '교회'가 어때야 되는지, 더 잘 되려면 무엇을 할 수 있는지 항상 그 주제로만 대화했습니다. 그들과 함께 한 몇 달 동안 그들 가운데서 예수님의 역사와 그분과의 동행에 관한 대화는 기미조차 없었습니다.

그날 저녁 내가 말을 시작하려는 직전에 한 여성이 끼어들 때까지는 나는 무엇을 나눌지 전혀 감이 없었습니다. 그녀는 전날 밤 꾼 꿈에 관해서 나누고 싶어 했습니다. 그녀의 꿈은 두 장면으로 이루어졌습니다. 한 아름다운 신부가 웨딩드레스를 입고 거울 앞에 서 있었으며 신랑은 제단에서 기다리고 있었습니다. 그녀의 말에 따르면 그런 상태로 몇 시간은 흐른 듯했으며, 신부는 치장을 하며 드레스, 머리, 메이크업을 자꾸만 만지작거리는데 모든 것이 그녀가 원하는 대로 되지 않았습니다. 그동안 신랑은 제단 앞에 홀로 서서 신부가 무엇 때문에 늦는지 당혹스러운 듯 시계를 쳐다보고 있었습니다.

꿈을 나누고 나서 그녀는 모임을 바라보며 말했습니다. "이 꿈이 무슨 뜻이라고 생각하세요? 우리 이야기는 아닌 것 같은데 대체 나와 무슨 관계가 있는지 모르겠네요." 모두가 그녀에게 동의하는 눈치였고 누구도 아무런 의견을 내지 않았습니다. 우리는 명백한 것을 무시하는데 능숙해서, 그들이 내가 나눌 준비가 되었는지 물었을 때야 나는 입을 떼었습니다.

"물론 여러분의 이야기죠." 할 수 있는 한 가장 상냥하게 나는 대답했습니다. "그리고 역사 내내 다른 기독교 그룹 거의 모두의 이야기이기도 하고요. 우리는 교회가 우리 생각대로 기능해야 된다는 데 너무나도 집중한 나머지 우리가 오기를 기다리는 신랑을 무시해버리고 맙니다." 오늘날이야 결혼식은 온통 신부의 특별한 날이라고 알고 있습니다만, 그분의 왕국에서 신부의 관심은 신랑에 있습니다. 신부를 단장하는 일은 신랑의 기쁨입니다. 우리가 할 일은 신랑과 함께 하며 그분께서 자신의 일을 완수하도록 내어드리는 것뿐입니다. 그분을 위해서 우리가 해보려고 애쓰기 보다는 말입니다. 우리가 교회에 더욱 집중할수록 정작 그 실재는 잘 보지 못하게 됩니다.

우리가 시선을 그분께 둘 때 변화의 과정 가운데 서로를 격려하고 환대하며, 필요에 처한 이를 보살피고, 세상과 함께 그분을 나누면서 이 땅을 주님의 영광으로 점차 채워나가는 관계망의 일부임을 발견하게 됩니다. 내가 이 책에서 눈에 보이지 않는 세계적 교회와 지역적 회중을 구분하지 않은 사실을 당신은 알아차리겠지요. 왜냐하면 그런 구분은 잘못된 이분법이기 때문입니다. 그분의 교회는 눈에 보이지 않는 것이 아닙니다. 교회는 그분 안에 사는 사람들이 서로 사랑하고 협력할 길을 찾아갈 때 매일 수천 가지의 방식으로 나타납니다. 이는 전통적인 회중 가운데서 뿐만 아니라 수천 가지의 다른 방식으로도 일어날 수 있습니다.

그분의 교회는 우리의 능력을 초월하는 방식으로 하나가 됩니다. 교회는 특정한 장소나 어떠한 조직 아래, 혹은 누군가 카리스마적인 리더 뒤에 있지 않습니다. 그분 안에 교회가 있습니다. 그곳에서 사는 법을 배워가면서 당신은 비슷한 여정을 걷는 다른 사람들과 가까워지게 됩니다. 그분께서 초청하시는 관계를 맺으며 그분의 역사에 협력하고 그분께서 하실 수 있는 일을 지켜보십시오.

자기희생적인 사랑의 행위, 관대함과 긍휼로 서로를 돌보는 사람들의 모임을 발견하는 그 어디서나 당신은 그분의 교회를 찾게 됩니다.

당신이 삶 속에서 예수님의 역사를 밝히 알리는 대화에 참여할 때 그분의 교회를 발견하게 됩니다.

그분의 일을 스스로 이루려 애쓰기보다 역사하시는 그분의 실재 가운데서 안식할 때 당신은 그분의 교회를 찾게 됩니다.

당신은 그분의 교회를 어떻게 찾습니까? 그분께 나아가 사랑이 당신을 이끄는 곳을 봄으로써 발견합니다.

매일 아침 나는 그분께 여쭙니다. "오늘은 내가 누구를 사랑하기 바라십니까?" 그리고 나는 우연히 마주친 사람 가운데 그분께서 관계 맺도록 마음을 주시는 이를 향하여 마음과 눈을 활짝 열어 두고 살아갑니다.

거기에서 그분을 따르십시오. 그러면 결국 당신이 교회를 찾을 필요도 없어지게 됩니다. 분명히 그분께서는 교회가 당신을 발견하도록 만들어주십니다.

이 대화를 지속하려면 당신은 Findingchurch.com에서 다른 이들과 합류할 수 있습니다.

웨인의 다른 저서

날 사랑하심: 아버지의 애정 안에 사는 법 배우기He Loves Me: Learning to Live in the Father's Affection

그래서 더는 교회에 나가고 싶지 않다고요So You Don't Want to Go to Church Anymore(데이브 콜맨 공저)

때에 맞게: 풍성한 열매 맺는 아버지의 과정 받아들이기In Season: Embracing the Father's Process of Fruitfulness

그 같은 분 없네A Man Like No Other(브래드 커밍스 공저)

오두막he Shack(Wm. 폴 영, 브래드 커밍스와 협업)

진정한 관계Authentic Relationships(클래이 제이콥슨 공저)

벌거벗은 교회The Naked Church

예수님과의 관계를 탐색하는데 도움을 원한다면, 당신의 여정을 위해 웨인이 lifestream.org에 다음과 같은 무료 자료들이 준비되어 있습니다.

전환Transitions : 하나님과 사랑에 근거한 관계를 찾는데 도움을 주는 8시간 분량의 오디오 시리즈.

관계Engage : 하나님께서 당신과 이미 어떤 관계를 쌓고 계신지 인식하는데 도움을 주는 6~9분 분량의 비디오 시리즈.

예수님의 렌즈 The Jesus Lens : 예수님의 계시를 통해 성경을 읽도록 도와주는 9시간 분량의 비디오 시리즈.

　웨인의 여정, 다른 저서, 오디오 컬렉션, DVD 시리즈에 관한 정보는 lifestream.org과 그의 팟캐스트 TheGodJourney.com에서 더 찾아볼 수 있습니다.

감사의 말

첫 장에서 말했듯 나는 홀로 이 책의 진리에 이르지는 않았습니다. 모든 여정의 각 단계마다 예수님의 생명이 우리 가운데 어떻게 빚어지는지 함께 발견하고자 하는 열정을 공유한 사람들이 내 주위를 둘러싸고 있었습니다. 우리는 오래도록 열정적으로 대화를 나누며 수많은 가능성을 묻고 탐색하면서 평생의 친구로 사모하게 된 깊은 우정 관계를 엮어 나갔습니다. 그들 중 일부는 나와 가까이 살지만 다른 이들은 전 세계에 흩어져 있습니다. 아쉽지만 그들의 이름을 다 거명하기에는 너무나도 많고 그렇게 한들 누군가를 빠트려 버리기 쉽습니다. 하지만 그들이 누구인지는 그들 스스로가 알며, 내 삶과 또 더욱 큰 세상에서 이루어가는 예수님의 교회를 보게끔 더해준 그 모든 조력에 나는 감사합니다. 그들 중 많은 이들이 이 원고를 쓰는 동안 읽어보고 제안해 주며 내가 계속해 나갈 수 있도록 격려로 도왔습니다.

나는 정말로 과분할 정도로 도움을 준 몇몇 사람을 언급하고 싶습니다.

물론, 나의 삼십 년째 배우자인 사라 만큼이나 이 길을 여행하는데 함께 기쁨을 누리고 부담도 감수한 이는 누구도 없습니다. 그녀는 하나님께서 이끄시는 대로 모든 우여곡절을 거쳐 곳곳마다 나의 동반자요, 협력자, 친구이자 파트너로 지냈습니다. 나는 우리가 함께 나눈 기쁨과 그녀가 내 삶에 더해준 지혜에 관하여 항상 감사합니다. 나는 이 책을 써 가는 내내 그녀에게 모든 단어를 읽어주었습니다.

팟캐스트 '하나님의 여정'에서 브래드 커밍스와 나눈 대화도 이 책에 나온 많은 생각을 더욱 공고히 하는데 도움을 주었습니다. 더불어 청취자로부터 온 편지와 코멘트 역시 간과했을 수도 있을 길로 우리를 데려다주었습니다. 그들 모두에게 나는 감사합니다.

여러 해 전 내 첫 저서의 에디터였던 이스라엘 투어 컴퍼니의 아일린 메이슨은 내가 이 책을 다 마쳤다고 생각한 순간 책의 구성을 고치게끔 상당히 놀라운 통찰을 제공해주었습니다. 그녀가 이 책의 내용을 내 이야기에 더할 나위 없이 충실하면서도 얼마나 이해가 쉽도록 만들었는지 절대 모르실 것입니다.

이 최종 작업을 출판하는 데는 친애하는 세 친구가 도움을 주었습니다. 케이트 래핀은 원고가 탄생할 수 있도록 전문적인 교열 기술을 제공했습니다. 나의 프로젝트에 관한 그녀의 작업에 나는 항상 감사합니다. 그녀는 나를 더 나은 작가로 만들어 줍니다. 알드리치 디자인의 데이브 알드리치는 꼭 맞는 표지를 찾고 싶은 나의 무모한 소망을 인내해 주었고 낸 비숍은 모든 내부 레이아웃을 맡아주었습니다.

  마지막으로 나는 라이프스트림 미니스트리의 이사회에 감사를 표하고 싶습니다. 소중한 친구들의 지원과 지혜가 아니라면 인적이 드문 어떤 길을 계속해서 탐색해 나가기란 나에게 매우 어려웠겠지요. 그들의 요구를 따르도록 주장하기보다 나의 심령을 따라갈 수 있도록 허락해 준 우정과 유머 그리고 통찰에 감사합니다.

믿음의말씀사 출판물

구입문의 : 031-8005-5483 http://faithbook.kr

■ 케네스 해긴의 「믿음 도서관」 책들
- 새로운 탄생
- 재정 분야의 순종
- 나는 지옥에 갔다 왔습니다
- 하나님의 처방약
- 더 좋은 언약
- 예수의 보배로운 피
- 하나님을 탓하지 마십시오
- 네 주장을 변론하라
- 셀 모임에서 성령인도 받기
- 안수
- 치유를 유지하는 법
- 사랑은 결코 실패하지 않습니다
- 하나님께서 내게 가르쳐 주신 형통의 계시
- 왜 능력 아래 쓰러지는가?
- 다가오는 회복
- 잊어버리는 법을 배우기
- 위대한 세 단어
- 하나님의 은사와 부르심
- 그 이름은 "놀라우신 분"
- 우리에게 속한 것을 알기
- 성령을 받는 성경적인 방법
- 하나님의 영광
- 은혜 안에서의 성장을 방해하는 다섯 가지
- 사랑 가운데 걷는 법
- 바울의 계시: 화해의 복음
- 당신은 당신이 말하는 것을 가질 수 있습니다
- 그리스도 안에서
- 말
- 방언기도의 능력을 풀어 놓으라
- 옳은 사고방식 틀린 사고방식
- 속량 – 가난, 질병, 영적 죽음에서 값 주고 되사다
- 네 염려를 주께 맡겨라
- 예언을 분별하는 일곱 단계
- 절망적인 상황을 반전시키기
- 당신의 믿음을 풀어 놓는 법
- 진짜 믿음
- 믿음이란 무엇인가
- 그리스도께서 지금 하고 계시는 일
- 충분하고도 넘치는 하나님 엘 샤다이
- 금식에 관한 상식
- 하나님의 말씀 : 모든 것을 고치는 치료제
- 가족을 섬기는 법
- 조에
- 당신이 알아야 하는 신유에 관한 일곱 가지 원리
- 여성에 관한 질문들
- 인간의 세 가지 본성
- 몸의 치유와 속죄

- 크게 성장하는 믿음
- 하나님 가족의 특권
- 기도의 기술
- 나는 환상을 믿습니다
- 병을 고치는 하나님의 말씀
- 영적 성장
- 신선한 기름부음
- 믿음이 흔들리고 패배한 것 같을 때 승리를 얻는 법
- 믿음의 선한 싸움을 싸우는 법
- 하나님의 계획과 목적과 추구
- 예수 열린 문
- 믿음의 계단
- 당신을 향한 하나님의 계획
- 역사하는 기도
- 기름부음의 이해
- 내주하시는 성령 임하시는 성령
- 재정적인 번영에 대한 성경적 열쇠들
- 어떻게 하나님의 영으로 인도받을 수 있는가?
- 마이더스 터치
- 치유의 기름부음
- 그리스도의 선물
- 방언
- 믿는 자의 권세(생애기념판)
- 믿음의 양식
- 승리하는 교회

■ E. W. 케년
- 십자가에서 보좌까지 무슨 일이 일어났는가?
- 두 가지 의
- 놀라우신 그 이름 예수
- 하나님 아버지와 그분의 가족
- 나의 신분증
- 두 가지 생명
- 새로운 종류의 사랑
- 그분의 임재 안에서
- 속량의 관점에서 본 성경
- 두 가지 지식
- 피의 언약
- 숨은 사람
- 두 가지 믿음
- 새로운 피조물의 실재

■ 스미스 위글스워스
- 스미스 위글스워스의 천국
- 스미스 위글스워스의 매일묵상
- 위글스워스는 이렇게 했다
- 스미스 위글스워스의 능력의 비밀

■ T. L. 오스본
- 행동하는 신자들
- 기적 – 하나님 사랑의 증거
- 새롭게 시작하는 기적 인생
- 좋은 인생
- 성경적인 치유
- 능력으로 역사하는 메시지
- 100개의 신유 진리
- 24 기도 원리 7 기도 우선순위
- 하나님의 큰 그림
- 긍정적 욕망의 힘
- 당신은 하나님의 최고의 작품입니다

■ 잔 오스틴
- 믿음의 말씀 고백기도집
- 하나님의 사랑의 흐름
- 견고한 진 무너뜨리기
- 초자연적인 흐름을 따르는 법
- 당신의 운명을 바꿀 수 있습니다
- 어떻게 하나님의 능력을 풀어놓을 수 있는가?

■ 크리스 오야킬로메
- 여기서 머물지 말라
- 이제 당신이 거듭났으니
- 당신의 인생을 재창조하라
- 이 마차에 함께 타라
- 그리스도 안에 있는 당신의 권리
- 성령님과 당신
- 성령님이 당신 안에서 행하실 일곱 가지
- 성령님이 당신을 위해 행하실 일곱 가지
- 기적을 받고 유지하는 법
- 하나님께서 당신을 방문하실 때
- 올바른 방식으로 기도하기
- 당신의 믿음을 역사하게 하는 법
- 끝없이 샘솟는 기쁨
- 기름과 겉옷
- 약속의 땅
- 하나님의 일곱 영
- 예언
- 시온의 문
- 하늘에서 온 치유
- 효과적으로 기도하는 법
- 어떤 질병도 없이
- 주제별 말씀의 실재
- 마음의 능력

■ 앤드류 워맥
- 당신은 이미 가졌습니다
- 은혜와 믿음의 균형 안에 사는 삶
- 하나님의 참 본성
- 하나님은 당신이 건강하기 원하십니다
- 영 · 혼 · 몸
- 전쟁은 끝났습니다
- 믿는 자의 권세
- 새로운 당신과 성령님
- 노력 없이 오는 변화
- 하나님의 충만함 안에 거하는 열쇠
- 더 좋은 기도 방법 한 가지
- 재정의 청지기 직분
- 하나님을 제한하지 마라
- 하나님의 뜻을 발견하고 따라가며 성취하라
- 하나님의 참 본성

■ 기타 「믿음의 말씀」 설교자들
- 성령의 삶 능력의 삶
- 복을 취하는 법
- 주는 자에게 복이 되는 선물
- 믿음으로 사는 삶
- 붉은 줄의 기적
- 당신이 말한 대로 얻게 됩니다
- 예수–치유의 길 건강의 능력
- 성령 안의 내 능력
- 존 G. 레이크의 치유
- 믿음과 고백
- 임재 중심 교회
- 성령충만한 그리스도인의 지침서
- 열정과 끈기
- 제자 만들기
- 어떻게 교회를 배가하는가
- 운명
- 모든 사람을 위한 치유
- 회복된 통치권
- 그렇지 않습니다
- 당신의 자녀를 리더로 훈련하라
- 오순절 운동을 일으킨 하나님의 바람
- 주일 예배를 넘어서
- 신약교회를 찾아서
- 내가 올 때까지

■ 김진호 · 최순애
- 왕과 제사장
- 새로운 피조물의 실재
- 믿음의 반석
- 새 언약의 기도
- 새로운 피조물 고백기도집(한글판/한영대조판)
- 성령 인도
- 복음의 신조
- 존중하는 삶
- 성경의 세 가지 접근
- 말씀 묵상과 고백
- 그리스도의 교리
- 영혼 구원
- 새로운 피조물
- 믿음의 말씀 운동의 뿌리
- 1인 기업가 마인드
- 내 양을 치라
- 새사람을 입으라